GOLDMANN
ARKANA

Buch

Kurt Tepperwein beschreibt in seiner für Laien verständlichen Sprache zahlreiche Ängste und viele, oftmals verblüffend einfache Techniken der Angstbewältigung. Zur Sprache kommen auch Phobien wie die Angst vor der Liebe, die Angst vor Nähe, Beziehungen, Trennungsschmerzen usw. Ein Extrakapitel widmet sich der Angst vor dem Glück; denn überraschenderweise haben die Menschen vor dem Glück oftmals mehr Angst als vor dem Unglück. Angst vor Sexualität, Frigidität, Impotenz ist ein weiteres Kapitel, das gerade in unserer scheinbar so aufgeklärten Zeit immer mehr Menschen bedrückt.

Tepperwein stellt mit einer Reihe erprobter Techniken aus der Kurzzeittherapie und der klassischen Lebensberatung das Rüstzeug zur Verfügung, mit dem sich jeder von Angstproblemen Betroffene das Leben zurückerobern kann. Und er bietet ein weiteres, bedeutendes Plus: Er lehrt, die Angst nicht als etwas nur Störendes einfach nur wegzuschieben, sondern sie als Wegweiser zum Selbst und zum eigenen Wachstum zu nutzen.

Autor

Kurt Tepperwein, geboren 1932 in Lobenstein, war erfolgreicher Unternehmer, ehe er sich 1973 aus dem Wirtschaftsleben zurückzog. Er wurde Heilpraktiker und Forscher auf dem Gebiet der wahren Ursachen von Krankheit und Leid. Er lehrte als Dozent an verschiedenen internationalen Institutionen, unter anderem an der Friedensuniversität in Berlin. Seit 1997 ist Kurt Tepperwein Dozent an der Internationalen Akademie für geistige Wissenschaften in Vaduz. Die von ihm entwickelte Technik des Mental- und Intuitionstrainings ist für viele Menschen unverzichtbarer Bestandteil ihres Lebens.

Von Kurt Tepperwein sind im Goldmann Verlag außerdem erschienen:

Die Geistigen Gesetze (21610)
Geistheilung durch sich selbst (11738)
Kraftquelle Mentaltraining (12141)
Jungbrunnen Entsäuerung (14207)
Der Weg zum Millionär (21551)
Bewusstseinstraining (21549)
Wunder vollbringen durch schöpferische Imagination (21642)
Gesund für immer (21703)
Verwirklichen (21735)
Gelassenheit (21738)
Die Kunst des mühelosen Lernens (10459)
Das Geldgeheimnis (16380)

KURT TEPPERWEIN

Von Angst zur Lebensfreude

Ängste verlieren –
neue Perspektiven gewinnen!

GOLDMANN
ARKANA

Umwelthinweis:
Alle bedruckten Materialien dieses Taschenbuches
sind chlorfrei und umweltschonend.

1. Auflage
Originalausgabe Februar 2006

Umschlaggestaltung: Design Team München
Umschlagfoto: buchcover.com/doublepoint pictures
Redaktion: Ralf Lay, unter Mitarbeit von Klaus Jürgen Becker
WL · Herstellung: CZ
Satz: Uhl + Massopust, Aalen
Druck: GGP Media GmbH, Pößneck
Printed in Germany
ISBN-10: 3-442-21734-2
ISBN-13: 978-3-442-21734-2

www.goldmann-verlag. de

Inhalt

Vorwort

Man findet heutzutage eine Unzahl von Büchern über die Angst, gemessen daran allerdings nur recht wenige über die Lebensfreude. Die meisten Bücher über Angst sind Romane und dokumentieren die exorbitant steigende »Lust am Thrill«, der wir manchmal auch im alltäglichen Leben begegnen: Hierzu zählen Extremsportarten, Bungee-Jumping, »S-Bahn-Surfen« und fragwürdige Sexualpraktiken.

Auf der anderen Seite stehen wir einer rasant wachsenden Zahl von Angstkrankheiten gegenüber. Kliniken, Praxen und Selbsthilfegruppen sollen dem Phobiker einen Weg in Richtung der Normalität, der (Wieder-)Eingliederung in die Gesellschaft aufzeigen. Als wäre Angst so etwas wie ein Schnupfen oder eine Grippe, die man »wegkurieren« müsse.

Die Chance, die in der Angst liegt, wird jedoch nur selten gewürdigt, nämlich die Brücke, die uns die Angst geben kann – hin zu einer gesteigerten Sinngebung und Lebensqualität.

Dieses Buch hat es sich zum ausdrücklichen Ziel gesetzt, eine solche Brücke zu schlagen von der Angst zu einer echten und tiefen Annahme des Selbst, das sich im

Leben und den durch das Leben wirkenden Kräften als Spiel der einen Kraft mit sich selbst offenbart, als Weg der Einswerdung mit »allem, was ist«. Dies ist ein scheinbar neuer Ansatz. Doch sobald uns bewusst wird, dass der Lebensweg einen *jeden* von der Lebensangst zur Lebensfreude führen möchte, erkennen wir, dass dieses Buch auch *jeden* angeht.

In einer allgemein verständlichen Sprache werden hier altbekannte und neu auftauchende Angstkrankheiten beschrieben. Ein Extrakapitel widmet sich der Angst vor dem Glück, der Beatophobie: Wir werden erfahren, warum die Menschen vor dem Glück mehr Angst haben als vor dem Unglück und warum dies ganz logisch ist. Und neben vielen weiteren Phobien werden wir auch über eine relativ unerkannte, moderne, versteckte und dennoch auch sehr alte Angst sprechen – die Amorophobie, die Angst vor der Liebe, und die damit zusammenhängende Angst vor Nähe, vor Beziehungen, Liebesgefühlen, Trennungsschmerzen usw. Wir werden die »Angst vor Gott« untersuchen und dabei herausfinden, wie unser Gottesbild bereits in früher Kindheit geprägt wurde. Auch mit der Erotophobie, der Angst vor der Sexualität, werden wir uns auseinander setzen und erkennen, warum gerade unsere scheinbar heute so aufgeklärte Zeit so sehr darunter leidet.

Eine Reihe von erprobten Techniken aus der Kurzzeittherapie wie aus der klassischen Lebensberatung geben Ihnen das Rüstzeug an die Hand, um sich das Leben zurückzuerobern, und zwar in jedem Daseinsbereich.

Doch all dies wäre nichts ohne die Sinnstiftung – die Erkenntnis dessen, wer Sie wirklich sind. Indem Sie der größten Angst auf die Spur kommen, erlösen Sie auch zugleich Ihre größte Freude: die Angst und die Freude, Sie selbst* zu sein!

Hierbei wünsche ich Ihnen – na was? – viel Freude!

Ihr Kurt Tepperwein

* Der Begriff des »Selbst« wird in diesem Buch als Synonym für die Essenz verwendet, die erscheint, wenn die Wesenheit vom menschlichen Geist (englisch *mind*) und seinen Konzepten, Ideologien, Überzeugungen etc. freigeschält wurde, den »Para-Atman« (Gottesfunken), der ewig ist und immer sein wird, unser ewiges, unsterbliches Selbst. Im Gegensatz dazu wird der Begriff des »Ich« verwendet, um all das auszudrücken, mit dem wir uns identifizieren, unser negatives Ego und seine Begleiterscheinungen Krankheit, Leid, Tod und … Angst.

Einleitung

Von einem, der auszog, das Fürchten zu lernen

Vielleicht kennen Sie das Märchen »Von einem, der auszog, das Fürchten zu lernen«. Es handelt nicht von »irgendeinem« Menschen, es symbolisiert vielmehr *den* Menschen schlechthin. Denn jeder von uns – wir alle – ist »einer, der auszog, das Fürchten zu lernen«. Das Märchen erzählt die Geschichte von einem Jüngling, der genau wusste, dass ihm etwas fehlte, weil er sich nicht fürchten konnte. Deshalb begab er sich auf eine lange Suchwanderung, um diese ihm bisher unbekannte Erfahrung endlich einmal nachzuvollziehen und so seiner Ganzheit ein Stück näher zu kommen. Jeder Einzelne von uns befindet sich auf dieser »Reise des Helden«, die wir »ein Leben« nennen.

Es wäre für einen allmächtigen Gott sicher leicht gewesen, den Menschen ohne Angst auszustatten – und damit auch ohne Gefühle. Doch er hatte offenbar etwas Besseres mit uns vor. Er wollte uns lehren, *mit* der Angst zu leben, mit ihr umzugehen wie mit einem guten Freund, sie mit Bewusstheit zu durchdringen und letztendlich durch sie hindurchzugehen.

Bereits unsere Geburt ist ein Weg hinein in die Angst. Nach neun Monaten der Geborgenheit beginnt es zu rumoren, und wir werden in den Geburtskanal gepresst. Schon hier begegnet der neue Körper einer seiner rudimentärsten Ängste – der Angst vor der Veränderung, dem Wandel.* Ohne Angst ist Leben also nicht möglich.

Der Zusammenhang zwischen Angst und Lebensfreude wird auch erhellt, wenn wir das Wort »Angst« durch »Lebensangst« ersetzen; damit ist die »Angst vor dem Leben« gemeint. Es scheint uns ja so, als sei es das Leben, das uns ängstigt, nämlich all das, was in unserem Dasein auf uns zukommt: Die Quelle der Angst liegt offenbar im Außen. Doch das Leben konfrontiert uns lediglich mit Situationen, auf die wir (körperlich und psychisch) verschiedenartig reagieren können.

Natürlich gibt es seit alters äußere Gefahren, auf die wir sinnvollerweise mit Angst reagieren bzw. vor denen wir uns fürchten, um uns zu schützen. So war es schon für unsere Vorfahren überlebenssichernd, dass sie sich vor dem Säbelzahntiger hüteten, der plötzlich vor ihnen auftauchen konnte. Es gibt aber auch Angstauslöser ohne wirkliche Bedrohung: Nehmen wir einmal an, ein Mensch ängstige sich vor Kaninchen. So etwas kann kaum jemand nachvollziehen, es kommt aber vor. Auch der Betreffende weiß verstandesmäßig, dass von einem

* Es gibt ein wunderschönes Märchen, das die Wehen der Geburt symbolisch beschreibt, das Märchen von der Strudelhöhle »Fafa«. Andere Märchen, wie z. B. das von der Frau Holle, stellen die Geburt in der neuen Welt glimpflicher dar: Man fällt in einen Brunnen – der ebenfalls den Geburtskanal symbolisiert. Vgl. Verena Kast: *Wege aus Angst und Symbiose*, München 1987.

Kaninchen keine Bedrohung ausgeht. Er kommt sich schon lächerlich vor. Erst in dem Augenblick, da er beginnt, sich mit der Angst vor Kaninchen zu beschäftigen, d. h., ihr entgegenzugehen, kann er in Erfahrung bringen, was an dem Kaninchen *subjektiv gesehen* so gefährlich ist – er kann diese Angst einlösen und sich so von ihr befreien. Und dann gibt es Ängste, die überhaupt keinen äußerlich erklärbaren Anlass zu haben scheinen. Auch diese werden wir uns genauer anschauen und lernen, sie zu erlösen bzw. einzulösen.

Angst ist, vor allem natürlich in den letzteren beiden der drei Beispiele, also ein zutiefst individuelles Phänomen. Sie fordert zur Individuation auf, damit wir nicht Massenhysterien zum Opfer fallen.

»Und solang du das nicht hast,
Dieses: Stirb und werde!,
Bist du nur ein trüber Gast
Auf der dunklen Erde.«

Goethe

Immer (be)trifft die Angst uns – unser Bewusstsein. Und in ausnahmslos allen Fällen ist es in der Lage, mit dieser Angst umzugehen. Das Leben ist nämlich der größte Therapeut, den es gibt: Es kann jeden heilen – es bietet uns fortwährend die Chance, »äußeren« und »inneren« Ängsten auf die Spur zu kommen und sie durch Bewusstheit zu erlösen. Deshalb sind wir in einen menschlichen Körper inkarniert, um unsere Angst greifbar zu machen, an ihr zu wachsen und zu reifen. Erst bei der erneuten Wandlung, der zweiten und damit »geistigen Geburt«, erkennen und erfahren wir den Ausstieg aus der Angst.

Angst und Mensch – eine lange Geschichte

Die Natur bedient sich der Angst, um das Leben und die Unversehrtheit von Körper, Seele und Geist zu bewahren sowie die Art zu erhalten. Die Angst ist tief in unseren Instinkten verankert und verbindet uns mit unserem animalischen Erbe. (Jedes Tier kennt die Angst und handelt aus ihr heraus.) Sie ist somit eine schützende Abwehrreaktion, die uns die Natur mitgegeben hat. Ohne sie würden wir uns jeder Gefahr aussetzen, statt sie zu meiden.

Angst haben wir, wenn wir eine Gefahr erwarten oder von ihr ergriffen sind. Angst kontrolliert ständig alle Wahrnehmungen der Sinne daraufhin, ob Anzeichen für eine Situation bestehen, die schon einmal als leidvoll erlebt wurde. Wird ein entsprechendes Muster bemerkt, produziert das Unbewusste ein mehr oder minder starkes Gefühl des Unbehagens, um das Bewusstsein zu Reaktionen zu veranlassen, die Gefahr zu mindern oder auszuschalten. Angst bereitet auf Schmerz, Kampf, Flucht oder das Stillhalten (Totstellreflex) vor.

Wie schon das Beispiel mit dem Tiger zeigte, ist Angst ursprünglich eine Reaktion mit einem hohen Überlebenswert. In der Frühzeit lebte der Mensch in Waldgebieten und später in der Savanne. Wenn es plötzlich im Gebüsch raschelte oder das Vogelgezwitscher abrupt verstummte, bekam er Angst. Die »Notstromaggregate« seines Körpers wurden angeschaltet und seine Sinne geschärft. So konnte er im Falle einer realen Gefahr blitzschnell kämpfen oder fliehen.

Die natürliche Angst vor Tigern und Giftschlangen im Urwald war und ist natürlich berechtigt. Sie stellt im aktuellen Moment die Energien für ein lebensrettendes Handeln zur Verfügung und erlischt, sobald die Gefahr vorbei, der Tiger besiegt oder die Flucht gelungen ist. Heute werden wir nur noch selten mit derart rudimentären Ängsten konfrontiert. Unsere Bedrohungen sind ganz anderer Art als bei unseren Vorfahren, doch die Angst ist uns geblieben.

Mit dem Aufstieg der ersten Kulturen entstanden beim Menschen neue, so genannte zivilisatorische Ängste. Diese haben sich im Laufe der Jahrtausende gewandelt, neue Konturen bekommen. Viele davon halten wir für irrational – und doch sind sie existent; z. B. soll schon Hippokrates vor mehr als 2400 Jahren den seltsamen Fall eines Mannes namens Nikanor beschrieben haben. Beim Klang der Flöten zu einem Bankett müsse dieser sich buchstäblich zu Tode gefürchtet haben, so vernichtend sei seine Phonophobie, d. h. die Furcht vor bestimmten Geräuschen, gewesen.

Wir haben in der Regel natürlich keine Angst mehr vor Gespenstern, Geistern oder der Rache der Götter – wir sind ja nicht abergläubisch …! Doch Naturvölker empfinden solche Ängste auch heute noch als durchaus real und berechtigt. Dafür wundern sich die Naturvölker vielleicht über unsere Angst vor Ratten, Spinnen, der Arbeitslosigkeit oder dem Alter.

Daraus kann man also schließen, dass es seit Menschengedenken immer irgendeine Form von Angst gab – lediglich ihr Gesicht, ihr Ausdruck, scheint sich im Laufe der Jahrtausende zu wandeln.

So hat auch das 21. Jahrhundert neue Ängste hervorgebracht. Obwohl dies eigentlich die sicherste aller Zeiten sein sollte – schließlich leben wir in der Moderne –, hatten noch nie so viele Menschen Angst wie heute. Und je mehr wir die Welt (und unsere Ängste) zu kontrollieren suchen, umso erdrückender scheint sich die Angst zu gebärden.

Wir fürchten uns vor Atomkriegen, Selbstmordattentätern, der weltwirtschaftlichen Situation und der Zukunft im Allgemeinen. Doch es gibt auch Ängste, deren wir uns früher nie bewusst waren, wie z. B. die bereits erwähnte Angst vor dem Glück, vor der Liebe und vor zwischenmenschlicher Nähe.

Das Internet mit seinen Möglichkeiten virtueller Kontaktaufnahme sowie unsere moderne Medienwelt reduzieren unsere Ängste nicht, im Gegenteil – sie fördern unsere innere Vereinsamung und damit auch die Angst vor dem Leben, wie es »wirklich« ist.

Viele Menschen haben Angst, wollen diese aber nicht spüren. Sie projizieren sie lieber: Wer z. B. Beziehungsangst hat, der projiziert sie auf seine Freundin bzw. seinen Freund (»Wäre er/sie doch nur anders, bräuchte ich weniger Angst zu haben!«). Wieder andere suchen die Extreme: Statt den aufrichtigen Dialog mit der Angst zu suchen, ziehen sie ihre Befriedigung aus dem Thrill. Natürlich schießt der Adrenalinspiegel in die Höhe, wenn jemand sich an einem Gummiseil hängend 20 m in die Tiefe stürzt oder sich ein ähnlich waghalsiges Abenteuer zumutet, doch der viel größere Schatz liegt eigentlich in der Selbstbesinnung, zu der uns die »tägliche Kleinangst« auffordern will.

Was neu ist an unserer Zeit, und dies macht Hoffnung, ist, dass immer mehr Menschen dazu bereit sind, nicht nur über, sondern auch *mit* ihren Ängsten zu reden. Wer in der glücklichen Lage ist, dass er einen anderen Menschen liebt und von diesem geliebt wird, dem bietet die Kommunikation mit dem Partner Hilfe gegen die Angst. Wenn es in Ihrem Leben jemanden gibt, zu dem Sie mit allem kommen können, was Sie bewegt, ohne dafür bewertet zu werden, also jemanden, der Sie uneingeschränkt akzeptiert, so sind Sie gesegnet – falls dies nicht für Sie zutrifft, sollten zumindest Sie selbst sich solch ein liebender Begleiter sein.

Denn die Angst überwinden bedeutet, der eigenen Enge* im Bewusstsein (und damit der Angst) ins Gesicht zu sehen – nackt, ungeschminkt, aber mit sehr viel Feingefühl für sich selbst und das Wesen der Angst. (Mithilfe der hier beschriebenen Techniken und Bewusstseinsanregungen lernen wir den liebevollen und stimmigen Umgang mit der Angst, den Angstauslösern und auch mit uns selbst.) Antworten auf die Angst finden wir nämlich dort, wo wir Liebe und Vertrauen finden – zu der Welt,

* Das Wort »Angst« gehört im Sinne von »Enge, Beklemmung« zu der indogermanischen Wortgruppe von »eng« (lat. *angustiae* = »Enge, Klemme, Schwierigkeiten«).

die uns umgibt, ebenso wie zu uns selbst. Wer die Natur verehrt und mit ihr in Fühlung ist, findet darin Geborgenheit gegen die Angst. Der Religiöse findet in Gott seine Antwort auf die Angst.

Liebe und Vertrauen können nicht gleichzeitig mit der Angst existieren. Wir tragen in uns ein »inneres Asyl«, ein Refugium, das auch durch die unterschwellige Angst nicht berührt werden kann. Dieses ist durch Meditation, Gebet, Liebe, Vertrauen erspürbar. Das Vertrauen, das der Angst abhilft, benötigt keinen besonderen Menschen oder Umstand, es ist eine Tugend, eine geistige Haltung, eine innere Lokalität, die Sie einnehmen können und die Sie mit Urkräften verbindet, sobald Sie es einmal erlebt haben – nicht umsonst spricht man von »Urvertrauen«.

Die größte Angst, das ist nicht die Angst vor dem Tod, sondern die Angst vor sich selbst und damit vor der eigenen Größe im Sinne Nelson Mandelas*. Wir verstehen den Begriff der Selbstbeherrschung völlig falsch, wenn wir meinen, sich selbst zu beherrschen bedeute, »sich zusammenzureißen«. In Wahrheit bedeutet Selbstbeherrschung, »dem wahren Selbst die Herrschaft zu überlassen«, und genau dazu möchte uns die Angst auffordern. Das »Ich« hat nämlich immer Angst, das Selbst nie!

Gelingt es, die Angst zu überwinden, sollte es nicht mehr notwendig scheinen, Kriege zu führen und gegen politische Systeme zu rebellieren – die Liebe allein tut das Notwendige. »Gott schützt die Liebenden«: Dies ist auch heute noch wahr.

* Bei seiner Antrittsrede als Präsident zitiert aus Marianne Williamson: *Rückkehr zur Liebe*, München 1995.

Im stimmigen Umgang mit der Angst lernen wir Grundqualitäten unseres menschlichen Daseins, Liebe und Weisheit. Diese geben uns die Kraft, »den Weg der Freude« zu gehen, zu erkennen und zu erleben, dass das Leben ein Spiel ist bzw. sein kann, das uns zur Freude gespielt wird – ein Spiel der einen Kraft mit sich selbst. Wir verlassen dann unsere Zurückgezogenheit und beginnen (erneut), die Welt zu erobern.

Gefahren der »Angstautomatik«

Die Muster aller Angst verursachenden Erfahrungen unserer Vergangenheit sind im Unterbewusstsein gespeichert, ständig verfügbar und sollen helfen, bekannte Gefahren automatisch zu erkennen und ihnen auszuweichen. Auch die Art und Weise des Umgangs mit der Angst ist unbewusst und geschieht damit weit gehend außerhalb der bewussten Kontrolle, damit die Situation möglichst schnell überstanden werden kann. Denn je rascher man in einer Gefahrensituation reagiert, umso erfolgreicher wird man in aller Regel aus ihr hervorgehen.

Ein mögliches Problem mit den Angsterkennungs- und Reaktionsmustern ist jedoch, dass diese entwicklungsgeschichtlich vor langer Zeit gebildet wurden. Dementsprechend berücksichtigen sie auch die Fähigkeiten und Unzulänglichkeiten aus der fernen Vergangenheit, mitunter auch solche eines kleinen Kindes. Wir ängstigen uns, obwohl es eigentlich gar nicht sein müsste.

Ein indisches Gleichnis macht diese Situation anschaulich. Es erzählt die Geschichte von einem Elefantenbaby, das man von Kindheit an mit einem Seil an einem Pflock festgebunden hatte. Als der Elefant klein war, war er zu schwach, um das Holz aus dem Boden zu ziehen und wegzulaufen. Er »lernte«, dass der Pflock stärker ist als er selbst. Später, als er groß geworden war, blieb er immer noch brav angebunden, weil er sich nicht vorstellen konnte, den Pflock aus dem Boden zu ziehen – obwohl dies für ihn ein Leichtes geworden war.

Nun sind Ängste wie gesagt keine Gefühle, die wir bewusst unter Kontrolle haben, sondern die aus dem Unbewussten kommen und die – ohne dass wir dies wollen – manchmal überhand nehmen. Und hier beginnt die Gefahr, dass sie pathologisch werden.

Die Angst hat dabei stets einen Doppelaspekt: Sie lähmt unser Tun einerseits, wenn wir vor ihr zurückschrecken, und sie fordert zur konstruktiven Aktivität auf, die aber nur umgesetzt werden kann, wenn der Mensch von der Angst nicht gelähmt ist und ihn auch keine Abwehrmechanismen dominieren.

Allen Ängsten gemeinsam ist die Erkenntnis, dass ihnen mit Willenskraft und Vernunftgründen allein nur selten beizukommen ist. Sie fordern uns auf, tiefer einzutauchen in das, was wir wirklich sind, uns selbst und unser Unbewusstes besser zu verstehen und eines der größten Geschenke zu nutzen, das wir Menschen mit auf den Weg bekommen haben: über uns selbst (bzw. das Selbst) zu reflektieren und auf unbewusste Prozesse, z. B. durch Schattenarbeit, heilend einzuwirken, letztendlich: zu erkennen, wer wir *wirklich* sind. Das und nichts anderes hatte uns die Schlange im Paradies versprochen, und die Auseinandersetzung mit der Angst führt uns genau auf diesen Pfad.

Unterschwellige Angst

Undurchsichtiger als die Angst, die man »greifen« kann – wie die Angst vor Spinnen, Schlangen usw. –, ist die unterschwellige Angst, die unsere Gesellschaft heute durchweht. Dazu gehört nicht nur die Angst vor der »neuen Armut«, dem Alter und der Impotenz bzw. Frigidität, sondern gerade auch ebenjene nicht fassbare, die letztendlich in der Angst des Menschen vor sich selbst mündet. Ihr Vorhandensein erkennen wir wie gesagt oftmals am kollektiven »Drogen«konsum: Thriller, Alkohol, Ablenkungen und den sonderbarsten Zerstreuungen.

Diese unfassbare Angst ist wie ein Grundton des Seins, der durch unsere Zivilisation weht, der unerkannt im Nacken sitzt. Manchmal, wenn jemand in der Nachbarschaft seine Stereoanlage nicht ausgestellt hat, dann brummt sie ein wenig im Hintergrund. So ähnlich erleben wir in unserer gesellschaftlichen Matrix einen Grundton, der permanent unsere menschliche Atmosphäre durchtönt und uns in Angst hält – doch weil er immer da ist, haben wir uns schon so an ihn gewöhnt, dass er scheinbar gar nicht vorhanden ist. Er macht aggressiv oder depressiv – je nach Disposition – und hindert uns daran, dass wir uns mit uns selbst konfrontieren, uns selbst leben. Er bremst die Individualität, das Eigene, das Einzigartige.

Wir sind uns dieser unterschwelligen Angst oft nicht bewusst, aber sie ist permanent da und wirkt durch ihr Sosein auf das kollektive Unbewusste, macht uns dumpf, betäubt unsere Sinne und hält uns in der Ebene von Sorge um das Morgen gefangen.

Wer jedoch die inneren Ohren geöffnet hat, der vernimmt nicht nur die Klänge höherer Welten, er hört auch diesen unterschwelligen Ton der Angst und kann sich dem stellen.

Und doch dürfen wir die Angst und somit auch jene numinose Angst nicht verteufeln oder gar vor ihr ins Engelhafte fliehen. Denn würde uns diese Angst fehlen, dann fehlte uns etwas sehr Menschliches. Angst ist kein »Blinddarm« oder »unnützes« Überbleibsel der Evolution. Sie ist unsere Rückverbindung zur Natur, und zwar unserer eigenen. Ohne Angst wären wir unmenschlich: Maschinen haben keine Angst. Stattdessen sollten wir innehalten. Es scheint, als habe gerade diese unterschwellige, nicht greifbare Angst uns etwas zu sagen. Sie ist unser größter Lehrmeister. Ihr sollten wir uns nicht entziehen – es sei denn, wir wollen uns zu Robotern entwickeln. Wir sollten lernen, angesichts der Angst zu leben, die Angst als Lehrer anerkennen. Dann verliert sie ihren unterschwelligen Charakter – dann bekommen wir »Mut zur Angst« und gewinnen dadurch Lebensfreude!

»Ein Mensch, der keine Angst kennt,
würde mir Angst machen.

Ein Mensch, der vor jedem und allem davonläuft,
ebenso.

Doch ein Mensch,
der durch die Angst hindurchgegangen ist,
den würde ich mir gerne als Vorbild nehmen!«

Klaus Jürgen Becker

Die Angst möchte an ihren Platz gestellt werden und fordert uns zur Bewusstheit auf. Lernen wir also, mit ihr als ständigem Begleiter zu leben. Nicht mit der Todesangst und den großen Befürchtungen – es genügt völlig, wenn wir auf die zarten Angstimpulse hören, sie bewusst wahrnehmen, mit ihnen leben. Wer auf die zarten Schubser der Angst hört, vermeidet die großen Rempler.

Es geht also um die richtige Dosis. Die Angst möchte angesprochen, geheilt und ihrem Stellenwert gemäß beachtet werden.

Kollektive Ängste

Kollektive Ängste sind anders zu beurteilen als individuelle. Es handelt sich hierbei um Befürchtungen, die wir mit einem Großteil unserer Mitmenschen teilen. Sie verändern sich mit der politischen und ökonomischen Landschaft. Leider verhalten wir uns angesichts der kollektiven Ängste wie das bekannte Kaninchen vor der Schlange, lassen uns von ihnen in Angststarre versetzen oder reagieren wütend auf sie ohne Aussicht auf Bewältigung dieser Ängste. Kollektive Ängste bergen in sich stets einen großen Zündstoff. Auf ihrer Basis wurden Regierungen gestürzt, Kriege angezettelt und Häuser in Brand gesteckt. Auf sie müssen wir deshalb besonders aufpassen.

Interessanterweise betreffen die meisten unserer modernen kollektiven Ängste unsere finanzielle Situation. Nachfolgend das (erschreckende) repräsentative Ergebnis einer Langzeitstudie im Jahr 2004, die von der R + V Versicherung Berlin veröffentlicht wurde. Die »Top-15-Ängste« der Deutschen sind:

1. allgemeine Arbeitslosigkeit: 43 %,
2. Anstieg der Lebenshaltungskosten: 43 %,
3. fehlende Bürgernähe der Politiker: 42 %,
4. Verschlechterung der Wirtschaftslage: 41 %,
5. ein Pflegefall im Alter zu werden: 39 %,
6. eigene Arbeitslosigkeit: 36 %,
7. Terroranschläge: 35 %,
8. schwere Erkrankung: 34 %,
9. Drogen-/Alkoholsucht der eigenen Kinder: 29 %,
10. geringer Lebensstandard im Alter: 27 %,
11. Spannungen durch Zuzug von Ausländern: 26 %,
12. Umweltkriminalität: 24 %,
13. Krieg mit deutscher Beteiligung: 24 %,
14. Opfer einer Straftat zu werden: 15 %,
15. Zerbrechen der eigenen Partnerschaft: 12 %.

Der Sinn der Angst

Im Dienste der Natur soll die Angst das Überleben sichern und den Fortbestand der Art erhalten. Doch wenn wir die Angst nur in besagtem Dienste der Natur verstünden, erschienen uns die meisten Phobien als unsinnig. All die Ängste, die wir tagtäglich erleben, ohne dass der Säbelzahntiger vor uns steht, erschienen uns aus jener Perspektive als nicht »schöpfungsgerecht« – und doch hat das Leben auch diese Ängste sicher aus gutem Grund entwickelt: Sie dienen unserem geistig-seelischen Wachstum. Wir sind bekanntlich nicht nur physischer Natur. Unser Körper und unsere Angst dienen auch als Abbildungsinstrument psychischer Prozesse.

Wie beispielsweise der deutsche Diplomat, Psychotherapeut und Zen-Meister Karlfried Graf Dürckheim (1896–1988) in einem seiner Vorträge anführte, sind wir Menschen Wirkende im Auftrag zweier Welten, der des Geistes und der der Materie. Auch das Human Design System* betont immer wieder, dass wir »Bürger zweier Welten« sind und Stoff aus beiden in uns tragen. In dem Augenblick, in dem wir erkennen, dass wir nicht nur eine Ausgeburt der physischen Natur, sondern auch sich entfaltendes Bewusstsein *sind*, beginnt die Angst auf einmal, Sinn zu machen.

Durch das Wort »Angst«, das ja etymologisch mit dem Begriff »Enge« zusammenhängt, wird schon deutlich, dass diese Emotion uns einengt – zugleich wird eine Enge des Bewusstseins angezeigt. Denn wäre unser Bewusstsein so weit wie der Himmel, könnte uns nichts einengen bzw. ängstigen. Wenn wir jedoch die Dinge (und uns selbst) als zu eng erleben, bekommen wir Angst. Sie zwingt uns also, unser Bewusstsein zu erweitern, und zwar genau in dem Bereich, wo die Angst entsteht.

Hier finden wir den geistigen Sinn der Angst. Sie zeigt uns durch den »Ort« ihres Auftretens an, wo das Bewusstsein zu eng ist, wo Bewusstseinserweiterung leibhaftig eingefordert wird.

Häufig werden als Ursachen für die Angst auch konkrete Ereignisse bzw. Umstände genannt, obwohl sie für die Betreffenden real gar nicht bedrohlich sind: die Furcht,

* Das Human Design System verbindet die traditionellen esoterischen Systeme Astrologie, *I Ging*, Chakrenlehre und *Kabbala* mit den neuen Wissenschaften Astronomie, Genetik, Biochemie und Quantenphysik (vgl. z. B. www.humandesignsystem.de).

zu versagen, das Empfinden der Sinnlosigkeit oder Ablehnung, die Angst vor einem Krieg, vor Einsamkeit usw. In Wirklichkeit sind dies bestenfalls die Auslöser für die Angst. Die eigentliche Ursache finden wir immer in der noch nicht genügend ausgebauten inneren Weite und Rückverbindung an den »Urgrund des Seins«, das Selbst.

Angst dient also nicht nur der Arterhaltung, sondern auch der Erweiterung unseres Bewusstseins, und zwar erstrangig des individuellen Bewusstseins. Unser Umgang mit der Angst ist zutiefst individuell und kann somit nur individuell gelöst werden.

So viele fragen sich,
ob es ein Leben nach dem Tod gibt,
ich aber stelle die Frage,
ob es ein Leben vor dem Tod gibt!

Der Geist kennt das Gefühl der Angst zwar nicht unmittelbar, das »borgt« er sich vom Körper; doch angesichts der Angst erkennt er die eigene »Enge im Bewusstsein«, kommt ihr auf die Spur. So wird die notwendige (= die Not wendende) Bewusstseinserweiterung im Laufe einer Inkarnation über die Angst eingefordert.

Sobald wir unser Bewusstsein in dieser Weise um den Angst machenden Faktor erweitern, verringert sich die Angst – und die Lebensfreude wächst im gleichen Maße. Je geringer die Angst (und damit unser Widerstand) ist, umso mehr können wir das Leben annehmen. Hat der

Geist eine Angst durchschritten, ist er weiter geworden, liebender, freudvoller, was ihn dauerhaft und weit gehend bereichert – in »dieser« und in »jener« Welt. Indem wir in »dieser« Welt die Angst durchschreiten, kehren wir eines Tages erfüllter, freier, »als ein anderer« in »jene« Welt zurück. Doch bis dahin sollten wir das Leben lieben, »wie es ist«, denn es ist eine besondere Gnade, dieses Leben und seine Lern- und Wachstumschancen erhalten zu haben.

Wie sich die Angst zeigt

Angst macht sich in vier Bereichen unseres Daseins bemerkbar, die im Folgenden näher beschrieben werden sollen, und zwar:

1. körperlich,
2. psychisch,
3. geistig und
4. im Verhalten.

Wie Sie vielleicht wissen und auch in den weiteren Ausführungen sicher feststellen werden, handelt es sich bei der Zuordnung um Schwerpunkte. Einzelne Kriterien kommen in allen Bereichen zur Sprache – die Übergänge sind also fließend.

Körperliche Reaktionen auf die Angst

Angst, so zeigen die physischen Reaktionen, ist von der Natur als ein Ausnahmezustand gedacht, der die zur Bewältigung des Angst auslösenden Faktors notwendige Energie bereitstellen soll. Die meisten Körperreaktionen wurden im Rahmen der Evolution als Hilfe für das Überleben entwickelt. Die gespannte Bauchmuskulatur anlässlich von Angst schützt unsere Weichteile vor Verletzungen. Der beschleunigte Herzschlag und die schnellere Atmung führt den Muskelzellen mehr Energie zu und befähigt uns zu blitzschnellen Reaktionen. Naturbedingte Angst ist damit genau das Gegenteil von Schwäche und Hilflosigkeit. Als Schwäche und Hilflosigkeit kann höchstens unsere Reaktion auf die Angst interpretiert werden. Ob wir sie positiv oder negativ bewerten und ob wir konstruktiv oder destruktiv mit ihr umgehen, liegt an der persönlichen Disposition bzw. Konditionierung und der individuellen Bewusstheit.

Auch wenn es gemeinsame Nenner gibt, wirkt sich die Angst bei jedem Menschen ein wenig anders auf den Körper aus. Es gibt Menschen, die werden blass vor Angst, andere rot; manche schwitzen, andere frieren; einige bekommen eine gespannte hohe Stimme, andere eine gepresste tiefe, und manche haben »eine Kröte im Hals«; einige zittern, wiederum andere wirken angesichts von Angst wie eingeschnürt.

Um die eigene Angst ein wenig näher kennen zu lernen, erscheint es zunächst sinnvoll, sich einmal die eigenen körperlichen Reaktionen angesichts von Angst zu notieren. Wenn Sie möchten, können Sie sich dabei der nachfolgenden Aufstellung (zum Ankreuzen und Ergänzen) bedienen. Wie reagieren Sie auf Angst?

○ Atembeschwerden (man kann nicht mehr frei atmen),
○ beschleunigte Atmung (bis hin zur Atemnot),
○ beschleunigter Herzschlag (bis hin zu Herzschmerzen),
○ blasses Gesicht,

- O Blockierung der Sexualfunktionen,
- O Brustenge,
- O Durchfall und anschließende »Stilllegung« der Verdauung,
- O erhöhte Blutgerinnung,
- O erhöhte Muskelanspannung,
- O erhöhter Blutdruck,
- O feuchte und kalte Hände und Füße,
- O Frieren,
- O große Pupillen,
- O Herzrasen,
- O hohe Blutzucker- und -fettwerte,
- O Konzentration der geistigen Aktivität auf unmittelbare Reaktionen,
- O Körpergeruch, Schwitzen unter den Achseln (Angstschweiß),
- O Rötung der Haut,
- O Schlaflosigkeit bzw. unruhiger Schlaf,
- O Schwitzen,
- O Schwitzen oder Eiseskälte,
- O Stimme blockiert (man bekommt keinen Ton heraus),
- O Stimme gespannt und hoch,
- O Stimme tief und gepresst,
- O verspannte Bauchmuskulatur,
- O weit aufgerissene Augen,
- O Zittern,
- O ______________________________,
- O ______________________________,
- O ______________________________,

○ ______________________________________,

○ ______________________________________,

○ ______________________________________.

Übung: Das Blickfeld verändern

Eine körperliche Reaktion, die wir offenbar alle angesichts der Angst haben, ist ein verengter Blickwinkel (»Tunnelblick«). Da dieser öfters sehr störend sein kann, nachfolgend eine Übung, mit deren Hilfe Sie Ihr Blickfeld wieder auflösen können:

Schauen Sie geradeaus und nehmen Sie Ihr Blickfeld wahr. Zeichnen Sie gedanklich einen Rahmen um Ihr Blickfeld.

Schließen Sie dann kurz die Augen und denken Sie sich einen Rahmen, aber nicht vor Ihnen, sondern um Ihren Körper herum. Öffnen Sie nun wieder die Augen und erleben Sie sich selbst innerhalb dieses Rahmens (nicht davor). Erleben Sie, wie Ihre »Sicht der Dinge« dadurch weiter wird.

Dann stellen Sie sich ein kleines Viereck vor Ihren Augen in der Ferne vor, konzentrieren Sie sich auf dieses Viereck – und dann wieder auf den großen Rahmen, in dem Sie sich befinden.

Indem Sie sich darin trainieren, mit Ihrem Gesichtsfeld zu spielen, wird es Ihnen auch im Alltag immer mehr gelingen, sich aus verengten Blickwinkeln zu lösen. Sie können nun alles, was Sie wahrnehmen, in einem kleinen oder großen Rahmen erleben. Wann immer Sie einen verräterischen Druck in Ihren Augen, eine Enge, eine Starre in Ihrem Blick verspüren, vollziehen Sie die Übung mit dem Rahmen – und erleben Sie, wie neue Inspirationen und Handlungsimpulse zu Ihnen kommen und Ihnen selbst aus noch so verfahrenen Situationen heraushelfen.

Bei alldem sollten wir uns immer wieder vergegenwärtigen: Wenngleich wir alle ein wenig unterschiedlich auf Angst reagieren, ist die Angst doch etwas, was uns im Menschsein verbindet: Angst zu haben ist menschlich. Angst ist ein »ganz normales« Gefühl!

In dem Augenblick jedoch, in dem die Angst chronisch wird, verliert sie ihre naturbedingte Funktion. Zur chronischen Angst zählt übrigens auch die verschleppte Angst infolge von Schocks, Traumata etc. Die Angst beginnt, die Gesundheit zu blockieren.

Nachfolgend finden Sie eine Liste von möglichen Auswirkungen chronischer Angst auf den Körper (Auswahl). Wenn Sie möchten, kreuzen Sie einmal für sich selbst an, welche Angstbelastungen Sie bereits aus eigener Erfahrung kennen, oder vervollständigen Sie die Liste für Ihre persönliche Situation. Dies kann schon einer der ersten Schritte auf dem Weg sein, die Angst in den Griff zu bekommen und Lebensfreude zu gewinnen:

○ Atembeschwerden,
○ Blockade der richtigen Reaktion,

- O Blockade fast aller Mechanismen,
- O die Blutgefäße werden geschädigt,
- O die hohen Blutzucker- und -fettwerte führen zu Krankheiten,
- O Frigidität,
- O Herzbelastung,
- O Hemmung von konstruktiven Handlungen,
- O Impotenz,
- O kein Aufbau von notwendigen körperlichen Gegenregulationen,
- O Durchsetzungsschwäche,
- O Schlaflosigkeit,
- O schwaches Immunsystem,
- O unangenehmer Angstschweiß,
- O Verdauungsprobleme,
- O ______________________________,
- O ______________________________,
- O ______________________________,
- O ______________________________,
- O ______________________________,
- O ______________________________.

Auch wenn wir »biosoziale« Wesen sind und die Angst ihre Abbildungsprozesse auf allen vier Ebenen offenbart (Körper, Psyche, Geist, Verhalten), muss doch ein Schwerpunkt im Ansatz stets dort liegen, wo sich die Angst am meisten zeigt. Bei körperlich auftretenden Angststörungen erweist sich fast immer ein körperlich bezogener Ansatz als hilfreich, z. B. eine Ernährungsumstellung oder ein Entspannungstraining (mehr dazu später).

Angst und Psyche

Die Angst beeinflusst unsere Psyche und kann uns die Lebensfreude nehmen. Oftmals wissen wir gar nicht, dass es sich bei einem psychischen Problem um Angst handelt, da wie bei einer Zwiebelschale ein anderes Phänomen der Angst vorgelagert ist, etwa Aggression. In solchen Fällen ist es wichtig, wie beim Zwiebelschälen zuerst das vorrangige Phänomen zu erkennen, um sich dann der ursprünglichen Angst nähern zu können.

Wir werden auf das Thema »Angst und Psyche« an späterer Stelle immer wieder eingehen, wenn wir uns mit einzelnen Phobien auseinander setzen. Deshalb sollen hier lediglich einige oft nicht erkannte Grundzusammenhänge aufgezeigt werden, die für die Bearbeitung der Angst in der Psyche von Bedeutung sind.

Angst und Aggression

Wenn wir sagen, jemand sei »aggressiv«, dann meinen wir damit, der Betreffende sei laut, zerstörerisch und verhalte sich beleidigend. Zerstörerischem Verhalten liegt immer eine Bedrohungserwartung und damit eine Angst zugrunde: Lieber bin ich laut, als dass ich niedergemäht werde. Andere wiederum erleben sich als Opfer von

Aggressionen – doch beide haben Angst. Im Umgang mit Aggression müssen wir also zwei verschiedene Typen unterscheiden:

1. *Alpha-Menschen:* Es gibt Menschen, die sind wütend bzw. ärgerlich aus Angst. Sie befürchten, wenn sie von ihrer Angst losließen, würden sie vom Leben/dem anderen nicht bekommen, was sie brauchen.
2. *Omega-Menschen:* Das sind Menschen, die aufgrund von Angst in ihren Handlungen gehemmt sind (so genannte Aggressionshemmung aus Angst). Sie »trauen sich nicht«. Sie passen sich an, um Ärger, Wut und die daraus entstehende Hilflosigkeit zu vermeiden.

Beide Menschentypen haben die Aufgabe, »positive Aggression« zu lernen; und die ist weder wütend noch destruktiv. Das Wort »Aggression« (von lat. *aggressio*) bedeutet eigentlich nur ein »Heranschreiten, Auf-das-Leben-Zugehen«, aber auch »Angreifen«. Negativ sind die Art und Weise, wie wir das Wort kulturell färben (»aggressiv« im Sinn von »bedrohlich« bzw. »bedrohend«), und unser eigener Umgang mit der Aggression. Wer herumpoltert, statt mutig und beherzt anzupacken, was anzupacken ist, hat den eigentlichen Sinn des aggressiven Potenzials falsch verstanden. Ein sinnvoller Umgang mit Aggression bedeutet weder, wie ein Westernheld durch die Straßen zu gehen und jeden zu provozieren, der einem in die Quere kommt, noch das Gegenteil davon, nämlich jede Auseinandersetzung zu fliehen. Es bedeutet, die notwendigen Dinge anzupacken und anzugehen, ohne unnötige Gewalt anzuwenden. Astrologisch sehen wir unseren Bezug zur Aggression im Prinzip des Mars widergespiegelt.

Übung: Fragen zur Aggression

Als Übung können Sie sich hier schon einmal die folgenden Fragen stellen und sie ehrlich beantworten:

- »Wo bin ich aggressiv, wütend, ärgerlich aus Angst? Wie könnte ich mich souveräner und stimmiger verhalten?«
- »Wo bin ich handlungs- bzw. aggressionsgehemmt aus Angst? Was könnte passieren? Wie und wo könnte ich mutiger und souveräner mit (innerer und äußerer) Aggression umgehen?«

Die stimmige Antwort auf die Aggression finden wir in dem Begriff »Courage«. Es kommt aus dem Französischen und ist eine Ableitung des Worts *cœur* (= »Herz«). Wenn Sie angesichts der Aggression *im Herzen sind* (vielleicht einmal »ins Herz atmen« und dieses weit werden lassen), werden Sie mutig und stimmig handeln.

Angst und Eifersucht

»Eifersucht ist eine Leidenschaft, die mit Eifer sucht, was Leiden schafft«, so sagt der Volksmund.

Viele Menschen halten Eifersucht für eine positive Emotion. Sie sehen darin ein Zeichen dafür, dass der Partner einem nicht gleichgültig ist. Sie versuchen womöglich sogar, ihn eifersüchtig zu machen, um die Leidenschaft neu zu entfachen. Dies mag bei »erkalteten« Ehen, in denen das vitale Interesse aneinander eingeschlafen ist, auch vorübergehend funktionieren. Doch dürfen die Betreffenden nicht an dieser Stelle stehen bleiben. Ist das Feuer der Leidenschaft erst einmal entfacht, muss die Eifersucht durch aufrichtiges, vitales Interesse am anderen ersetzt werden. Denn hinter dem Phänomen der Eifersucht stecken immer ein Besitzanspruch (»Der Partner gehört mir«) und Angst – die Angst, den Partner zu verlieren.

Es ist der Verstand, der Eifersuchtsgedanken projiziert – aus Angst vor der Unsicherheit, die entsteht, wenn der Partner sich freizügig bewegt. Doch nur wenn ich »die Winde des Himmels« zwischen uns tanzen lasse* und »der Hand des Lebens« (dem Tao, also dem universellen Gesetz) erlaube, unser Zusammensein zu umfassen, kann ich mit meinem Partner im »Hier und Jetzt« sein und ihn (und mich selbst) genießen – unabhängig davon, wie sich mein Partner gerade verhält.

Das Beispiel der Eifersucht zeigt sehr deutlich, wo die Angst zu einer Bewusstseinserweiterung auffordert: Indem ich meinen engen Besitzanspruch an den Partner aufgebe, ohne dass er mir dadurch gleichgültig wird, löst sich jeder Gedanke an Eifersucht auf. Der Eifersüchtige muss lernen, sich auf der Herzens- und Seelenebene mit seinem Partner zu verbinden, dort, wo die Liebe bedingungslos ist. Dies ist eine Ebene, auf der ich ihm *aus-*

* Vgl. Khalil Gibran: *Der Prophet. Im Garten des Propheten*, München 2005 (»Über die Ehe«); s. a. S. 206.

schließlich Gutes will – weil ich ihn liebe. Und selbst wenn er letztlich in den Armen eines anderen Menschen sein Glück findet, dann sollte auch ich froh darüber sein – wenn ich ihm ehrlichen Herzens nur das Beste wünsche.

Diese Einstellung gewinnt man jedoch nicht von heute auf morgen, sie ist oftmals das Ergebnis eines langen Lebens- und manchmal auch Leidensprozesses. Bis man so weit ist, vergehen möglicherweise viele Nächte, die man allein im Ehebett verbringt mit ständigem Blick auf die Uhr und eifersüchtigen Gedanken, bis man im Idealfall die einzige wirkliche Antwort auf seine scheinbar missliche Lage findet – bedingungslos zu lieben!

»Eifersucht aus Angst« möchte zu »positiver Anteilnahme« werden, getreu dem Motto »Ich liebe dich – *wie immer* du bist, *egal*, was du tust«. Sobald ich so denke, verschwindet die Angst, und das Tao kümmert sich um die Beziehung, das kleine »Ich« schwindet, und »die Hand des Lebens« umfasst und steuert die gesamte Beziehung, ohne dass ich mir deshalb graue Haare wachsen lassen muss – von selbst.

Angst und Komplexe

Die bekanntesten Komplexe sind der Minderwertigkeitskomplex und der Größenwahn bzw. die Flucht in die Grandiosität, Angeberei etc., die eigentlich zusammengehören. Denn hinter allen steht die Angst, so, wie man ist, nicht angenommen zu werden. Panik verzerrt die Selbstdarstellung ins Unkenntliche, sodass weder wir noch unsere Mitmenschen erkennen können, wer wir wirklich sind und wie wir »gemeint« sind.

Die Auflösung von »Komplexen« ist, wie das Wort bereits nahe legt, komplexer als die von »normalen« Phobien, denn das Thema möchte umkreist und von mehreren Seiten angegangen werden. Manchmal zeigt sich die Auflösung wie die Entknotung eines Wollknäuels.

Es liegt nun in der Disposition des Betreffenden, ob er sich Schritt für Schritt dieses Knäuels annimmt, um es aufzudröseln, oder ob er den »gordischen Knoten« durch das klare Schwert der Erkenntnis des Selbst auf einmal durchschneidet.

Sobald ich mich selbst, meine eigene Stimmigkeit, erlebt und erfühlt habe, verschwinden alle Komplexe und auch die damit zusammenhängenden Ängste. Ich nehme als freudvoller Mitgestalter aktiv, liebend und erfüllt meinen Platz in der Schöpfung ein. Und dieser Platz ist in aller Regel weder ganz oben noch ganz unten, sondern mittendrin (statt nur daneben bzw. dabei).

Angst und Lust

Der Begriff der »Angstlust« wurde durch den ungarisch-englischen Psychoanalytiker Michael Balint* geprägt und von da an im deutschen Sprachgebrauch verwendet. Was hat es mit der Angstlust auf sich? Kann Angst Lust machen? Wenn ja – woher kommt der »Reiz der Angst«?

Angst erregt uns, macht uns lebendig, das ist ja ihre rudimentäre Aufgabe. Wenn wir die Kunst des Lebens und des Lebendigseins nicht beherrschen, weichen wir oftmals auf die Angstlust aus, um uns lebendig zu fühlen.

* Vgl. z. B. Michael Balint: *Angstlust und Regression*, Stuttgart 1999.

Dies ist eine Verknüpfung der Angst mit erregenden und lustvollen Gefühlen. Diese dienen als »Nervenkitzel«. Die Angst auszuhalten, intensiviert die Lust.

Es gibt Menschen, die – oft aus einem Gefühl der Sinnlosigkeit – Angstlust suchen, um dadurch Stimulation zu erfahren. Solche z. B., denen die rudimentäre Sexualität abhanden gekommen ist, suchen ihre Erregung über Exhibitionismus (auch eine »Angst vor Entdeckung«), Fesselungen, SM-Praktiken o. Ä. »hochzupeitschen«.

Zeitgenossen, die sich und das Leben offenbar als langweilig empfinden, springen von hohen Türmen ins Wasser oder klettern ohne Seil Felswände hoch, um dadurch den »notwendigen« Kick zu erhalten. Es hat den Anschein, als sei insbesondere bei jungen Menschen ein starkes Bedürfnis vorhanden, sich dieser Angstlust auszusetzen. Die Jagd nach Nervenkitzel ohne Bewusstheit kann lebensbedrohlich enden, denken wir beispielsweise an das bereits erwähnte »S-Bahn-Surfen« mancher Jugendlicher. Andere wiederum gehen »harmloser« mit ihrer Angstlust um: Sie setzen sich ins Kino oder vor den Fernseher, um sich einen Horror-, Thriller- oder Monsterfilm anzuschauen.

Hinter all diesem Verhalten steckt eine blockierte bzw. fehlende natürliche Erregung. Doch wir müssen uns dort abholen, wo wir stehen: Wenn ein Mensch so abgestumpft (»innerlich tot«) ist, dass ihn nichts mehr erregt, mag die Angstlust ein vorübergehender Erweckenskitzel sein (solange man dabei nicht sein Leben riskiert). Bevor man all seine Regungen verdrängt, sollte man ihnen auf die Spur kommen, auch wenn das Ergebnis dieser Suche mit einer Ent-täuschung enden mag.

Wer seiner Angstlust nachgehen möchte, sollte dabei die notwendigen Grenzen beachten, also u. a. auf lebensgefährliche Handlungen verzichten, und nur das tun, was er vor sich selbst verantworten kann. Er sollte im Erleben so bewusst bleiben, dass er erfühlen bzw. herausfinden kann, was es mit der Angstlust auf sich hat, dass er sie beobachten kann wie ein neutraler Zeuge, ohne ihr anheim zu fallen; und er sollte sich danach – frei von Schuldgefühlen – Zeit und Raum geben, das Erlebte zu verarbeiten und geistig zu neutralisieren.

Bei jemandem, bei dem bereits geistige Bewusstheit vorherrscht, ist der Umweg über das Erleben von Angstlust nicht notwendig. Er ernährt sich von seelischen Reizen und hat die Auseinandersetzung mit der Angstlust durch Bewusstheit schon »eingelöst«.

Der fortgeschrittene bzw. »erwachtere« Sucher findet als Antwort auf die Angstlust die Liebeslust, d. h. die ungeteilte und völlige Aufmerksamkeit gegenüber dem »Hier und Jetzt« und der Liebe des Lebens, die *ist*. Wo die Angstlust durch den »Mut zur Präsenz« ersetzt wird, bekommt das Leben eine Intensität und Freude, die jede Angstlust im Vergleich dazu als schal und unerfüllt erscheinen lässt. Auch dies ist ein Weg der Erfahrung, den man keinem »Angstlustigen« abnehmen kann.

Zur Stimulation der »Liebeslust« empfehlen sich u. a. die Sonette von Shakespeare oder auch sein wunderbar verfilmter »Mittsommernachtstraum« (inzwischen als DVD erhältlich).

Angst und Schlaflosigkeit

»Urangst« und »Urgeborgenheit« hängen beide unmittelbar mit dem Schlaf zusammen. Leider sind Schlaflosigkeit bzw. schlechter Schlaf in unserer Zivilisation inzwischen eine weit verbreitete Zeitkrankheit geworden. Sie sind möglicherweise ein Zeichen für ebenjene unterschwellige Angst, die in unserer modernen Gesellschaft herrscht. In früheren Zeiten, als die Bedrohungen durch die Natur viel gewaltiger waren, schliefen die Menschen besser!

Was immer die äußeren Anlässe für Schlaflosigkeit sein mögen, der eigentliche Grund dafür ist die Verhaftung im Ego, die Überlast des Kopfes, eine geistige Entwurzelung, ein »Sich-nicht-überlassen-Können«, Misstrauen gegenüber sich selbst, dem anderen und den unbewussten Kräften. Wer misstraut, schläft schlecht oder gar nicht. Der »Schlechtschläfer« hat Angst, ist im Ungleichgewicht und nimmt seine Sorgen mit ins Bett. Er ist zerrissen und im Zwiespalt: Der Körper soll schlafen, während die Gedanken nicht loslassen können, das Grübeln und Sinnieren also weitergeht. Er hat nicht gelernt, »zu tun, was er tut«, in diesem Fall: zu schlafen.

Während des Schlafs stellen wir uns der unsichtbaren Wirklichkeit anheim. Wer »sich lassen« kann, der vertraut und kann schlafen. Der Schlaf ist immer ein Sichaufgeben, ein Sichanheimstellen, ein »kleiner Tod«, den das Ich, und sei es nur für eine Nacht, sterben muss. Das kleine Ich (Ego) muss im Schlaf gelassen werden. In dem Augenblick, in dem Sie sich entscheiden, ins Bett zu gehen, sollten Sie alles lassen und schlicht und einfach... schlafen.

Je mehr ein Mensch lernt, seine Ängste (und sein Ego) zu lassen, je mehr Vertrauen er aufbaut, umso besser wird er schlafen und desto beglückender wird sein Erwachen sein.

Traum

Für Kinder, die unter Angst vor dem Zubettgehen leiden,
ein kleines Gutenachtgedicht von Mara Issakhani:

»Tauch hinein in die goldene Welt,
dort, wo der Regen nie fällt,
wo es schneit und die Sonne scheint,
das weiß jedes Kind – groß und klein.

Dort, wo es Elfen gibt überall,
in der Hunderterzahl,
wo es Blumen gibt,
die es noch nie gegeben hat.

Wo es Tiere gibt, die lustig ausschaun,
dort gibt es auch keinen Zaun.
Glitzerwasser, weit und breit,
es funkelt eine Ewigkeit.

Es gibt dort keinen Krieg,
jeder lebt und liebt,
rate, wo es ist!
Du weißt es nicht?
Dann lege dich am Abend auf dein Kissen,
dann wirst du es wissen.«

Achten Sie vor dem Zubettgehen vor allem darauf, dass Sie sich nie »ungeordnet« zur Ruhe begeben:

- Nehmen Sie nichts an *negativen Gedanken*, Sorgen, Kummer, Problemen, Konflikten, Wünschen mit in Ihr Bett. Morgen können Sie sich erneut damit beschäftigen, aber für diese Nacht gehören sie losgelassen. Betreiben Sie vor dem Einschlafen Psychohygiene (»mentales Umerleben«).
- *Meinungsverschiedenheiten* mit Ihrem Partner sollten Sie stets vor dem Schlafengehen einer konstruktiven Aussprache, einer Versöhnung oder einem gütlichen Ende zuführen. Ist dafür nicht der Raum gegeben, sollten Sie erwägen, ohne einander zu grollen, in getrennten Zimmern zu schlafen, sodass Sie beide einen stressfreien »Schlafraum« haben.

Angst und Schock

Der Schock ist eine Sonderform des Traumas. Er hängt rudimentär mit dem Totstellreflex zusammen, der eigentlich das Leben schützen soll. Dieser Reflex bewahrt nicht nur Mensch und Tier in freier Wildbahn vor Gefahren, auch so mancher Stierkämpfer verdankt sein Leben der Tatsache, dass er sich rechtzeitig tot gestellt hat. Kann der Schock jedoch nach der Angstauslösung nicht gelöst werden, verharrt der Mensch bzw. ein Aspekt des Menschen im Schock wie eine Tür, die ins Schloss gefallen ist – der Mensch bzw. Schock ist »eingeschnappt«. Als Folge davon erleben wir Stagnation, und zwar genau in dem Lebens- bzw. Körperbereich, in dem der Schock ausgelöst wurde.

Kann die Angst bzw. der Schock nicht in eine erlösende Handlung umgesetzt werden, entsteht Hilflosigkeit, Niedergeschlagenheit, Depression, im Extremfall Resignation – die der Angst zugrunde liegende Kraft konnte nicht genutzt werden und hat sich erschöpft, man lebt nur noch, um keine Angst mehr zu haben.

Die psychische Behandlung von Schocks verläuft, ergänzend zu der vielleicht notwendigen körperlich-medizinischen Intervention, ähnlich wie bei den anderen posttraumatischen Belastungsreaktionen. Zur Schockbehandlung empfiehlt sich insbesondere eine energetische oder Atemtherapie, weil sie die blockierte Erinnerung wieder freigeben. Dadurch, dass die den Schock auslösende Angst noch einmal erlebt und die Energie harmonisiert wurde, befreit sich der Schock, und der Mensch erhält neue, schockfreie Lebensenergie.

Angst und Sorgen

Wenn Ängste auf die Zukunft projiziert werden, so nennen wir sie »Sorgen«. Sorgen gehören auch zum geistigen Bereich, denn in der Regel sucht der Verstand, sie logisch zu begründen. Das kann in manchen Fällen schon fast skurril wirken, und Außenstehende sehen sich den Argumenten des Besorgten hilflos gegenüber:

- Der Ehemann fordert von seiner Frau, dass sie ihre gemeinsame Wohnadresse in ihrem entfernteren Bekanntenkreis geheim hält, denn unter diesen könnte ja ein Einbrecher sein, der sie ausraubt.
- Die Mutter fordert von ihrer vierzigjährigen Tochter,

dass sie sie von ihrem neuen Wohnort aus täglich anruft, damit sie sich keine Sorgen machen muss, denn es könnte ja sein, dass sie von einem Auto überfahren wird, ohne dass die Mutter dies weiß.

Sorgen kommen wir nicht durch die Vernunft bei, da der Verstand sich der Logik bedient, um seine Sorge zu rechtfertigen, z. B.: »Hast du nicht in der Zeitung gelesen, wie viele Einbrüche es mittlerweile in Deutschland gibt?« Wer Gegenargumente bringt, wird als unqualifiziert bezeichnet, und so hält der Besorgte mit seiner Angst oftmals ganze Sippen von morgens bis abends in Atem. Meist beginnt er mit Formulierungen wie »Was wäre, wenn … eintritt?« oder auch »Was sollen nur die Nachbarn dazu sagen …?«. Darauf gibt es keine sicheren Antworten außer der, dass man sich und sein gesamtes Umfeld so an einem befreiten Leben hindert.

Der angemessene Weg, um mit einer Sorge fertig zu werden, liegt darin, sie auf ihre Entstehung zurückzuführen. Es gilt im Falle der (übermäßigen) Sorge zu erkennen, dass es sich um eine Katastrophe der Vergangenheit handelt, die auf die Zukunft übertragen wird. Interventionen, die hier helfen können, sind:

- »Ist es schon einmal in deinem Leben passiert, dass das Befürchtete eintraf?«
- »Wo im Körper ist der Teil beheimatet, der sich Katastrophen vorstellt …?«
- »Wann hat jener Teil gelernt, auf diese Weise zu reagieren?«

Indem sich der Besorgte mit derartigen Fragen auseinander setzt, bekommt er die Möglichkeit, bei sich selbst zu schauen, statt durch seine Sorgen das gesamte Umfeld zu terrorisieren. Indem der Sorgenbesessene sein eigenes Thema und seine Angst (z. B. durch energetische Therapie) auflöst, verschwinden auch die unnötigen Sorgen.

Dort, wo Sorgen im Einzelfall dann doch berechtigt sind, kann er sich dann umso gezielter konstruktiv mit ihnen beschäftigen, statt seine Energie für überflüssige Sorgen und vermeintliche Umweltkontrolle zu verwenden.

Angst und Sucht

Wie der amerikanische Psychologe Roger J. Callahan in seinem Buch *Der unwiderstehliche Drang** eindrücklich aufzeigt, hängen Angst und Sucht unmittelbar miteinander zusammen. Jedem Suchtmittel zugrunde liegt eine unterschwellige Angst, die durch das Suchtmittel überdeckt werden soll.

Die Abhängigkeit von der Substanz ist in erster Linie eine psychische Abhängigkeit, die im Laufe der Sucht immer stärker wird. Als Beispiel für diese Auffassung werden u. a. amerikanische Soldaten angeführt, denen man im Vietnamkrieg wegen Kriegsverletzungen und -traumata Heroin injiziert hatte. Nach dem Ende des Kriegs (und damit dem Ende des Angstauslösers) wurde den heimkehrenden Soldaten das Heroin entzogen. Erstaunlicherweise blieb nur ein bemerkenswert kleiner

* Vgl. Roger J. Callahan: *Der unwiderstehliche Drang*, Kirchzarten 2003.

Anteil dieser Soldaten süchtig, die meisten konnten dem Rauschgift mühelos entsagen, da der Angst- bzw. Schmerzauslöser beseitigt war. Vergleichbare Erfahrungen wurden u.a. auch mit Morphium- und Opiumpatienten gemacht.

Wenn wir also von einer Sucht loskommen wollen, dann kann es sein, dass im Zuge unseres Entzuges auch genau die Angst hochkommt, die zu unserer Sucht (oder unangenehmen Gewohnheit) geführt hat. Indem wir diese Angst konfrontieren, leisten wir einen Beitrag, um uns aus dem Griff der Sucht zu erlösen.

Die Idee, durch Abhängigkeit an einen »Suchtstoff« Bedürfnisbefriedigung zu erhalten, erweist sich als der Beginn einer anhaltenden Abwärtsspirale. Sie ist infantil. Wir geben die Verantwortung ab und verpassen so die »innere Alchemie« unserer eigenen Kräfte. Die Angst besteht darin, dass wir befürchten, ohne den Suchtstoff gäbe es keine Befriedigung. Aus diesem Grund empfehlen viele östliche und westliche Religionen nicht nur die Suchtvermeidung, sondern sogar Enthaltsamkeit von allen Freuden der Welt – um sich der »Sucht nach Welt« zu entziehen und die Seele zu kultivieren.

Der strikte Rückzug von den weltlichen Verlockungen, z.B. Geld, Sex, Körperkult, Glamour, kann vorübergehend eine Unterstützung bei der Seelenentwicklung sein. Er birgt jedoch langfristig die Gefahr der Verdrängung. Mit der Abkehr von der Welt entfernen wir uns von den »vitalen Reizen«, die, wenn wir richtig mit ihnen umgehen, als Antriebe den inneren Seelenbaum zum Keimen bringen.

In dem Augenblick, in dem wir uns unseres Selbst bewusst geworden sind, können wir uns den Verlockungen der Welt erneut stellen, ohne ihnen zu verfallen. Manchmal müssen wir sie sogar ein weiteres Mal durchschreiten, um die Schlacken unserer Verdrängungen im inneren Feuer des bewusst gewordenen Geistes zu verbrennen. Zwei Feuer gibt es nämlich: das rauchende, qualmende der Sucht und das helle, klare Feuer der inneren Flamme.

Die Sucht sagt: »Meine Seele ist gefangen und schreit nach Unabhängigkeit!« Die Sucht lösen wir, indem wir die Suchtdisposition erkennen, auflösen und so die rauchende, qualmende Flamme der Sucht in das klare, strahlende Feuer unseres Geistes hineinwerfen. Hierbei können z. B. die energetische Therapie, etwa EFT (Emotional Freedom Techniques), sowie praktiziertes Mitgefühl (Tonglen: das Geben und Nehmen mithilfe des Atems) eine unterstützende Hilfe sein.

Aus psychosomatischer Sicht zeigt die Sucht nicht nur eine Enge im Bewusstsein, sondern auch eine missglückte Suche. Sucht und Suche hängen unmittelbar miteinander zusammen. Dort, wo meine Suche (nach Werten, Halt, Geborgenheit, Triebentfaltung, Spiritualität, dem Selbst) gescheitert ist, hänge ich in der Sucht. Die Art der Sucht gibt einen Hinweis auf das jeweilige Thema der Suche. So erkennen wir beispielsweise Zusammenhänge zwischen:

- *Alkoholsucht* und *fehlender religiöser Verwurzelung* (»Spiritus«, astrologisch: Neptun-Problematik),
- *Arbeitssucht* (bei so genannten Workaholics) und *fehlendem Bezug zur Selbstverwirklichung* (das Selbst durch sich wirken lassen),

- *Kaffeesucht* und *fehlgeleiteter Erregung* (der Kaffee soll anregen),
- *Nikotinsucht* und *unbefriedigten oralen Bedürfnissen* (man saugt an der Zigarette),
- *Sexsucht* und *fehlender sexueller Präsenz* (die Unfähigkeit, sexuelle Kraft zu halten und zu sublimieren, »den Tiger in sich zu zähmen«).

Angst und Trauma

Traumata, im psychologischen Fachjargon »posttraumatische Belastungsreaktionen« genannt, können uns sehr belasten, doch wir sind ihnen nicht ausgeliefert. Oft reagieren wir auf Traumata mit Depersonalisierung, Abspaltung oder Eintauchen in eine Phantasiewelt, ohne zu erkennen, dass wir ein Trauma erlitten haben. Wie Dr. Peter Orban* in seinem Buch *Der multiple Mensch* ausführlich beschreibt, tendieren wir dazu, infolge von Traumata Unterpersönlichkeiten zu erzeugen, um die Traumata nicht konfrontieren zu müssen.

Vor einigen Jahren wurden Fälle von Kindesmisshandlung aufgedeckt, bei denen man Kinder bewusst traumatisiert hatte, um sie für egoistische Zwecke missbrauchen zu können, ohne dass sie sich an den Missbrauch noch erinnern konnten. Das Kind flüchtete sich dann »ganz weit weg«, in eine Phantasiewelt des »Peter Pan«, des »Zauberers von Oz« oder in eine bessere Welt, in der es »nur noch gute Menschen« gab. Wenn man dem Buch *Die TranceFormation Amerikas* von Cathy O'Brien und Mark

* Peter Orban: *Der multiple Mensch*, Frankfurt 2002.

Phillips* Glauben schenken darf, finden in den USA sogar heute noch gezielte Traumatisierungen zum Zwecke der politischen Manipulation statt.

Erlebte Traumata führen zu Narben in unserer Seele, doch wir sind ihnen nicht hilflos ausgeliefert.

Der erste Schritt zur Erlösung (Einlösung) von Traumata ist der, sich zu erinnern. Es ist deshalb notwendig und hilfreich, sich das Trauma noch einmal ganz genau anzuschauen, ohne es zu beschönigen oder zu dramatisieren, einfach so, »wie es ist«. Wir müssen uns also fragen: »Was ist mir ganz konkret widerfahren?« Wir sollten dies wie einen Schulaufsatz Wort für Wort niederschreiben, ohne etwas auszulassen oder zu dramatisieren, wie ein neutraler Zeuge, der ein Verkehrsereignis beschreibt.

Von dieser Darstellung des reinen Sachverhaltes zu unterscheiden ist: Wie habe ich darauf reagiert? Welche Entscheidungen habe ich daraufhin getroffen? Diese Dinge sollte ich erst danach notieren.

Im Zusammenhang mit der Erlösung vom Trauma – bzw. dessen Einlösung – ist es normal, dass noch einmal Angst hochkommt, eingefrorene Emotionen oder Reaktionen, die uns heute noch tagtäglich belasten, doch sie verschwinden nach einem anfänglichen Aufquellen, sobald wir den Mut und die Bereitschaft haben, sie uns anzuschauen, uns ihnen zu stellen.

* Cathy O'Brien und Mark Phillips: *Die TranceFormation Amerikas*, Potsdam 2005.

Übung: Die Verbindung mit der prätraumatischen Identität

Da Traumata in der Regel zu einem Riss in der Identität geführt haben, ist es sinnvoll, diesen anhand einer Traumabehandlung zu »kitten«. Ein sehr schöner Weg in diese Ganzheit besteht darin, sich mit der prätraumatischen Identität zu verbinden, also mit dem Menschen, der man vor dem ersten Erleben der Verletzung war, und diesen in das heutige Dasein zu integrieren. Der Teil, der man vor dem Trauma war, muss mit dem Teil, der das Trauma überstanden hat, zusammengebracht werden. Hierzu verfahren Sie wie folgt:

- Stellen Sie sich diese Situation als eine Kugel vor, die vor Ihnen liegt. Projizieren Sie all die Emotionen, Verwicklungen, unangenehmen Dinge, die mit der Situation verbunden waren, in diese Kugel. Halten Sie dann beide Hände so um diese Kugel, als wollten Sie sie segnen. Stellen Sie sich dabei vor, wie sie durch Ihren Segen kleiner und kleiner wird, bis sie schließlich ganz in sich zusammenfällt.
- Dann denken Sie daran, was für ein Mensch Sie vor diesem Trauma waren. Wie fühlten Sie sich, bevor das erste Trauma auftrat? Werden Sie noch einmal gedanklich zu diesem Menschen. Vielleicht spüren Sie seine Jugendlichkeit, Unbekümmertheit oder andere positive Eigenschaften. Während Sie dies tun, öffnen Sie die Handinnenfläche Ihrer linken Hand nach oben. Gehen Sie ganz in diesem Erleben auf.

- Nun drehen Sie die linke Hand wieder um, sodass sie mit der Handinnenfläche nach unten liegt, und drehen Sie die rechte Hand so, dass deren Innenfläche nach oben zeigt. Denken Sie nun an den Menschen, der Sie heute sind. Werden Sie zu diesem Menschen. Und fühlen Sie auch hier positive Eigenschaften, vielleicht erspüren Sie Weisheit, Abgeklärtheit und Liebe, die Sie im Laufe des Lebens gewonnen haben, oder Ruhe und Besonnenheit.
- Schließlich halten Sie beide Hände gegenüber. Fühlen Sie noch einmal abwechselnd in die linke Hand (alte Identität) und in die rechte Hand (neue Identität). Fühlen Sie auch den Unterschied zwischen diesen beiden Identitäten und erlauben Sie Ihren Händen, diesen Unterschied anzuzeigen, indem Sie diese mehr oder weniger weit auseinander halten. Fühlen Sie ebenso die Spannung zwischen Ihren beiden Händen. Erleben Sie aber auch, wie diese Spannung langsam schmilzt, sodass Sie Ihre Hände mehr und mehr zusammenbringen können. Spüren Sie dabei, wie der Mensch, der Sie vor dem Trauma waren, und der, der Sie heute sind, in Ihnen verschmelzen zu einem Selbst.

Dann, wenn Sie spüren, dass Sie eins geworden sind, dass Sie die guten Seiten beider Anteile in sich aktiviert haben, führen Sie die Hände zusammen, legen Sie sie auf Ihr Herz und genießen Sie sich selbst bzw. Ihr Selbst.

Zusätzlich zu der seelischen Eingliederung des Traumas sollten posttraumatische Belastungsreaktionen auch körperlich behandelt werden. Oft hilft hier schon die Akupunktur oder -pressur des Blasenmeridians. Sollte angesichts einer Traumabehandlung Zorn (darüber, dass einem das passiert ist) aufquellen, kann es sinnvoll sein, mittels Akupunktur ergänzend den Herzmeridian, bei Schuldgefühlen den Dickdarmmeridian zu behandeln.

Bei der Angst vor zukünftigen Traumatisierungen könnte Ihnen die Vorstellung helfen, dass Ihnen nichts geschehen kann, was Sie nicht selbst verursacht haben. Halt finden Sie auch in Ihrem Glauben bzw. Ihrer Beziehung zu Gott oder dem Selbst.

Hier noch einmal die fünf Schritte des Verfahrens zur Traumabehandlung in einer Übersicht:

1. Was ist mir ganz konkret widerfahren (reine Tatsachen, detailgetreu)?
2. Wie habe ich darauf reagiert?
3. Welche (inneren und äußeren) Entscheidungen habe ich daraufhin getroffen?
4. Die Verbindung mit der prätraumatischen Identität herstellen (s. o.).
5. Körperliche Intervention (z. B. energetische Therapie).

»Was wiederbelebt wird, verschwindet,
was verdrängt wird, bleibt bestehen!«

Werner Erhard

Sozusagen als »Übung« können Sie, wenn Sie möchten, einmal an eine Situation denken, die für Sie traumatisierend war. Das kann eine Trennung, ein Schock oder eine unzumutbare Belastung sein. Wenn Sie wollen, erstellen Sie eine Liste der für Sie am meisten belastenden Situationen, suchen Sie sich dann eine von ihnen heraus und bearbeiten Sie diese mit dem oben angeführten »Fünf-Punkte-Plan«.

Angst und Zwangshandlungen

Eine Zwangshandlung ist ein Ritual, das vermeintlich vollzogen werden *muss*, damit etwas Bestimmtes, das man (unbewusst) befürchtet, nicht eintritt. In dem Ritual versuchen die Betreffenden, diese Angst zu bannen. Dabei handeln sie, ohne es zu erkennen, »magisch«. Werden die Zwangshandlungen unterbrochen, entstehen unter Umständen panikartige Ängste, die durch ebenjene Rituale bisher unterdrückt wurden. Die Liste der Zwänge ist lang – sie reicht vom Wasch- bis hin zum Zählzwang.

Oftmals ist es schon hilfreich, die Zwanghaftigkeit einfach nur zu beobachten, sich ihrer gewahr zu sein, um eine gewisse Distanz zu ihr zu bekommen. Indem man dann, wenn die Zeit dafür reif geworden ist, die Zwangshandlung bewusst unterlässt und wertfrei beobachtet, welche Angst, welche körperliche Reaktionen sich dann zeigen, kann man dem zugrunde liegenden Muster auf die Spur kommen.

Eine Erlösung von Zwängen finden wir in der Erkenntnis, wie der Verstand arbeitet, im Übersteigen des Verstandes und dem Gewahrsein des wahren Selbst. Die dem jeweiligen Zwang zugrunde liegende Angst kann man mithilfe der Methoden angehen, die weiter hinten in diesem Buch beschrieben werden, insbesondere mit der energetischen Therapie.

Wenn Sie möchten, prüfen Sie an dieser Stelle doch einmal sich selbst: Welche »Marotten« (Zwangshandlungen) haben Sie? Womit können Sie nicht aufhören? Erstellen Sie eine Liste Ihrer kleinen und großen Zwangshandlungen. Beginnen Sie, eine liebevolle und wertfreie Haltung gegenüber Ihren Zwängen zu entwickeln, um sie dann, wenn die Zeit dafür reif geworden ist, mithilfe der hier empfohlenen Methoden loszulassen.

Wie sich die Angst auf den Geist auswirkt

Wir haben in den vorangegangenen Kapiteln erfahren, wie sich die Angst auf unseren Körper und auf unsere Seele auswirkt. Im Gegensatz zum Tier, bei dem Ängste wohl überwiegend im »kreatürlichen Bereich abgearbeitet« werden, ist die Angst beim Menschen sehr stark ein psychosozialer Prozess, d.h., die Angst wirkt sich sehr stark auf Geist und Psyche aus.

Die nachfolgende Liste stellt einige Auswirkungen der Angst auf den Geist und die Psyche dar. (Wie gesagt wurde, sind die Grenzen fließend, deshalb werden hier die Symptome mit dem Schwerpunkt auf dem Geistigen kurz noch einmal gesondert aufgeführt.) Wenn Sie möchten, kreuzen Sie für sich selbst einmal an, welche der Auswirkungen Ihnen »bekannt vorkommt«, und ergänzen Sie diese um die eigenen Erfahrungen:

- ○ Angstphantasien,
- ○ Erfolgs- und Handlungshemmung,
- ○ Flirthemmung,
- ○ Freude und Sexualität können sich nicht entfalten,
- ○ Kommunikationsstörungen,
- ○ Kontaktarmut,
- ○ Kreativitätsstörungen (insbesondere bei Künstlern),
- ○ Minderwertigkeitsgefühle,
- ○ Motivationsstörung (aus Angst),
- ○ Sprachbelastung (Stottern, Redefluss gestört),
- ○ ______________________________,
- ○ ______________________________,
- ○ ______________________________,
- ○ ______________________________,
- ○ ______________________________.

Tiere scheinen uns gegenüber bevorzugt zu sein, weil sich ihre Angst überwiegend auf tatsächliche Bedrohungen bezieht – sie haben in der Regel wohl keine Angstphantasien. Benachteiligt sind sie aber, weil sie ihre Angst»neurosen«, insbesondere solche, die im Zuge ihrer Domestizierung durch menschliches Einwirken zustande gekommen sind, nicht selbst heilen können. Dafür benötigen sie menschliche Hilfe – immerhin gibt es den Beruf des Tierpsychologen …!

Im Gegensatz dazu haben wir Menschen die Gabe des eigenständigen kreativen Denkens vom Schöpfer mitbekommen. Leider machen nur wenige von dieser Gabe ausreichend Gebrauch. Die meisten lassen lediglich »mentale Schallplatten« ablaufen, statt die Schöpferkraft selbst gewählter Gedanken bewusst zu nutzen.

Gedanken können uns krank oder gesund machen, unsere Psyche in Aufruhr versetzen oder stabilisieren. Man kennt den eingebildeten Kranken. Genau so, wie es eingebildete Kranke gibt, gibt es auch eingebildete Paranoiker. Indem Sie Ihre Gedanken verändern, verändern Sie auch Ihre Ängste.

Steigert sich die Gedankenkraft in die Phantasie hinein, erleben wir die Heil- oder Zerstörungskraft von Gedanken noch stärker. Es gibt Paranoiker, die glauben, von Geheimdiensten oder Außerirdischen verfolgt zu werden, sich in paranormale Wahrnehmungen »anderer Welten« und deren »Spiele« oder in »frühere Leben« verstricken und sich deshalb selbst an den Rand des Wahnsinns bringen. Ich will damit nicht behaupten, dass es all dieses nicht gäbe. Ich glaube, dass es ein Segen ist, wenn wir als »normaler Mensch« von anderen Dimensionen verschont werden, bis wir mit ihnen umgehen können, d. h. entdeckt haben, wer wir selbst sind.

Denjenigen aber, die unter ihrer Lage, sei es Phantasie oder Realität, leiden, sei an dieser Stelle nur gesagt, dass alle Erscheinungsformen nur ein Produkt des universellen Minds sind (das englische Wort *mind* steht für »Verstand« und »Gemüt« zugleich und trifft das hier Gemeinte exakter als das deutsche Wort »Verstand«). Sie unterstehen allesamt dem Selbst und können deshalb auch durch die auf das Selbst bezogene Aufmerksamkeit gelenkt werden. Es ist dem Leben so ziemlich egal, ob Sie die Steuerung Ihrer Aufmerksamkeit und die Entfaltung der Bewusstheit Ihres Selbst im Alltag, im Traum oder in virtuellen Realitätsräumen lernen. Entscheidend ist, dass Sie mithilfe Ihrer Bewusstheit in *jeder*, wirklich in jeder, Situation lernen können, durch die Angst hindurchzuschreiten und das Selbst zu erreichen.

Negative Phantasie kann uns krank, positive Phantasie kann uns gesund machen. Positive Phantasie zu haben, bedeutet, »als Selbst« die Aufmerksamkeit auf die Liebe, die Gesundheit, die Stimmigkeit zu richten und mit ganzem Herzen zu fühlen, wie die Dinge sein sollen, die positive Veränderung vor dem geistigen Auge zu sehen. Dies ist keine Phantasterei. Bei der Phantasterei schlägt der Verstand Kapriolen wie bei der Angstphantasie, diesmal lediglich zur anderen Seite hin, der manischen. Positive Phantasie zu haben, heißt, die gegenwärtige Situation als (göttliches) Selbst ins Bewusstsein zu nehmen und geistig mitzuerleben (ohne einzugreifen), wie sich die Situation durch die gezielte Aufmerksamkeit positiv verwandelt. Hierbei ist es wichtig, sich jeder Eigenwilligkeit zu enthalten – lassen Sie einfach geschehen, was geschieht, ohne die Entwicklung des neuen Bildes voranzutreiben oder zu unterdrücken. So entsteht positive Phantasie, die tatsächlich realisiert werden kann.

Selbst in den extremsten Situationen können wir unsere Angst durch eine positive Phantasie heilen, sogar noch beim bevorstehenden Tod. Liegen wir auf dem Sterbebett und besteht keine Hoffnung mehr, gesund zu werden, können wir – statt Todesängste zu erleiden – mithilfe positiver Phantasie erleben, wie wir uns aus unserem Selbst heraus im eigenen Sterbeprozess mit der höchsten Kraft (»Gott«) verbinden, uns für Gott und die himmlischen Reiche öffnen und voller Dankbarkeit sterben.

Immer wieder haben wir erlebt, dass es Menschen gab, die selbst in misslichster Lage ihre Angst überwinden konnten. Denken wir doch z. B. einmal an die Gefangenen in den barbarischen Konzentrationslagern des so genannten Dritten Reichs. Genau dort, am Ort des größten Schmerzes und Leids, ist ein »Lied gegen die Angst« entstanden, das uns auch heute noch ein Trost sein mag. Dieses Lied* stellt in einer unausweichlichen Situation die Liebe zu Gott gegen die Angst:

»Von guten Mächten treu und still umgeben,
Behütet und getröstet wunderbar,
So will ich diese Tage mit euch leben
Und mit euch gehen in ein neues Jahr.

Von guten Mächten wunderbar geborgen,
Erwarten wir getrost, was kommen mag.
Gott ist mit uns am Abend und am Morgen
Und ganz gewiss an jedem neuen Tag.

* Hier ein Auszug. Der Text, den es in mehreren Versionen gibt, stammt von dem evangelischen Theologen und Pfarrer Dietrich Bonhoeffer (1906–1945), der im Konzentrationslager Flossenbürg hingerichtet wurde.

Noch will das Alte unsere Herzen quälen,
Noch drückt uns böser Tage schwere Last.
Ach, Herr, gib unseren aufgescheuchten Seelen
Das Heil, für das du uns bereitet hast.

Doch willst du uns noch einmal Freude schenken
An dieser Welt und ihrer Sonne Glanz,
Dann wollen wir des Vergangenen gedenken,
Und dann gehört dir unser Leben ganz.«

Angst und Verhalten: Sieben Angsttypen

Angst ist eine Emotion, die eine (innere oder äußere) Veränderung will, letztlich auf eine umfassendere und echtere Identität hin – auf dem Weg zu sich selbst. Sie zeigt sich nicht nur im Körper, im Geist und in der Psyche, sondern auch äußerlich im Verhalten. Nachfolgend sollen einige »typische« Verhaltensmuster angesichts von Angst vorgestellt werden. Je nach Disposition bevorzugt man naturgemäß eher den einen oder anderen Typus – vielleicht können Sie anhand der nachfolgenden Liste sich selbst (und einige Ihrer Zeitgenossen) erkennen:

1. Der *Ausreißer* setzt sich der Angstsituation aus, geht aber nicht durch sie hindurch. Er macht mit bei der Bergtour, kehrt jedoch auf halbem Weg wieder um. Ihm hilft »mentales Vorerleben«, bevor er sich der Situation aussetzt.
2. Der *Drückeberger* weicht der Angstsituation von vornherein aus. Wer Höhenangst hat, vermeidet es, auf

einen Berg zu steigen. Drückeberger sollten lernen, sich in kleinen Schritten ihrer Angst zu nähern.

3. Der *im Verborgenen Leidende* versteckt seine Angst. Statt zu bekennen: »Ich habe Höhenangst«, sagt er: »Warum gehen wir nicht am See spazieren?« Da er mit seinen Ängsten nicht »raus-rückt«, hat er oftmals Angst, »verrückt« zu werden. Der im Verborgenen Leidende sollte lernen, seine Ängste so zu kommunizieren, dass er geliebt und angenommen werden kann – und zwar mit seinen Ängsten.
4. Der *Kopflose* setzt sich ebenfalls der Angst aus, konzentriert sich aber dann in der Angstsituation so sehr auf seine Angst, dass er nicht mehr vernünftig reagieren kann. Er hält das Seminar, vor dem er Angst hat, bekommt dann aber kein Wort heraus, krampft, fürchtet sich zu Tode. Der Kopflose muss lernen, seine Aufmerksamkeit zu beherrschen – weg vom Problem, hin zur Lösung zu arbeiten.
5. Der *Manipulierer* kontrolliert mit seiner Angst das gesamte Umfeld: »Nimm ein Seil, Beruhigungstabletten, das Handy mit, wenn wir auf den Berg gehen…« Er trägt noch ein unentwickeltes, ängstliches Kind in sich. Er muss lernen, erwachsen zu werden und Verantwortung für seine Angst zu übernehmen – ohne andere zu manipulieren.
6. Der *Phantast* setzt sich der Angst aus, aber dann geht die Phantasie mit ihm durch. Begibt er sich allein in einen dunklen Wald, fragt er sich, ob dort Geister, Gespenster, wilde Tiere sein könnten und ob sie bedrohlich für ihn sind. Der Phantast muss lernen, »positive Phantasie« zu entwickeln und zu kultivieren.

7. Der *Schwarzseher* konzentriert seine Gedanken auf das Schlimmste, wenn er an eine Situation denkt: »Die Felsen des Bergs können herabstürzen«, »Die Frau wird mich auslachen, wenn ich mit ihr flirten will«, »Wenn ich im See schwimme, werde ich einen Krampf bekommen« – usw. Der Schwarzseher muss lernen, seine Ängste auf das Realistische zu beschränken. »Zwei Drittel Mut, ein Drittel Vorsicht«, so lautet für ihn die richtige Mischung. Bevor er sich einer Angst machenden Situation aussetzt, sollte er geistig vorauserleben, wie er die Situation erfolgreich und frei von zerstörerischer Angst durchschreitet.

Sieben Grundformen der Angst

Die meisten Ängste, die wir durchleben können, lassen sich unter eine oder mehrere dieser sieben Grundformen einordnen (auch dabei sind die Grenzen manchmal fließend):

1. Die *Panikstörung/Panikattacke* überfällt uns wie aus heiterem Himmel. Ein eindeutiger Auslöser ist nicht immer erkennbar. Panikstörungen zeigen sich urplötzlich und zumeist anhand stark auftretender körperlicher Symptome. Der Betroffene hat hierbei oftmals die Furcht, zu sterben oder die Kontrolle zu verlieren. Untersuchungen haben gezeigt, dass der Angstgipfel in der Regel binnen weniger Minuten erreicht ist. Die meisten Panikstörungen klingen innerhalb von 20 Minuten wieder ab. Panikstörungen werden astrologisch Mond-Uranus-Themen zugeordnet. Sie fordern dazu

auf, sich mit dem Unerwarteten zu verbinden, es willkommen zu heißen (Uranus) und zugleich eine Heimat in sich selbst zu finden (Mond). Panikstörungen sind für den Betroffenen eine starke Herausforderung. Sie fordern unser Vertrauen heraus, sollen dazu ermuntern, das Allerinnerste für das Ungewöhnliche, Plötzliche, Unerwartete zu öffnen. Ist die Panikstörung durchschritten, die Seele ausbalanciert, das Urvertrauen geöffnet, zeigt sich die Sonnenseite dieser Positionierung: Der Mensch ist verfügbar für Genialität und Geistesblitze wie kaum ein Zweiter.

2. Die *Erwartungsangst*: Mit Angst werden die Situationen erwartet, in denen man früher zufällig oder reaktiv versagt hat. Gerade deswegen erfolgt in der neuen Situation wiederum ein Versagen. Man vermeidet alle möglichen Risiken und engt so seinen Lebensraum immer mehr ein. Da jede Angst genau das magnetisch anzieht, was sie befürchtet, kommt man weiterhin immer wieder in die Bredouille und sieht darin eine Bestätigung der eigenen Vorsicht. Bei der Erwartungsangst ist es notwendig, sowohl die zerstörerische negative Erwartung wie auch die Erfahrung, auf der die Angst basiert, exakt zu beschreiben, beide energetisch zu löschen und das an die Angst abgegebene Terrain wieder in Besitz zu nehmen.
3. Die *generalisierte Angststörung*: Man ist unfähig, zu entspannen, und macht sich Sorgen um alles Mögliche – die eigenen Kinder, den Ehemann, wenn er mal später von der Arbeit kommt, die Nachbarin etc. Ist im unmittelbaren Umfeld kein Angstauslöser vorhanden, verlagert man den Schwerpunkt (unbewusst) in über-

triebener Weise auf andere Dinge, um die man sich Sorgen machen kann: die politische und wirtschaftliche Situation, die Umweltverschmutzung usw. Die Ängste und Befürchtungen halten oft monatelang an und führen zu Unruhe, Schlafstörungen und einer ganzen Reihe körperlicher Symptome. Bei generalisierter Angststörung empfehlen sich auf jeden Fall Entspannungsübungen wie autogenes Training, Meditation, Yoga usw. Man lernt dabei schrittweise, seine angespannte Haltung loszulassen und sich einer größeren Kraft anheim zu geben.

4. Die *Angstneurose*: Man spürt körperliche Angstsymptome, ohne die Angst erklären zu können. Mittels therapeutischer Intervention (Psychoanalyse, Kinesiologie etc.) kann die Ursache der Neurose aufgespürt und ihr Unruheherd angegangen werden.
5. Die *Phobie/Furcht*: Die klinische Psychologie unterscheidet strikt zwischen Angst (allgemein) und Furcht (vor etwas Konkretem). Dies erscheint sinnvoll, wird aber kaum beachtet, da wir das Wort »Angst« in unserem Sprachgebrauch (und deshalb auch in diesem Buch) sowohl für allgemeine Ängste wie für konkrete Dinge, vor denen wir uns fürchten, verwenden. In breiteren Kreisen durchgesetzt hat sich der Begriff »Phobie« für die Furcht, also für all die Fälle, in denen wir vor etwas ganz Konkretem Angst haben, z. B. vor Spinnen. Phobien bezeichnen also eine Angst bzw. Furcht vor ganz bestimmten Objekten, Umständen, Angstauslösern. Die Art der Phobie zeigt hierbei genau auf, was ich nicht integriere, also wo mein Bewusstsein zu eng ist. Indem ich den Symbolgehalt der

jeweiligen Furcht auf mich wirken lasse, komme ich der jeweiligen Phobie und ihrer Erlösung (Einlösung) auf die Spur.

6. Die *Anpassungsstörung*: Der Mensch ist ein »Gewohnheitstier«. Immer dann, wenn eine dramatische Veränderung der eigenen Lebensumstände auf dem Plan steht, bekommen wir Angst. Anpassungsstörungen sind also Ängste im Umgang mit veränderten Lebenssituationen. Der Sinn dieser Angst soll sein, sich psychisch und körperlich auf die neuen, veränderten Herausforderungen umzustellen. Anpassungsschwierigkeiten sind normal. Das Beste, was man mit ihnen tun kann, ist, durch sie »hindurchzugehen« in dem Wissen, dass sie sich mehr oder weniger von selbst ordnen werden: einfach »ins Wasser springen und schwimmen lernen«. Seien Sie geduldig mit sich selbst und erlauben Sie, dass Ihr »System« sich auf die neue Herausforderung einstellt. Indem Sie die anstehende Veränderung bedingungslos und vorbehaltlos begrüßen und gutheißen, vermeiden Sie unnötige Anpassungsschwierigkeiten. Dort allerdings, wo Vorstellungen, Muster, Blockaden die Anpassung dauerhaft verhindern, kann eine Angstbehandlung angezeigt sein. Situationen, in denen Anpassungsherausforderungen auf Sie zukommen, können u. a. sein:

- eine Beförderung,
- das Klimakterium,
- der »zweite Frühling«,
- eine neue Liebe,
- die Scheidung,

- ein Umzug,
- die Vater- oder Mutterschaft,
- eine Veränderung des Wirkungsfeldes oder auch
- der Wechsel des Arbeitsplatzes.

7. *Posttraumatische Belastungsreaktionen* (Trauma): Die Betroffenen werden von immer währenden Erinnerungen geplagt. Es kann aber auch sein, dass sie sich nicht erinnern können, dass Erinnerungen verdrängt wurden und sie unter einer Amnesie leiden. Kommt man den verdrängten Erinnerungen zufällig oder mittels Maßnahmen wie Rückführung oder Hypnose auf die Spur, quellen die der Verdrängung zugrunde liegende Angst, möglicherweise ebenso Zorn und Schuldgefühle hoch. Auch Albträume, Ein- und Durchschlafstörung, Reizbarkeit, Konzentrationsstörungen und Vermeidungsreaktionen können auf frühere Traumata hinweisen. Im Extremfall ist der Betroffene orientierungslos, ohnmächtig, überwältigt von Gefühlen der Angst, Demütigung, Wut, Verzweiflung – und dies oft genau dann, wenn angstfreies Handeln notwendig wäre. Häufig dissoziieren wir das Trauma (und ersetzen es durch Phantasien). Dadurch fehlt uns ein notwendiger Teil auf unserer »Zeitspur«, genau der Teil, den wir zur Lebensbewältigung angesichts dieser Schwachstelle dringend benötigen.

Der Blick hinter die Maske: Dürfen wir unsere Ängste zeigen?

Weil wir unsere Angst nicht wahrhaben wollen, verdrängen wir sie. Dadurch wird sie aber nicht besser. Wer die Angst verdrängt, der verschiebt auch andere Gefühle und die darin nun brachliegenden Potenziale, statt Kompetenz im Umgang mit Bedrohungen zu entwickeln. Die Flucht vor der Angst zeigt sich so als eine Flucht aus dem Leben, im Extremfall als Freibrief, um dem Dasein aus dem Weg zu gehen. Wer seine Angst immer verdrängt hat, wird sicher auf dem Sterbebett (und wohl auch im Jenseits) feststellen, dass er alle Ängste und Todesängste immer noch hat – nur das Instrument, mit dem er sie hätte überwinden können, seinen Körper, den hat er dann nicht mehr zur Verfügung.

Deshalb sollte die Angst kein Argument sein, um sich dem Leben zu entziehen, sondern vielmehr dafür, uns ihm zu stellen, damit wir eines Tages erfüllt sterben können und nicht als »Bettler« – »Wer nicht [als Ego] stirbt, bevor er stirbt, der verdirbt, wenn er stirbt!«, sagte Meister Eckehart.

Als Konsequenzen verdrängter Angst zeigen sich vor allem die folgenden Verhaltensauffälligkeiten:

- *Ego-Aufblähung:* Um die Angst zu verstecken, blähen wir uns auf und verpassen so den Weg in die Demut gegenüber Gott und unserem Selbst.
- *Stagnation:* Wir gehen z. B. nicht zum Zahnarzt aus Angst, dass gebohrt wird, tun also nicht das »Notwendige«.

- *Misserfolg:* Jede Angst zieht das an, was wir befürchten. So führt Angst vor dem Versagen zum Versagen, Angst vor Einsamkeit zu Einsamkeit, Angst vor Missachtung zu Missachtung, Angst vor Ablehnung zu Ablehnung, Angst vor Krankheit zu Krankheit usw. Man denke einmal an die so genannten sich selbst erfüllenden Prophezeiungen …

Ein beredtes Beispiel für solche sich selbst erfüllenden Prophezeiungen (negative Ursachen) gibt uns ein indisches Gleichnis:

> Ein Reisender begegnete einmal der Pest und fragte sie nach ihrem Weg.
> »Ich gehe nach Bombay«, antwortete diese, »um fünfzig Menschen zu töten.«
> Einige Zeit später trafen die beiden wieder zusammen, und der Reisende reagierte vorwurfsvoll: »Du hast mich belogen!«, rief er. »Du hast nicht ›nur‹ fünfzig, sondern fünftausend Menschen dahingerafft!«
> Die Pest aber wehrte sich entschieden gegen diese Anschuldigung: »Ich habe nur fünfzig töten wollen! Doch die Übrigen haben sich mir vor lauter Angst direkt in die Arme geworfen!«

Tief erfühlte Furchtlosigkeit hingegen ist eine positive Ursache. Hierzu ein Beispiel aus dem Leben Napoleons: Als eine Pestepidemie ausbrach, soll er zu seinen pestkranken Soldaten gegangen sein und sich um sie gekümmert haben. Da er wohl keine Angst vor der Pest hatte, steckte er sich auch nicht an, sondern blieb gesund.

Umschreibungen für die Angst

Da es als ein unausgesprochenes Gesetz gilt, dass man Angst möglichst nicht zeigen sollte, bemänteln wir sie – oft ohne es selbst zu bemerken – mit anderen Ausdrücken. Wir sagen dann z. B.:

- »Es schnürt mir die Kehle zu.«
- »Es zieht mir den Magen zusammen.«
- »Ich bin blockiert.«
- »Ich fühle mich eingeengt.«
- »Ich habe Stress.«
- »Ich bin nervös.«
- »Ich bin verspannt.«
- »Ich bin wütend.«
- »Ich ekle mich.«
- »Ich habe Aggressionen.«
- »Ich habe Kummer.«
- »Ich habe mich erschreckt.«
- »Ich schäme mich.«
- »Ich bin zornig.«

Eine interessante Übung wäre es, wenn Sie sich und andere an dieser Stelle einmal daraufhin prüften, welche »Ausweichformulierungen« Sie benutzen, statt zu sagen: »Ich habe Angst.«

Wir verdrängen Angst oft aus falschen Glaubenssätzen heraus, z. B., weil wir glauben:

- Angst sei kindisch,
- niemand dürfe von unserer Angst wissen,
- Angst zu haben, bedeute, wahnsinnig zu werden, und
- es gäbe keine bessere Lösung, als die Angst zu verdrängen.

Dabei gibt es ein »offenes Geheimnis« um die Angst: Je mehr wir vor ihr weglaufen, umso größer wird sie. Sobald wir uns ihr jedoch stellen, wird sie immer kleiner und schrumpft in sich zusammen...

Da wir das Problem der Angst nur im »Hier und Jetzt« lösen können, erscheint es sinnvoll, uns mit ihr möglichst dann zu konfrontieren, wenn sie auftaucht. Sobald wir uns der eigenen Angst stellen, bekommen wir Zugang zu dem, was sie uns sagen will, und auch zu dem, was uns Halt gibt. Das Leben wird dadurch nicht einfacher, aber wir werden echter und lebendiger. Der erste Schritt, die Angst anzugehen, liegt oft erst einmal darin, sie sich einzugestehen – mit anderen Worten: »Mut zur Angst« zu haben.

In Ausnahmefällen gibt es jedoch auch Argumente dafür, die Angst erst einmal beiseite zu stellen und ihre Bearbeitung auf einen späteren Zeitpunkt zu verschieben: Man kann den Konflikt der Angst und seinen Entwicklungsanreiz gelegentlich nachträglich besser bewältigen als im aktuellen Augenblick.

In der modernen Psychologie geht man nämlich davon aus, dass eine Angstabwehr, wenn sie stattfindet, in der

Regel auch notwendig ist. Ein guter Beobachter spricht deshalb die Angst in einem geeigneten Augenblick ruhig einmal an, akzeptiert es aber, wenn der andere weiter die bisherige Form der Abwehr oder Verdrängung braucht, weil alles andere ihm momentan zu gefährlich oder unsicher erscheint.

Im zwischenmenschlichen Umgang sollten wir, sobald wir erkennen, dass jemand Angst abwehrt, Feingefühl walten lassen. Wir sollten ihm unsere Erkenntnis nicht wie einen nassen Lappen um die Ohren schlagen, sondern ihn »wie einen normalen Menschen behandeln« und warten, bis der richtige Zeitpunkt gekommen ist, an dem wir ihm unsere Beobachtung wie einen Mantel hinhalten können, in den er hineinschlüpfen kann – aber nicht muss.

»Wo aber Gefahr ist,
wächst das Rettende auch!«

Hölderlin

Auch mit uns selbst sollten wir liebevoll und geduldig angesichts von Verdrängungen umgehen. Wichtiger, als auf jede Angst loszustürzen, ist es, sich selbst zu lieben.

Wie wir die Angst verdrängen

Anna Freud hat bereits 1936 in ihrem Buch *Das Ich und die Abwehrmechanismen** beschrieben, wie wir der Angst klammheimlich aus dem Weg zu gehen versuchen. Eine Angst »abzuwehren«, bedeutet, so zu tun, als hätte man sie gar nicht, und dadurch sich und anderen etwas vorzumachen, statt sich zu ihr zu bekennen und sie zu bearbeiten. Der eigentliche Sinn von Abwehrmechanismen ist es, vorübergehend die seelischen Konflikte, insbesondere im Umgang mit der Öffentlichkeit, zu verringern, damit sie bearbeitet werden können, sobald Zeit und Kraft dafür da sind, um mit der Angst umzugehen. Doch bei den meisten Menschen ist die Angstabwehr chronisch geworden, ohne dass sie dies überhaupt merken. Damit betrügen sich viele um ein gutes Stück Lebensqualität. Vielleicht hilft Ihnen die nachfolgende Aufstellung, den einen oder anderen ängstlichen Zeitgenossen (oder gar sich selbst) ein wenig zu durchschauen, einen Blick hinter seine Maske der Verdrängungen zu werfen. – Die folgenden sind die bekanntesten Angstabwehrmechanismen.

Abschirmung

Wir schirmen uns ab, wenn wir beispielsweise Medikamente nehmen, die unsere Angst dämpfen und uns vorgaukeln, alles wäre nicht so schlimm. Medikamente aber führen leicht zur Abhängigkeit und haben bei übermäßi-

* Vgl. Anna Freud: *Das Ich und die Abwehrmechanismen*, Frankfurt 1984.

gem Gebrauch auch körperliche Nebenwirkungen. Sie sind deshalb allein in Ausnahmesituationen und dann auch nur vorübergehend zu empfehlen. Sobald die notwendigen (geistigen) Hilfsmittel zur Verfügung stehen, sollte an einer Reduktion der Abschirmungsmaßnahmen gearbeitet werden.

Abspaltung

Abspaltung tritt auf, wenn bestimmte Aspekte der Persönlichkeit vehement unterbunden oder traumatisiert werden. Dies ist beispielsweise der Fall, wenn man einem Menschen verbietet, wütend zu sein oder Zuneigung zu zeigen. Die Folge ist, dass dieser Teil regelrecht abgespalten wird.

Die Abspaltung kann sich auf innere Persönlichkeitsanteile, auf Teile des physischen Körpers oder auf den ganzen Körper beziehen. Auch ein Guru, der seine Schülerinnen sexuell missbraucht, oder ein Pfarrer, der sich nachts Pornofilme anschaut und sich am nächsten Tag an nichts mehr erinnern können will, leidet unter dem Abspaltungs- bzw. dem so genannten Dr.-Jekyll-and-Mr.-Hyde-Syndrom …

Abspaltung tritt ebenfalls stets dann auf, wenn die äußere Wirklichkeit bedroht ist (etwa bei Traumata). Um die Abspaltung nicht spüren zu müssen, stülpt man womöglich zusätzlich noch eine »Abwehr durch Symbiose« darüber, indem man sich mit etwas/jemandem assoziiert. Diese beiden gegensätzlichen Abwehrmechanismen, Abspaltung und Symbiose, ergänzen sich oft. Sie sind wie ein Leim, der die Probleme zusammenhält.

Abspaltungen bzw. Symbiosen kann ich mir wie folgt bewusst machen:

- »Mit wem/was bin ich assoziiert bzw. wen/was habe ich dissoziiert?«
- »Wo im Körper ist z. B. die Abspaltung/Symbiose fühlbar?«
- »Erschaffe ich die Abspaltung/Symbiose bewusst und übertreibe ich diese, z. B. indem ich in beide Teile hineingehe?«
- »Achte ich darauf, dass ich der »wertfreie Beobachter« bin, der weder gespalten noch symbiotisch ist, aber dieses wahrnehmen kann?«
- »Erlaube ich, dass die Abspaltung/Symbiose sich von selbst auflöst? Was wäre ein natürlicher Zustand, wenn ich weder gespalten noch symbiotisch wäre?«

Abstumpfung/Gefühllosigkeit

So manch einer beklagt sich darüber, dass er (oder sein Partner) nicht in der Lage ist, wirklich zu fühlen, oder sich in mental geschaffene Gefühlswelten flüchtet, statt zu fühlen, was er im *Jetzt* spürt. Mit der Weigerung, »hinzufühlen« (»mit dem Bauch«), geht die Abwehr von Emotionen einher, oft weil diese zu schmerzhaft sind.

Abstumpfung ist eine emotionale Wahrnehmungsverzerrung. Sie ist ein Verteidigungsmittel gegen eine »zu raue Wirklichkeit«. Aus Gefühlsarmut und innerer Leere entsteht oftmals die »Lust am Thrill«, um überhaupt etwas zu fühlen – was die Verrohung noch weiter fördert. Stattdessen sollte eine Wiederannäherung an die eigene

Sensitivität erfolgen, um liebes- und gefühlsfähiger zu werden.

Fragen, die in diese Richtung führen, könnten die folgenden sein:

- »Was bist du bereit zu fühlen, was nicht?«
- »Wann hast du dich entschlossen, zu fühlen – oder nicht zu fühlen?«
- »Vor welchen Erfahrungen/Erinnerungen schützt dich die Taubheit?«

Aggression

Wenn Sie etwas sagen und der andere geht hoch wie ein HB-Männchen, können Sie relativ sicher sein, dass Sie einen wirklich wunden Punkt getroffen haben. Die bekannteste Abwehr ist nämlich der »Angriff auf die Person«. Der »Rhetorikpater« Rupert Lay nennt diese Attacke das *argumentum ad hominem* (= »das Argument zur Person [Partner, Freund, Nachbarn etc.]«). Wann immer sich jemand hilflos fühlt und Angst hat, neigt er dazu, etwas »persönlich« zu nehmen.

Therapeuten ist die »Abwehr durch Angriff auf die Person« bestens bekannt: Wenn der Klient beginnt, den Analytiker persönlich zu beleidigen, weiß der Therapeut, dass er am »Hotspot« angelangt, d. h. der Lösung des Patiententraumas sehr nahe ist. Dieses Wissen hat sich u. a. auch die so genannte provokative Therapie zunutze gemacht.

In einer Beziehung kann der beleidigende Angriff auf den Partner eine Sekunde sein, in der es sich entscheidet, ob Sie einen gemeinsamen Schritt in Richtung Intimität und Vertrautheit gehen – oder sich innerlich trennen. Wenn Sie vor der Attacke des anderen keine Angst haben, sind die Chancen hoch, dass ein Durchbruch durch die »Maske der Angst« Ihres Partners kurz bevorsteht. Wann immer der andere Sie anschreit, beginnt, rot im Gesicht zu werden und zu toben, wissen Sie, dass er damit etwas vor Ihnen und vor allem auch vor sich selbst versteckt.

Wenn jemand »ausrastet« und »die angestochene Sau spielt«, sollten Sie es vermeiden, auf seine Emotion einzusteigen oder gar Angst zu bekommen. Damit würden Sie nur seine verdrängte und abgewehrte Angst aufschnappen und verstärken. Sehen Sie stattdessen hinter der Attacke seine *Hilflosigkeit* (und damit seine *Angst*), die er durch Schattenfechterei zu verbergen sucht. Bleiben Sie ruhig! Vermeiden Sie es, emotional einzusteigen! Wenn es gar nicht anders geht, brechen Sie den Aurakontakt abrupt ab, indem Sie aus dem Raum gehen und erst dann wieder zurückkommen, wenn der andere sich beruhigt hat. Dann wird die Emotion auch bei Ihnen abschwellen und von Ihnen abfließen, denn sie hat ja wohl eigentlich gar nichts mit Ihnen zu tun, oder? Der andere hat das Problem, nicht Sie …?!

Angeberei/Beeindruckenwollen

Wir geben an bzw. versuchen, andere zu beeindrucken, und zwar aus Angst vor Ablehnung, Zurückweisung oder einem Angriff. Angeberei, mehr zu scheinen, als zu sein, ist ein Verrat an der Wahrheit, zu der ja bekanntlich

Mut gehört. Wir entziehen uns der Greifbarkeit und können den anderen auch nicht mehr richtig wahrnehmen.

Mit den Komplimenten, die wir vielleicht infolge unserer Aufschneiderei einheimsen, können wir auch nichts Richtiges anfangen. Denn mehr oder weniger tief in uns weiß ein Teil, dass er ja eigentlich gar nicht gemeint ist. Wenn wir einen Angriff durch Angeberei (etwa: »Ich habe den schwarzen Gürtel«) abwehren wollen, bricht die Show in sich zusammen, sobald es ernst wird. Deshalb sollte man lieber bescheidener auftreten und weniger dick auftragen, dafür aber mit Substanz. Ängste vor Ablehnung, Zurückweisung oder Angriff sollten offen geäußert werden – dann wissen beide, woran sie sind!

Außenprojektion

Man projiziert Eigenschaften, die man bei sich selbst ablehnt, auf andere Menschen, hält beispielsweise den anderen für arrogant, obwohl man selbst es ist. Dieser Vorgang geschieht oft unbewusst. Im Extremfall lebt man in einer Welt voller selbst geschaffener Vorurteile und verliert den Blick für die »Schönheit des Miteinanderseins«.

Besonders gern projizieren wir Angst: »Der andere ist bedrohlich!« Der scheinbare Vorteil der Angstprojektion ist, dass unsere Ängste nicht mehr diffus sind. Wir wissen jetzt, wovor wir Angst haben, und glauben, mit einer gerichteten Angst besser umgehen zu können.

Das Problem dabei ist, dass wir das Problem beim anderen suchen, also nicht herausfinden, was die Angst von uns will. Sobald wir unsere Projektionen zurücknehmen, erkennen wir, dass dahinter eine tiefer liegende Angst steckt, beispielsweise vor dem strengen Vater, der so ähnlich aussah oder sich so ähnlich aufführte wie der Vermieter, von dem man sich in der aktuellen Situation bedroht fühlt. Je ursprünglicher die Angst ist, der wir auf die Spur kommen, umso größer wird die Chance auf Veränderung sein.

Bagatellisieren

»Das war doch wirklich nicht so schlimm!«, sagen wir angesichts einer Situation, in der wir uns eigentlich bedroht fühlten.

Statt hinter dem, was geschehen ist, zu stehen und die damit verbundenen Gefühle zu respektieren und an ihrem Platz stehen zu lassen – also das, was angerichtet worden ist, wirklich zu *fühlen* –, spielen wir die Dinge mental herunter.

Delegieren

Man sagt bei einem Spaziergang mit der Familie vielleicht: »Das Kind hat Angst«, und man geht gemeinsam aus dem dunklen Wald zurück nach Hause – aber eigentlich nur deshalb, weil *man selbst* Angst hat.

Im Extremfall werden Verhaltensweisen über Jahrzehnte delegiert, sodass der Erwachsene noch mit der Angst bzw. Ängstlichkeit beispielsweise seiner Mutter herumläuft, ohne zu hinterfragen, von wem er diese Befürchtungen bzw. Ängstlichkeit eigentlich übernommen hat.

Gelegentlich wird auch die eigene Triebhaftigkeit delegiert: »Alle Männer sind so scharf auf mich, die denken immer nur an Sex!«

Wir entkräften Delegationen, indem wir die Verantwortung für unsere eigenen Gefühle und Ängste (!) übernehmen und lernen, sie zu spüren. Wir sollten den Urheber der »eigenen« Ängste und Gefühle erkennen: »Gehört dieses Gefühl zu mir?«, »Trägt es überhaupt meine ›Färbung‹ oder kommt es woanders her – und wenn ja, von wem?«

Ein weiteres Hilfsmittel gegen die Delegation ist die Achtsamkeit – das Erkennen, wann wir Ängste (und andere Gefühle) delegieren oder sie an uns delegiert werden.

Emotionale Manipulation

Aus Angst vor den Emotionen des anderen versuchen wir, ihn emotional zu manipulieren. Diese Form der Abwehr hat oftmals ihre Wurzeln in der frühen Kindheit, in der wir die elterlichen Emotionen als bedrohlich empfanden.

Der Nachteil bei der Manipulation ist, dass wir uns unmerklich mehr und mehr von uns selbst und unseren ureigenen Gefühlsimpulsen, also auch unserem eigenen Leben, entfernen. Wir schauen nur noch auf die emotionale Wirkung, die wir beim anderen erzielen. Dies bringt uns letztlich selbst ins schleudern. Es ist, als wenn der Schwanz mit dem Hund wedelt.

Die Lernaufgabe besteht darin, den Emotionen des anderen standzuhalten, sie zu »nehmen«, »wie sie sind«. Der andere hat ein Recht darauf, alle Emotionen zu zeigen, die er hat, auch die für uns unangenehmen. Wenn ich in meinem Selbst verankert bin, entwickle ich daraus die Fertigkeit, mit *allen* Emotionen des anderen umzugehen, wie immer sie aussehen mögen, selbst dann, wenn sie auf mich projiziert werden (»Du machst mich wütend!«).

Entwertung/Selbstentwertung

Dies ist eine klassische Abwehrmethode: Derjenige, der anderer Meinung ist, uns Angst macht oder stört, wird entwertet, zumindest wird an ihm herumgemäkelt: »Der Karl hat ja keine Ahnung«; »Der Guru XY saugt nur seine Schüler aus«, »Diese Methode taugt nichts«…

Um der Angst und der eigenen Größe gegenüber anderen aus dem Weg zu gehen, greifen viele Phobiker auch zu dem Mittel der Selbstentwertung. Sie verpassen dabei die Schönheit und Größe ihres eigenen Selbst, opfern also das Höhere (ihr Selbst) für das Niedere.

In beiden Fällen hilft die Frage: »Warum tust du das? Was versteckst du mit dieser Entwertung?«

Erwartungshaltung

Hoffnungen (positive Erwartungen) und Befürchtungen (negative Erwartungen) trennen uns beide von der Wirklichkeit. Durch eine negative oder positive Erwartungshaltung wollen wir »das, was ist«, nicht an uns heranlassen. Wir setzen eine »Vorstellung« zwischen die Wirklichkeit und uns selbst.

Besser, als Erwartungen zu hegen, wird es sein, das »Abenteuer Leben« anzunehmen, wie es ist – dann werden wir auch nicht mehr enttäuscht.

Grandiosität

Man stellt sich als besonders kompetent, mutig etc. hin, um die eigene Angst und Schwäche zu überdecken. Zur Grandiosität gehört u.a. die Angeberei, aber auch die Abhängigkeit vom Lob anderer, Selbstdarstellung und die Sucht nach Größe – insoweit ist sie auch mit der Überkompensation verwandt. »So viele Frauen schauen mir begehrlich nach, aber sie haben Angst, mich anzusprechen« – diese Abwehr zeigt beispielsweise eine Kombination von Grandiosität (»Ich bin so toll, ich habe keine Angst«) und Delegation (»Die Frauen sind so feige und kontaktscheu, nicht ich«).

Ideologisierung

Man erhebt das eigene Verhalten zur Ideologie, statt der dahinter stehenden Angst auf die Spur zu kommen. Wer Angst vor dem »normalen Menschsein« hat, schließt sich möglicherweise einer ideologischen Bewegung an, die darauf wartet, dass die Außerirdischen sie in eine bessere Welt führen. Hier ist der Tummelplatz von Sekten und politisch extremen Parteien. Astrologisch finden wir die Ideologisierung in den klassischen Pluto- bzw. Skorpion-Themen, dem »Sichverrennen in eine Idee«.

Isolierung

Es gibt zwei Arten von Abwehr durch Isolierung. Die eine: Man sondert sich von der Angst machenden Situation (und auch von anderen Menschen) ab. Man isoliert sich selbst innerhalb eines organischen Kollektivs (Familie, Firma), weil man Angst vor deren Einfluss hat. Dies ist beispielsweise der scheue Angestellte, der jeder Firmenveranstaltung und gesellschaftlichen Aktivität aus dem Weg geht. In der Isolierung finden wir auch die Sonderlinge. Die andere: Man isoliert jemand anderen aus Angst vor oder Ablehnung von seinem »Sosein«. Dies kann ein Familienmitglied sein (das so genannte schwarze Schaf), eine Volks- oder Randgruppe (die Bayern, die Türken, die Frauen) oder schlichtweg die »Individualisten«, die »Andersartigen«.

Jede Isolierung lässt sich letzten Endes auf eine Vermeidung zurückführen und damit auf eine Angst, die vermieden werden soll. Zur Isolierung gehört auch die Ignoranz bestimmter Fakten.

Statt uns zu isolieren, sollten wir zu unserer Eigenart stehen (Grenzen setzen) und gleichzeitig integrierend mit dem Ganzen *atmen*, so wie es beispielsweise eine gesunde Zelle in unserem Körper tut.

Kontraphobisches Verhalten

Der Kontraphobiker glaubt, er müsse eine Autorität darstellen, die alles im Griff/unter Kontrolle hat. Er weist oft Züge von Zwanghaftigkeit auf und hat in der Regel psychische Probleme mit seiner inneren Vaterfigur oder einem Gotteskomplex. Er stellt sich mutig auf, um die eigene Angst zu überdecken.

Eine Besonderheit der Kontraphobiker sind die »Umgedrehten«. Jene tun genau das Gegenteil von dem, was sie spüren. Sie sind zu jemandem besonders nett, vor dem sie Angst haben oder den sie hassen – damit dies ja niemand bemerkt.

Kontraphobisches Verhalten wächst und gedeiht ausschließlich in Gesellschaften, in denen Authentizität und das Eingestehen von Angst als Schwäche abgewehrt und kontraphobisches Verhalten als Zeichen von Stärke missverstanden wird, also Gesellschaften, die selbst angstbesetzt sind.

Mit zunehmender Sicherheit und wachsendem Selbstwertgefühl können auch Kontraphobiker ihre Angst zulassen und sich eingestehen, dass sie sich über längere Zeit kontraphobisch verhalten haben.

Lügen

Die Unwahrheit zu sagen – eine der klassischen Methoden der Abwehr –, ist mittlerweile so selbstverständlich geworden, dass man sie oft überhaupt nicht bemerkt. In einer Welt, in der die Lüge zum Kavaliersdelikt geworden ist, scheint man ohne sie gar nicht mehr auskommen zu können.

Oftmals will der andere ja die Wahrheit auch nicht wissen. Er ist nicht bereit und in der Lage, sie anzunehmen. Viel zu oft lügen wir deshalb »aus Eleganz«, statt die Wahrheit »elegant« zu präsentieren.

Dort, wo wir aus Angst lügen, sollten wir achtsam sein und uns fragen: »Wem oder was versuche ich gerade auszuweichen?«, »Wovor habe ich eigentlich Angst?«, »Gibt es wirklich keinen besseren Weg?«…

Die australischen Aborigines behaupten, dass wir uns eigentlich auch ohne die gesprochene Sprache verständigen könnten. Wir »zivilisierten« Menschen hätten die Gabe der Telepathie (des Gedankenlesens) allerdings verlernt – weil wir so viel lögen. Diese Ansicht sollte uns zu denken geben!

Nachahmung

Hier integriert man aus Angst die Eigenschaften anderer Menschen in die eigene Persönlichkeit. Es erscheint an sich positiv, wenn man sich die Tugenden großer, furchtloser Menschen wie Gandhi etc. zum Vorbild nimmt. Albern wird es, wenn wir beim Kopieren nicht auf Werte achten, sondern Verhaltensweisen von anderen aus weniger edlen Motiven blind übernehmen – z. B. wenn man versucht, durch Angeberei im Leben durchzukommen, wenn ein Klassenkamerad mit großsprecherischem Gehabe scheinbar Erfolg gehabt hatte.

Gefährlich wird die Nachahmung, wenn man nicht nur eine Eigenschaft, sondern die gesamte Persönlichkeit des anderen übernehmen möchte, sich beispielsweise kleidet wie Gandhi etc., und so den Blick für die eigene Persönlichkeit verliert. Man spricht dann von einer »Fremdidentifikation« oder auch »Introjektion«. Um mit seiner eigenen Angst umzugehen, »kopiert« man den anderen, weil man ihn für kompetenter hält.

Besonders destruktiv ist die »Identifikation mit dem Aggressor«: Man imitiert den Menschen, vor dem man Angst hat bzw. der einen misshandelt hatte, übernimmt seine Persönlichkeit, seine Verhaltensweisen, vielleicht sogar sein Schicksal. Denn man schätzt den anderen stärker ein als sich selbst. Dadurch betrügt man sich um die Chance, sein eigenes Schicksal einer Lösung zuzuführen.

Wir können bei der Nachahmung also zwei Grade unterscheiden, wobei der erste probat erscheint, der zweite ganz klar ungesund ist:

1. Man kopiert vorübergehend eine Verhaltensweise, einen Wert, eine bewusst ausgesuchte Qualität einer geschätzten Person.
2. Man kopiert (unbewusst) einen Guru, Politiker, Lehrer, Popstar, Verwandten …, statt die eigene Persönlichkeit zu entfalten.

Positivismus

Mit Positivismus ist hier das falsch verstandene positive Denken gemeint – getreu dem Motto »Mach es wie die Sonnenuhr, zähl die heit'ren Stunden nur«. Solch ein Blindflug, bei dem man alles Negative aus seinem Gesichtskreis zu bannen versucht, ist von vornherein zum Scheitern verurteilt. Nicht umsonst sagt man: »Wer heute den Kopf in den Sand steckt, knirscht morgen mit den Zähnen.«

Die »Positivtrance« ist eine Abwehr, bei der nicht mehr die Realität wahrgenommen wird, sondern der Betreffende sich in eine substanzleere schöne Welt flüchtet. Viele Menschen, die dem Phänomen des falsch verstandenen positiven Denkens anhängen, investieren enorm viel Energie, um sich täglich per Gedankenkraft in einen künstlichen Zustand (»Höhenrausch«) zu manövrieren, damit sie das, was dahinter an Problemen hinsichtlich

Selbstwert, Identität und Zugehörigkeit lauert, nicht mehr fühlen müssen. So zeigt sich zwanghaft positives Denken als der realitätsferne Versuch, mithilfe massiver auditiver Einflüsterungspropaganda eine »Heile-Welt-Trance« zu erschaffen, um Gefühle von Angst, Depression und Versagen zu überlagern.

Leider oder auch Gott sei Dank führt dies früher oder später zur Bruchlandung nach dem Ikarusflug: Die selbsternannten Paradiesvögel landen irgendwann wieder auf dem harten Boden der Realität. Lebensgeschichtliche Themen, die nach Bearbeitung drängen, nehmen sich früher oder später wieder ihren Raum und zeigen sich z. B. auch als Krankheitssymptome auf der körperlichen Ebene. Oder die Person gibt irgendwann auf und fällt wieder zurück in den alten depressiven Zustand.

Positivität kann eine Realität sein, aber sie muss durch das Feuer der Gegebenheiten gegangen sein. Nur wer Licht *und* Schatten durchschritten und in sich ausbalanciert hat, trägt den Schlüssel zu einer Positivität in sich, die sehenden Auges erkennt, wie wunderschön das Leben (ohne Trance) ist – trotz allem!

Projektive Unterwerfung

Den Begriff der »projektiven Unterwerfung« verdanken wir dem Psychologen Michael Ermann und seinem Werk *Die Persönlichkeit bei psychovegetativen Störungen**. Man projiziert das Ich-Ideal auf einen anderen Menschen, ei-

* Michael Ermann: *Die Persönlichkeit bei psychovegetativen Störungen*, Berlin u. a. 1987.

nen Guru, eine Traumfrau, einen tollen Mann etc., versucht jedoch nicht, diese Person nachzuahmen, sondern, ähnlich einem Fetisch, sich ihr zu unterwerfen, um sich so ein wenig von ihrer Ambrosia einzuverleiben.

Hinter der projektiven Unterwerfung steckt die Verleugnung der konfliktträchtigen Eigenständigkeit. Man wünscht sich jemanden, der einen steuert, der einem sagt, was zu tun ist, um der Angst vor dem Versagen und dem Misserfolg eines »eigenen Lebens« aus dem Weg zu gehen. Mangels Rückverbindung zu sich selbst verpasst man so den eigenen Standpunkt und damit auch sich selbst. Der Gipfel dieses Unterwerfungsverlangens findet sich in dem zweifelhaften Genuss, ein »Niemand« zu sein, wie es u. a. in den Schriften des Leopold Ritter von Sacher-Masoch dargestellt ist, von dessen Name der Begriff »Masochist« abgeleitet wurde. Statt die Nichtigkeit des kleinen Ichs zugunsten des Selbst aufzugeben, wird das kleine Ich einem anderen kleinen Ich geopfert – wie schade!

Rationalisierung

Man weicht aus in den Verstand und verliert dadurch den Kontakt zu seinen wahren Gefühlen. Man wird zu einem so genannten »Kopffüßler« und verpasst dadurch den Wert und die Qualität der emotionalen Welt mit allem, was diese zu bieten hat – Feingefühl, Gemeinschaftssinn, Gespür für das Stimmige, Lebensfreude usw.

Reaktionsbildung

Man reagiert auf den Angstauslöser, aber nicht direkt, sondern auf einem Ausweichpfad. Ich habe z. B. einmal beobachtet, wie ein Mann, der sich genierte, der besten Freundin seiner Ehefrau ein Begrüßungsküsschen zu geben, stattdessen ein Streitgespräch anfing – eben um dem Begrüßungsküsschen aus dem Weg zu gehen …

Regression

Man fällt in kindliche Verhaltensweisen zurück, regrediert in die Zeit, zu der noch natürliche Empfindungen erlaubt wurden, verhält sich also beispielsweise wie ein Fünfjähriger, sobald man an das angstbesetzte Thema kommt.

In diesen Fällen können eine Primaltherapie (die Arbeit mit dem »inneren Kind«) sowie emotionale Arbeit helfen.

Selbstaggression

Mit Selbstaggression meinen wir Selbsthass und das Wüten gegen die eigene Person bzw. die Selbstbestrafung. Mönche früherer Zeiten versuchten beispielsweise, sich die Sünden auszupeitschen.

Statt sich selbst zu kasteien, hilft es vielmehr, sich Fragen wie die folgenden zu stellen:

- »Mit welchem Teil in mir bin ich nicht einverstanden?«
- »Was soll durch die Selbstbestrafung erreicht werden?«
- »Wozu führt die Selbstbestrafung wirklich?«

Der abgelehnte Teil, der »Frosch in uns«, ist liebevoll anzunehmen, denn er birgt in sich, wie es das Märchen vom »Froschkönig« ausdrückt, einen unerkannten Schatz (»die goldene Kugel der Weisheit«). Küssen Sie also den Frosch in sich, statt ihn zu bestrafen – und er wird zum Prinzen.

Sublimierung

Statt die Angst zu konfrontieren, wird die Energie in kreative Kanäle gelenkt: Kunst, Musik u. dgl. m. Sie wird verfeinert, auf eine höhere Ebene erhoben bzw. ins Erhabene gesteigert.

Die Sublimierung ist sicherlich der erstrebenswerteste aller Verdrängungsmechanismen. Sie kann auch ins Geistig-Religiöse führen. So ist es kein Zufall, dass sich immer mehr Künstler auf der Suche nach einer weiteren Sublimierung auf die Religion verlegen (Richard Gere wurde z. B. Buddhist, Cat Stevens Moslem, Madonna Kabbalistin). Dies kann in einigen Fällen übertrieben werden.

Die Sublimierung hat auch schon so manchen an den Rand des Wahns geführt. In einem ihrer Werke legte die Psychologin Alice Miller etwa anhand der Biographie von Friedrich Nietzsche dar, in welchem Ausmaß seine Kunst, aber auch sein Wahn eine Reaktionsbildung auf seine gestörte Mutterbeziehung war. Dieses Beispiel zeigt uns, dass auch die Sublimierung letztlich nur eine Übergangsform für den Umgang mit der Angst bleiben darf. Dann, wenn der Betreffende sich dafür bereit findet, sollte er das Leben und seine Lebenskraft erneut konfrontieren, um seine Kunst und auch seine Spiritualität mit dem Juwel der selbst erkannten Wahrheit (und nicht einer Doktrin) zu bereichern.

Substitution

Bei der Substitution gibt man die eigene Antriebsenergie auf ein Ersatzobjekt weiter. Ein Kind, das Angst vor Strafe hat, schlägt vielleicht nachts seinen Teddybären auf den Po, um den Schmerz und die Demütigung seiner Bestrafung zu verarbeiten.

Was beim Teddybären vordergründig noch harmlos erscheinen mag, kann im Erwachsenenleben recht unangenehm werden. Oftmals geben wir in allen möglichen Alltagssituationen (insbesondere in Beziehungen) psychische und physische Schmerzen und Ängste aus der Kindheit weiter, ohne zu wissen, was wir tun, und verletzen dadurch unnötigerweise auch uns nahe stehende Menschen.

Ein erster Schritt bei der Arbeit an sich selbst kann hier sein, dass man sich einmal die Frage stellt, wen man eigentlich wirklich meint, wenn man seinen Partner, Mitarbeiter usw. schikaniert.

Symbiotische Verschmelzung

Der psychologische Begriff der Symbiose wurde detailliert von Verena Kast* (*Wege aus Angst und Symbiose*) bearbeitet. Demnach ist Symbiose ein Verhalten, bei dem sich das Kind bzw. der Erwachsene mit einem Familien-

* Vgl. Verena Kast: *Wege aus Angst und Symbiose*, München 1987.

mitglied, Partner, Gegenüber, einer Idee überidentifiziert und verschmilzt, beispielsweise, um einem Familienmitglied zu helfen, den Partner nicht zu verlieren, selbst zu überleben. Symbiosen, z. B. à la »Ich bin wie meine Mutter«, werden oftmals wiederum durch Rebellion abgewehrt, was den inneren Konflikt nur noch schlimmer macht.

Die Symbiose geht häufig mit der Abwehr durch Abspaltung einher. Die Symbiose mit einem Guru/Heiligen ist ein besonderes Thema für sich: Statt mit der göttlichen Errungenschaft des Heiligen zu verschmelzen, suchen viele Schüler ihr Seelenheil in der »Nachahmung« (s. ebenda) seiner Persönlichkeit.

Überkompensation

Man tut alles Mögliche, um sich und anderen zu beweisen, dass man keine Angst hat, betreibt beispielsweise Extremsportarten. Die eigentliche Angst bleibt wie eine Karies unter der Krone unentdeckt – und ungeheilt.

Vermeidung

Man vermeidet Angst auslösende Situationen, z. B. Bewerbungen, Kundengespräche, Prüfungen, aber auch Gespräche mit dem Partner.

Die Vermeidung findet oftmals verdeckt statt: Eine Frau, die dem Kontakt mit Männern und damit auch der eigenen Weiblichkeit aus dem Weg gehen möchte, kann sich bewusst selbstbeherrscht geben, oder sie lässt die eigene Schönheit verkümmern. Ein Extremfall der Vermeidung ist die Frau, die sich eine Glatze schneiden ließ, weil die Männer ihr wegen ihrer schönen Haare ständig nachgestarrt hatten.

»Vermeider« sollten ihre Angst aufdecken und lernen, sich ihr zu stellen.

Jeder Mensch, auch der so genannte normale, bedient sich hin und wieder eines Abwehrmechanismus, um eine Situation rasch und problemlos zu bewältigen. Doch der Angstbesessene muss dies zwanghaft und ständig tun. Er hat keine Wahl – im Gegensatz zum »Gesunden«. Der Gesunde kann aus seiner Bewusstheit fein empfinden, ob es angesichts der Situation und des Aggressors angemessen ist, eine Angst bzw. einen Angriff abzuwehren oder sich auf den Prozess einzulassen.

Am besten kommt man dem richtigen Verhalten auf die Spur über das Messinstrument der »Stimmigkeit«. Es gibt in unserem Inneren eine Instanz, die »weiß«, wie wir im optimalen Falle handeln sollten. Diese Instanz ist vergleichbar mit einem ungetrübten See. Sobald wir in unserer Psyche Wellen von Unstimmigkeit spüren, ahnen wir, dass wir nicht wir selbst sind. Indem wir uns auf die Spur kommen, gelingt es uns immer besser, im Selbst zu verbleiben – und unnötige Angstabwehrmechanismen zu vermeiden.

Angst und Individuation

Das Kind muss bei der Entwicklung zum Individuum lernen, eine eigenständige Identität und eine Einstellung zu der Welt, seinem Umfeld, zu entwickeln. Die Psychologie unterscheidet zwischen zwei Stufen der Individuation:

1. der *unbewussten* Individuation, die uns als Kind zuteil wird – oder eben auch nicht –, und
2. jener, die wir als *bewusst* gewordener Erwachsener errungen haben.

Gerade die ersten Lebensmonate entscheiden sehr stark über das Weltbild des Sprösslings, insbesondere für die ersten Ansätze einer »inneren Ethik«. Das Kind begegnet im Laufe seiner Individuation angenehmen und unangenehmen Erlebnissen und Verhaltensweisen und lernt, diese zu unterscheiden. Es begegnet dabei »Wertungen« – dieses »sollte sein« (ist also »gut«), jenes »sollte nicht sein« (ist also »böse«). Wenn die Individuation auf eine gesunde Art und Weise stattfindet, ist das Kind später in der Lage, »Gutes« und »Böses« an sich und in der Welt wahrzunehmen, zu differenzieren und so einen Sinn für das Stimmige (das »wahre Gute«) zu entwickeln.

Gibt es allerdings in der Individuation des Kindes Störungen, werden das Gute bzw. das Böse projiziert und damit der Kontakt mit der Welt erschwert. In Extremfällen ist entweder man selbst »gut«, und die Welt »draußen« ist »böse«, dann hat man Angst vor der Welt – das Kind nimmt autistische Züge an (»Mit dir spiele ich nicht mehr, du hast gelogen«). Oder man selbst ist »böse«, und die Welt »da draußen« ist »gut«, dann hat man »Angst vor sich selbst« – wird anfällig für Sekten und Masochismus.

Natürlich kann man auch selbst zum »Bekehrer« werden – hinter jedem Rechthaber und Fanatiker steckt stets eine gehörige Portion Integrationsstörung!

Die ungarisch-amerikanische Psychoanalytikerin Margaret Mahler* hat mit ihrer Separations-Individuations-Lehre ein Grundlagenwerk geschaffen, das Eltern und Betroffenen die einzelnen Individuationsphasen des Kindes und seine Ängste zeigt. Es gibt darüber hinaus Hinweise, worauf besonders zu achten ist. Die Zeit, in der über die Individuation des Kindes entschieden wird, sind der Autorin zufolge die ersten drei Lebensjahre. Sie teilt diese Zeit in vier Phasen ein:

1. Die *Differenzierungsphase*: Sie beginnt mit dem 6. und endet mit dem 12. Monat nach der Geburt. In dieser Phase zeigt das Baby in der Regel noch keine Angst, nur vielleicht ein wenig Fremdenscheu. Es entwickelt sich in dieser Zeit das Verlangen, sich aus eigenem Antrieb etwas nehmen zu können. Menschen, die sich im

* Vgl. Margaret S. Mahler u. a.: *Die psychische Geburt des Menschen*, Frankfurt 1980.

Alter ungefragt Dinge fremder Leute nehmen oder »Angst haben, sich etwas zu nehmen«, erlebten möglicherweise eine Störung in dieser Zeit. Dem Heranwachsenden sollte – in einem angemessenen Rahmen – gestattet sein, sich etwas zu nehmen. Zudem erfordert insbesondere diese Zeit Empathie und Interesse, damit sich das Kind wohl fühlt und gut entwickelt.

2. Die *Übungsphase*: In der Zeit vom 12. bis zum 17. Monat lernt das Kleinkind, sich von der Mutter zu entfernen. Es spielt »Verstecken«. In dieser Phase werden die Themen »sich (oder etwas) verstecken« und »gesehen werden« geprägt, die Bereitschaft, »hinzuschauen« und »wegzuschauen«. Auch Muster von »sich verstecken aus Angst« sowie von »Angst, gesehen zu werden« entstehen hier.
3. Die *Wiederannäherungsphase*: Im Zeitraum vom 18. bis zum 24. Monat lernt das Kind, zwischen »Erwünscht« und »Unerwünscht« und damit zwischen »Gut« und »Böse« zu unterscheiden. Zugleich werden »Pendelbewegungen« im Umgang mit der Nähe geübt: Das Kind lernt, sich von der Mutter zu entfernen und sich ihr wieder anzunähern. Störungen in dieser Phase können sich zu Mustern des »Anklammerns aus Angst« (wenn man die Mutter nicht loslassen konnte) oder der »Isolation aus Angst« (wenn man die Mutter abwehrte) entwickeln. In Liebesbeziehungen zeigt sich eine solche Störung später in einem extrem »klammernden« oder einem extrem »autonomen« Partner (Bindungsphobie). Im Idealfall gelingt ein harmonischer Wechsel zwischen Nähe und Distanzierung in privaten und beruflichen Beziehungen.

4. Die *Integrationsphase*: Vom 24. bis zum 36. Monat lernt das Kind, »Gut« und »Böse« (die es ja in der vorangegangenen Phase bereits erfahren hat) zusammenzubringen, zu integrieren und sich somit in der Welt und mit sich selbst zurechtzufinden. Gelingt dies nicht, spaltet man später die Menschen und Umstände möglicherweise in »nur gut« und »nur böse«, man entwickelt keine »Objektkonstanz« (dazu später mehr). Man ist ein »Nichts« (»nur böse«) oder »alles« (ein »Messias« etc. = »nur gut«).

Die gelungene Individuation macht die Schönheit des Menschseins aus. Gerade in einer Zeit der »Vermassung« verdient das Individuum besondere Aufmerksamkeit. Restriktive politische Systeme, Sekten und Heilslehren preisen die Aufgabe der Individualität als Lösung aller menschlichen Probleme. Doch damit würden wir das falsche Schwein schlachten. Unser Ego, d. h. unsere trügerischen Vorstellungen vom Leben, sollte geopfert werden, nicht aber unsere Individualität. Letztere kommt sogar bei der Aufgabe des Egos besonders prägnant hervor. Damit wir unsere Individualität eingebettet in das große Ganze konturiert leben können, brauchen wir eine gelungene Individuation und vor allem auch die Gabe, das »Schwarzweißdenken« zu überwinden.

Wenn es uns im Rahmen unserer Bewusstwerdung gelingt, die blinde Abspaltung von »Gut« und »Böse« zu überwinden, gelangen wir in eine Wahrnehmung der Wirklichkeit jenseits von Wertungen. Es entwickelt sich in uns eine Kompetenz im Umgang mit der Welt. Wir verlieren die Angst vor der eigenen Person und der Welt, weil wir zu beiden Polen, die ja nur in unserem Denken existieren, einen realen Bezug haben, ohne dass wir an diesen hängen bleiben. Stattdessen wächst in unserem Inneren der Lebensbaum einer Ethik, der jenseits der Polarität des Denkens steht. Wir verlassen den Bereich der »Wertung« und entdecken in uns selbst das untrügliche Instrument einer »Stimmigkeit«, die Begriffe wie »gut« und »böse« überschreitet und im Einklang mit dem Weltengesetz lebt und Leben mitgestaltet.

Die Entwicklung unseres Welt- und Gottesbilds in der Kindheit

In der Kindheit sind wir offener denn je für das innere und äußere Erleben. In dieser Entwicklungsphase finden unsere entscheidenden Prägungen statt. Wir sind wie eine ursprünglich amorphe, formbare Masse, die im Laufe der Lebensjahre dann immer fester wird. Auch wenn es später noch zu »Einschlägen«, z. B. aufgrund traumatischer Erlebnisse, kommen kann – wie unser Körper-Energie-System auf Angst reagiert, wird in entscheidender Weise in der Kindheit bestimmt. Aus diesen Prägungen schält sich dann ein ganz bestimmter »Angsttypus« heraus. Unabhängig davon, wie viel oder wie wenig Angst ein Mensch später erleben wird – er hat eine ganz bestimmte, vor allem in der Kindheit geformte Art und Weise, auf Angst zu reagieren.

Dem Tiefenpsychologen Fritz Riemann* verdanken wir das Wissen, wie sich unsere Angststruktur in den ersten

* Vgl. Fritz Riemann: *Grundformen der Angst*, München 1978.

Lebensjahren gebildet hat. Dieses Wissen baut auf den Forschungen von Sigmund Freud auf (orale, anale, genitale und intellektuelle Phase). Wilhelm Bruners* ist sogar noch einen Schritt weiter gegangen. Er hat herausgefunden, dass in diesen Phasen auch die verschiedenen Dispositionen der Gottesbilder, unserer »Angst vor Gott«, geprägt werden. Wenn jemand also in einem Konflikt mit seinem Gottesbild steht, könnte dieser in einer der nachfolgend beschriebenen Phasen seinen Ursprung finden.

Der depressive Phobiker

Der depressive Phobiker (orale Phase) hat Angst vor Mangel, Einsamkeit, Ablehnung, Isolation. Menschen, die sich in seiner Gegenwart befinden und ihm momentan aus der Bredouille des Mangels helfen, sind »nur gut«; solche, die abwesend sind und die ihn vermeintlich im Stich lassen, sind »nur böse«.

Depressive Phobiker verwenden das Gut-und-böse-Prinzip oftmals auch gegen sich selbst. Sie denken dann: »Wenn ich gut genug wäre, würde man mich schon lieben, mir das geben, was ich brauche!« usw. Sie entwerten die eigene Person und fühlen sich schuldig bei Misserfolgen.

Der depressive Phobiker gibt, um zu bekommen (und sagt hinterher, er sei ausgenutzt worden). Er erbringt also eine Leistung gegenüber den anderen, versucht z. B., deren Wünsche zu erfüllen, aber immer in der Hoffnung,

* Vgl. Wilhelm Bruners: *Was Jesus von Nazareth wollte oder Das Erbe des Jona*, Wien 2002.

dafür geliebt bzw. geachtet zu werden – und er sieht nicht, wie berechnend dieses Verhalten ist.

Bleibt ein depressiver Phobiker psychisch in der Kindheit hängen, versucht er später im Erwachsenenalter, die Gebote der Eltern nachträglich zu erfüllen, weil er sich davon erhofft, dass die Entbehrungen der Vergangenheit im Nachhinein erfüllt werden – selbst dann, wenn die Eltern schon längst tot sein sollten.

Jede Form des »Hinterherlaufens aus Angst« (»gestörte Trennungsaggression«) findet hier ihren Ursprung, ebenso wie die unerfüllte (und unerfüllbare) Sehnsucht nach der großen Liebe. Der depressive Phobiker hat Angst vor einem unerreichbaren Gott, der ihn klein macht und sich in die Ferne zurückzieht, ihn in der »bösen Welt« allein lässt, ohne ihm zu helfen; dies ist die Art und Weise, wie er Gott »organisiert«.

Der depressive Phobiker muss lernen, anzunehmen, was ihm gegeben wird, um darin die sich mehr und mehr entfaltende Fülle zu entdecken. Dankbarkeit für das, was *ist* (z. B. mithilfe von Naikan*, einer japanischen Methode zur Versöhnung mit der Vergangenheit), bietet einen Ausweg aus dem Mangel. Auf dem Weg dorthin mag es hilfreich sein, sich noch einmal gedanklich in die Kindheit zurückzuversetzen und dem auf die Spur zu kommen, was einem damals versagt wurde, jenes zu betrauern (»bewusst zu nehmen«) und loszulassen.

* Vgl. z. B. Detlev Bölter: *Drei Fragen, die die Welt verändern. Die Naikan-Methode im Kontext mit Spiritualität und Psychotherapie*, Bielefeld 2004.

Der zwanghafte Phobiker

Der zwanghafte Phobiker (rigide anale Phase) hat Angst vor dem Chaos, der Unsicherheit und der Antriebslosigkeit. Er will das Lebendige in den Dienst der Sicherheit zwingen. Die Welt mit ihrer Unberechenbarkeit, das ganze Leben scheint ihm gefährlich, am liebsten bleibt er zu Hause und verändert sich nicht.

Der rigide Phobiker will das Absolute. Er will es über Sachzwänge ausdrücken. Dies erklärt seine Nähe zum Toten (Theorien). Er hat Angst, sich in die Welt zu verwickeln, und Angst vor seinen eigenen Interessen (die könnten ja »böse« sein). Als Folge davon zeigt sich ein Mangel an Interesse und Energie.

Der Rigide hat keine Energie bzw. kein Interesse für irgendetwas Lebendiges. Angst und Aggression werden unterdrückt oder in die Kopflastigkeit verbannt, wo sie in Rationalisierung und Rechthaberei umgewandelt werden. Die Begleiterscheinungen sind Verstimmungen, Schuldgefühle und Verantwortungsschwere.

Ein zwanghafter Charakter entwickelt sich später oft bei Kindern, deren Eltern über die Maßen Gehorsam gefordert und dabei das Kindliche sehr unterdrückt haben, denen Kontrolle wichtiger als die Lebendigkeit war. Da die Eltern die Stärkeren waren, identifiziert sich das Kind oftmals mit den Aggressoren (ebenden Eltern) und übernimmt von daher ihre Wesenszüge: Kontrolle, Verhaltenheit, Einengung usw. Man wird selbst starr, humorlos, pedantisch, rechthaberisch, autoritär und perfektionistisch.

Der Gottesbezug des Zwanghaften ist die Angst vor

Gott, dem strengen Richter. Daher kommen strenge religiöse Vorschriften wie die, nach denen man täglich bis zu 99 Rituale ausführen muss, und der Wunsch nach Erlösung von den Sünden…

Da die rigide Neigung in der analen Phase geprägt wurde, zeigen sich hier auch oft anale Schmutzangst, der Gedanke »Was aus mir herauskommt, ist nicht in Ordnung«, die Tendenz, alles zurückzuhalten, Geiz, die Auffassung, »nie einen Mist von sich geben zu dürfen«, »die Arschbacken zusammenkneifen und durchhalten« zu müssen. Der »Stolz auf die eigene Produktion« ist also gehemmt.

Der Rigide muss lernen, im wahrsten Sinne des Wortes loslassen zu können. Dies betrifft insbesondere seine Vorstellungen, wie das Leben, der Partner, die Umwelt und vor allem er selbst zu sein hat. Er muss erkennen, dass ihm alle Sünden bereits vergeben sind, und er muss beweglicher werden.

Das Leben mit all seinen Unwägbarkeiten, welches er so sehr fürchtet, ist dabei genau das Heilmittel, das er braucht. Denn: »Grau ist alle Theorie, aber farbig das sprudelnde Leben!«

Und dort, wo die Zwanghaftigkeit zu analen Verkrampfungen geführt hat, im Extremfall auch zu Hämorrhoiden, müsste exakt an diesem Bereich gearbeitet werden (z. B. mit der Hydrocolontherapie [= Dickdarmspülung]).

Der hysterische Phobiker

Der hysterische Phobiker (genitale Phase) hat Angst vor Unfreiheit, Bewegungslosigkeit, Erstarrung. Er fürchtet sich vor einem Gott als ungerechtem Richter, der urteilt ohne Ansehen seiner Person und jegliche Lebenslust untersagt. Der Hysteriker ist anfällig für extreme Reaktionen und Bewegungen jeder Art »aus Angst vor Einengung«.

Er muss lernen, Harmonie und Ausgewogenheit herzustellen und sich auf sich selbst zu beziehen, also auch »in sich zu ruhen«. Harmonie ist dann gegeben, wenn alles im ausgewogenen Maße vorhanden ist… und gelebt werden kann!

Der schizoide Phobiker

Der schizoide Phobiker (Beginn der intellektuellen Entwicklung) hat Angst vor Nähe und Abhängigkeit. Seine Furcht ist nicht, dass Gott unerreichbar ist, nein – seine Angst ist, dass Gott unter seiner Haut steckt! Er hat die Angst vor einem zu nahen Gott (»Gott sieht alles«)!

In seiner Angst vor Nähe spaltet sich der Schizoide ab und lässt sich auch auf das Leben nur bruchstückhaft ein. Doch man kann sich nicht die Hände waschen, ohne nass zu werden, und auch nicht »*ein bisschen* schwanger« sein.

Der Schizoide muss seine Angst vor dem »Totalsein« aufgeben und sich mit Haut und Haaren einlassen auf »das, was ist«. Dann überwindet er seine Angst vor dem »Ausgeliefertsein« und erlebt, wie das Leben selbst ihn trägt. Dies ist ein Beitrag zu seiner Ganzheit und Ganzwerdung, die er im Kopf vergeblich zu zimmern sucht.

Der sadomasochistische Phobiker

Da die Disposition für sadomasochistische Neigungen ihre Wurzel oftmals in der Prägephase des Kleinkinds hat, hier ein kurzer Abstecher in diese Thematik: Sadomasochistisch veranlagte Menschen sind (oft, ohne sich dessen bewusst zu sein) hart gegen sich selbst, häufig auch gegen andere und das Leben. Sie tragen in sich (verdeckt) asketische oder fanatische Züge, oftmals begleitet von einem ziemlichen Hass oder einer Verachtung gegenüber Unperfektem. In dieser Disposition werden bei sich und den anderen Panzerungen gelegt und künstlich aufgebrochen, Macht- und Ohnmachtbeziehungen rituell ausgelebt.

Nur selten kommt man auf die rettende Spur: zu erkennen, dass sadomasochistische Menschen (und ihre Partner) unter einem ambivalenten Verhältnis zu Nähe und Angst vor Aggression leiden, sich dies aber nicht eingestehen.

Neigungen zum Sadomasochismus müssen sich übrigens nicht unbedingt sexuell ausdrücken, dies ist nur *eine* »Spielwiese« von Intimitätsstörungen. Auch der Mann, der seine Frau mit Gleichgültigkeit straft, oder die Frau, die ihren Mann »zur Schnecke« macht, weist sadistische Züge auf.

Sobald der sadomasochistisch Disponierte die Schönheit dessen, was durch das Kreatürliche wirkt (»das Selbst«), und die Harmonie des Tao (»die Lebensumarmung«) entdeckt, verliert er seine Angst vor Nähe, vor Aggression, seinem Schatten, vor »Ent-rüstung« und vor allem seine Angst vor sich selbst. Verfügbarkeit für »Liebe ohne Schmerzen« kann aufbrechen und dadurch die Bahn schaffen für tiefer liegende Liebesebenen.

Das ängstliche oder geschockte innere Kind erkennen und heilen

Wenn wir als Kind Ängste, einen großen Mangel oder Schocks erlebt haben, die wir nicht verarbeiten konnten, kapseln sich diese ab und/oder führen dazu, dass wir uns in Erwachsenensituationen wie kleine Kinder verhalten. Wie in einer Trance, die uns selbst nicht bewusst ist, geben wir uns unreif. Zu dieser Art von Trauma-Trance gehört auch das oftmals unbewusste Gefühl, kleiner zu sein, als man ist. Hierbei wird das Bild eines Vorfalls aus der Vergangenheit (Trauma) innerlich festgehalten und auf die Erfahrungen der Gegenwart »trance-feriert«. Im Extremfall geht dies sogar so weit, dass das ehemals verletzte Kind das Ruder übernimmt und zum Hypnotiseur des Erwachsenen-Ichs wird.

Nachfolgend ein Beispiel für eine Verletzung in der oralen Phase: Peter hat als Kind gelernt, seine eigenen Bedürfnisse und Sehnsüchte zu unterdrücken, ja sogar abzutöten, um seine Eltern zufrieden zu stellen. Als Folge davon weiß er später selbst nicht mehr, was er will. Er versucht weiterhin, anderen – seiner Partnerin, seinen Kindern, den Nachbarn und seinem Vorgesetzten – gegenüber schön zu tun, statt »sich zu leben«. Weil er von diesen aber nicht »gepampert« wird, so wie er es als Kind erwartet hatte, entstehen Ärger und Wut. Da er anderen mit seinem Verhalten gefallen will, zwingt er durch sein »Sosein« unbewusst auch diese dazu, die natürlichen und emotionalen Energien, beispielsweise Wut und Abneigung, zu unterdrücken. Er wirkt daher, gerade weil er sich so bemüht, als »unterdrückerische Person«, in dessen Nähe man nicht aufatmen kann. Da er nicht bekommt, was er will, richtet er seine Wut zudem auch noch gegen die eigene Person (Selbsthass). Manchmal, insbesondere unter Alkoholeinfluss, geht seine verdrängte Wut mit ihm durch, und er klagt Gott und die Welt dafür an, wie ungerecht sie mit ihm umgingen; er neigt sogar zum Randalieren, was alle Beteiligten in Erstaunen versetzt.

Diagnose: Peter ist von seinem inneren traumatisierten bzw. unerfüllten Kind assoziiert und nicht in der Lage, im Jetzt klar zu *sein*. Er hat keinen Zugang zu den Ressourcen eines altersgemäßen Erwachsenen, da das alte Trauma diesen versperrt.

In solchen Fällen geht es darum, das eingeschnappte Kind einer Selbstbeobachtung zuzuführen, die Erinnerung in den Hintergrund, die Gegenwart in den Vordergrund zu rücken.

Angemessene zwischenmenschliche Interaktion (mit Erwachsenen) unterstützt das Abgleichen von Identitätstrancen mit der Gegenwart. Ziel der Intervention ist es, dass man selbst quasi aus der Beobachterposition das innere Kind willentlich erschafft und, darauf aufbauend, die Vision der eigenen gelebten Stimmigkeit beginnen kann.

Die nachfolgend aufgeführten Fragen bzw. Empfehlungen zu diesem Thema entstammen den Werken des genialen amerikanischen Psychologen Stephen H. Wolinsky:*

* Vgl. z. B. Stephen H. Wolinsky: *Die Essenz der Quantenpsychologie*, Kirchzarten 2001.

- Wo in Ihrem physischen Körper ist das ängstliche oder geschockte innere Kind wahrnehmbar?
- Auf welche Weise würde sich die Selbsteinschätzung (Selbstwert) verändern, wenn Sie mit diesem inneren Kind verschmölzen?
- Wie würde sich Ihre Sicht von der Welt ändern?
- Welche Emotionen sind mit Ihrem inneren Kind verbunden?
- Gegen welche Erfahrung wehrt sich Ihr inneres Kind?
- Geben Sie dem inneren Kind einen Namen, sodass Sie in der Beobachterrolle bleiben können.
- Schauen Sie von außen (als Beobachter), wie das innere Kind träumt, sehen Sie also das Kind und den Traum.
- Nehmen Sie den Unterschied wahr zwischen dem Beobachter und dem träumenden Kind.
- Fragen Sie sich, welche Bedürfnisse das innere Kind durch diese Träume zu erfüllen sucht.

> »Ehe du nicht erkennst, was du tust,
> hast du keine andere Möglichkeit,
> als mit dem, was du tust, fortzufahren.«
>
> *Werner Erhard*

Möglicherweise ist es hilfreich, ergänzend zu dieser Arbeit, mit dem kindlichen Anteil in den »inneren Dialog« zu gehen, um die Kindheitstrance aufzuheben. Ein Beispiel, das diese Altersregression deutlich macht, ist der Roman *Die Blechtrommel* von Günter Grass. Indem wir unseren Angstprägemustern auf die Spur kommen, gelingt es uns immer besser, uns selbst (und andere) zu durchschauen, zu verstehen und letztlich uns und andere aus dem Griff dieser Muster – zugunsten des Selbst – zu befreien.

Angst und Objektkonstanz

Als Ergebnis einer gelungenen Individuation finden wir »Objektkonstanz« vor. Dieser Begriff wurde von dem Psychoanalytiker Ralf Zwiebel* eingehend beschrieben, eigentlich um einer Manipulation des Analytikers durch den Klienten vorzubeugen. Doch die Erkenntnisse von Ralf Zwiebel sind zu wertvoll, als dass man sie »normalen Sterblichen« vorenthalten sollte.

»Objektkonstanz« bedeutet eine Ausgewogenheit in der Beziehung zu den Mitmenschen bzw. dem Partner unabhängig von dem momentanen Verhalten; d. h., auch wenn der Vater, Partner, Freund, Kollege sich mal danebenbenimmt (»böse ist«), bricht deshalb die Welt nicht zusammen, sondern man findet eine Einstellung zu Eltern, Partner, Mitmenschen, die »Gutes« und »Böses« gleichermaßen integriert, letztendlich beides zugunsten einer wertfreien Wahrnehmung transzendiert.

»Objektkonstanz« ist die unmittelbare Voraussetzung, damit wir nicht in Wertungen hängen bleiben, weder manipulieren noch uns manipulieren lassen, sondern die Aufmerksamkeit stets auf das »Selbst« gerichtet halten, das weder gut noch böse ist.

* Vgl. Ralf Zwiebel: *Der Schlaf des Analytikers*, Stuttgart 1997.

Wer selbst Angst hat, aber auch derjenige, der tagtäglich mit (ängstlichen) Menschen umgeht, z. B. dem eigenen Partner, benötigt in besonderem Maße »Objektkonstanz«. Er muss beispielsweise in der Lage sein, zu ertragen, dass der andere gelegentlich behauptet, man sei »böse«, weil man seine Forderungen, Wünsche, Bedürfnisse nicht erfüllt, oder dass der andere sich aus eigener Sicht scheinbar »böse« verhält.

Manchmal will der Partner uns manipulieren, indem er uns »in die liebe Ecke stellt«. Insbesondere in Partnerschaften ist dies ein beliebtes »Spiel«: Einer von beiden wird »in die liebe Ecke« gestellt oder spielt freiwillig »den Lieben« (z. B. aus eigener Angst vor Konflikt und Ablehnung). Und der andere setzt verborgen oder offen die Regeln fest, was der Betreffende tun muss, damit er weiterhin »lieb« bleibt.

Es gibt auch Menschen, die bewusst »böse« sind, weil sie dadurch dem »In-die-liebe-Ecke-gestellt-Werden« und dem damit einhergehenden Selbstverrat ausweichen wollen. Einmal bewusst »frech« oder »trotzig« zu sein, mag in psychologischen Rollenspielen ja vorübergehend befreiend wirken. Doch letztendlich verfehlen beide, die »Lieben« wie die selbsternannten »Bösen«, die eigentliche Aufgabe, nämlich die unbestechliche »Stimmigkeit« in ihrem Inneren zu suchen und auszudrücken.

In einer stimmigen Beziehung muss es auch möglich sein, einander durch den heilsamen Frust zu begleiten, der entsteht, wenn man nicht blind der lieben Rolle folgt, sondern den eigenen Maßstab für die individuelle Stimmigkeit in sich spürt und gemeinsam mit dem Partner synchronisiert. Gemeinsam lernen wir dann, dass der andere uns wertschätzt bzw. liebt, auch wenn er nicht unseren Wünschen nachkommt.

Ist es gelungen, die Frustrationstoleranz gemeinsam zu dehnen, ohne das Feuer dadurch erkalten zu lassen, wachsen Stabilität, Behaglichkeit und Ausgewogenheit in die (beruflichen und privaten) Beziehungen hinein. Statt krankhafter Symbiose (aus Angst) fördert man einander dabei, sich selbst treu zu sein und sich, wie – im positiven Sinne – ein Stehaufmännchen, immer wieder am Lot der Stimmigkeit auszurichten. Dies heißt, Beziehungsphobien durch »Objektkonstanz« zu überwinden: das Leben, die anderen Menschen und sich selbst zu nehmen, »wie sie sind / wie man ist« – getreu dem Motto »Ich lasse dich leben, wie du lebst; und du lässt mich leben, wie ich lebe«.

Auf dem Weg gelingt es, ein ausgewogenes Welt- und Partnerbild zu entwickeln, welches Belastungen standhält und das Weltengesetz, das Tao, für sich arbeiten lässt.

Der eigenen Angst auf die Spur kommen

Unabhängig von Ängsten, die sich im Zuge einer Psychoanalyse bzw. Rückführung in die eigene Kindheit klären lassen, gibt es auch »erworbene« Ängste, die aus unerklärlichen Quellen zu kommen scheinen.

Viele dieser Ängste verweisen im Zuge einer Reinkarnationstherapie auf ihren Ursprung. So erleben beispielsweise Menschen, die Angst vor dem Feuer haben, in einer Rückführung, dass sie in einem »früheren Leben« als Hexe verbrannt wurden. Nachdem die Klienten die damit zusammenhängenden Emotionen noch einmal erlebt hatten, verschwand in vielen Fällen die Angst vor dem Feuer.

Ängste können auch übernommen sein, z. B. von der eigenen Mutter. Dies gilt besonders für die eigene Prägephase bzw. die Zeit, in der man als Embryo mit den Ängsten und Befürchtungen der Mutter gleichgeschaltet war. Zudem gibt es »geerbte« Ängste aus der genetischen Linie, aus dem Land, in dem wir leben, und auch aus dem kollektiven Feld.

Übung: Sich die eigenen Ängste bewusst machen

Wenn Sie möchten, machen Sie sich einmal Ihre Ängste bewusst, ergänzen Sie die nachfolgende Liste:

- ○ »Ich habe Angst, dass ______________________.«
- ○ »Ich habe Angst, zu ______________________ (versagen, gefoltert zu werden, nicht mehr lieben zu können …).«

Nehmen Sie sich dann jede Angst vor und versuchen Sie, herauszufinden, wo Sie herkommt, beispielsweise (Sie können die Liste beliebig ergänzen):

- ○ Diese Angst ist Ergebnis meiner Prägung/Erziehung in Elternhaus, Schule, Beruf.
- ○ Diese Angst ist Teil meiner angeborenen Anlagen.

- ○ Diese Angst ist typisch für unsere Kultur und Zivilisation.
- ○ Diese Angst ist Folge des Konkurrenzkampfes und Leistungsdrucks.
- ○ Diese Angst ist (lebens)notwendig für mich, denn sonst ____.
- ○ Diese Angst ist Ausdruck einer Krankheit.
- ○ Diese Angst ist Ausdruck von schmerzlichen Erfahrungen in meinem Leben.
- ○ Diese Angst stammt aus meiner Embryonalzeit.
- ○ Diese Angst ist übernommen von meiner Mutter/meinem Vater …
- ○ Diese Angst stammt aus einem »früheren Leben«.
- ○ Die Quelle dieser Angst ist mir völlig unbekannt.
- ○ Diese Angst gehört zu mir, ist Teil meiner Persönlichkeit.
- ○ Diese Angst ist ______________________________.
- ○ Diese Angst ist ______________________________.
- ○ Diese Angst ist ______________________________.
- ○ Diese Angst ist ______________________________.
- ○ Diese Angst ist ______________________________.
- ○ Diese Angst ist ______________________________.

Die Angst als Botschafter und Verbündeter

Furcht als Abwehr von Angst

Die klassische Psychologie unterscheidet wie gesagt zwischen Angst und Furcht (Phobie). Bei der Angst handelt es sich um eine »Grundangst«, also etwas »Existenzielles«. Die Angst bezieht sich nicht auf ein konkretes Objekt (Spinnen etc.), sondern ist in sich unfassbar. Furcht (Phobie) dahingegen ist immer auf irgendetwas bezogen. In unserem Sprachgebrauch sind die Begriffe »Angst« und »Furcht« nicht sauber voneinander getrennt, sodass wir sagen: »Ich habe *Angst* vor Spinnen«, obwohl es sich – nach Ansicht der Experten – um eine »*Furcht* vor Spinnen« handelt. Deswegen sei an dieser Stelle noch einmal darauf hingewiesen: Wenn wir uns nachfolgend mit der Furcht (einzelnen Phobien) beschäftigen, wollen wir dafür gelegentlich ruhig den umgangssprachlich verwendeten Begriff »Angst« beibehalten, auch wo dieser in Wahrheit die »Furcht« meint.

Die Verwechslung von Angst und Furcht in unserer Sprache liefert uns jedoch den Hinweis auf ein weiteres wichtiges Thema, nämlich dass wir durch unsere Furcht unsere Grundangst, d. h. *die* Angst, abwehren.

Ein deutliches Beispiel dafür bietet z. B. die Furcht vor Autoritäten. Diese ist eine »Angst zweiter Hand«. Wir zittern vor »höher gestellten« Personen, weil dahinter eine wesentlich tiefer gehende Angst steht, die uns sagt, dass wir gefährdet sind. Wir nutzen die Chance nicht, angesichts dieser Autorität – ob es jetzt der Chef, der Vater oder der cholerische Vermieter ist – mit unserer Grundangst in Berührung zu kommen, sondern weichen genau dem aus, was uns lebendig machen würde – das Durchschreiten der Furcht (»Autoritätsphobie«), um der eigenen Angst (und Unsicherheit, aber auch Lebendigkeit) auf die Spur zu kommen. Statt der Autorität auszuweichen oder einen Rhetorikkurs für den Umgang mit Autoritäten zu buchen, sollten wir uns der Autoritätsphobie stellen, auch der Angst, dass wir angesichts einer Autorität (was immer diese für unser Unbewusstes bedeutet) das Gesicht verlieren könnten.

Hinweise auf den Verdrängungsmechanismus der Angst durch Furcht liefert uns Martin Heidegger in seinem Werk *Sein und Zeit**. Ihm zufolge wird der Mensch in der Grundangst auf sich selbst zurückgeworfen. Es sei ihm »unheimlich« zumute; d. h., er fühle sich in der Welt nicht mehr zu Hause, aus vertrauten Bezügen herausgelöst. Die Chance der »nackten« Angst liege darin, sich aus der »Uneigentlichkeit des Lebens« zu lösen, aus dem »Verfallensein an die Welt« und ihre Normen, dem, was »man tut«. Die Chance läge also angesichts der Grundangst darin, sich von all den Verhaltensweisen zu lösen, die man aus unbewusster, nicht konfrontierter Angst an-

* Vgl. Martin Heidegger: *Sein und Zeit*, Tübingen 1993.

genommen habe: »Konfrontiert man die Angst, zeigt sich dahinter das eigentliche Sein!«

Die Furcht vor einzelnen Auslösern (Vater, Mutter, Gesellschaft, Liebesverlust, Arbeitslosigkeit etc.) steht genau dieser »inneren Bewegung« im Wege. Furcht in dem Sinne ist eine »uneigentliche Angst«; d. h. eine solche, die vor sich selbst verborgen bleibt und gerade bewirkt, dass der Mensch *nicht* zu sich selbst findet.

Wenn wir Furcht haben, sollten wir diese also angehen, um seelische Freiräume zu schaffen, und nicht bei der Symptombeseitigung einer einzelnen Phobie stehen bleiben. Durchschreiten wir die Furcht, kommen wir mit der »Angst hinter der Angst«, der »nackten Angst«, »Urangst«, »existenziellen Angst« oder auch »Grundangst« genannt, in Kontakt. Es ist die Emotion, die wir fühlen, wenn die Gefahrenquelle nicht lokalisierbar ist und es auch nichts zu tun gibt gegen sie. Damit wir überhaupt in die Lage kommen, unsere existenzielle Angst zu konfrontieren und durch sie hindurchzugehen, müssen wir zunächst unsere Phobien benennen und sie durchschreiten, sodass nur noch die Grundangst übrig bleibt, die uns mit uns selbst, Gott und wahrer Spiritualität verbindet.

Mit jeder Furcht, von der wir uns befreien, beginnt unsere Seele mehr und mehr zu »atmen« und Raum zu schaffen für diese Auseinandersetzung mit der »existenziellen Angst«, deren Durchschreiten uns erst den Zugang zu der »Essenz allen Seins« ermöglicht. Sobald wir die Furcht »entlarven« (»entkleiden«) und den Mut aufbringen, die dahinter stehende existenzielle Angst wahrzunehmen und mit ihr umzugehen, geraten wir in den Erfahrungsbereich wahrer Religiosität, die immer ein individuelles, kein kollektives Erleben ist. Die Konfrontation mit der Grundangst ist existenziell, eine Frage der Identität, also dessen, »wer ich bin«. Sie gestattet mir, mich, mein Selbst, meinen unmittelbaren Ursprung zu finden und aus ihm heraus meine »Eigenart« zu erkennen und durch mich selbst leben zu lassen.

Im Dienste der Wahrhaftigkeit ist esoterische Abgehobenheit ebenso wie ein fanatischer blinder Glaube ein Hindernis für die existenzielle Konfrontation mit sich selbst und die Erlösung (Einlösung) von Angst. Der Kamikazeflieger und der Selbstmordattentäter haben ihre Angst nicht wirklich eingelöst, sondern sie nur durch einen noch stärkeren Dämon (eine Idee) ersetzt. Sie werden sich darüber wundern, dass sie im Jenseits nicht der siebte Himmel erwartet, sondern wohl eher eine Welt, die genauso aggressiv und angstbesetzt ist wie sie selbst. Denn das Jenseits nach dem Tode spiegelt sicher nur das wider, was man selbst im Laufe seines Lebens geworden ist, den Ort, an den man sich zu Lebzeiten am meisten imaginiert hat. Ein anderer, besserer Weg soll hier aufgezeigt werden.

Dämonen verschwinden

Ein indisches Gleichnis erzählt, dass die große Göttin Kali eines Tages gegen so viele Dämonen kämpfen musste, dass diese sogar ihr zu viele wurden. Da hielt sie inne und rief: »Wer außer mir hier im Raum ist, soll hervortreten!« In dem Moment wurde es still, und alle Dämonen verschwanden.

Angesichts der Angst ist es opportun, den Weg der Gottesliebe, des Gebets oder der Meditation usw. zu gehen und durch Seelenpflege das Bewusstsein auf das zu verlagern, »was nicht stirbt« – auch so kann die Angst zum Schmelzen gebracht werden. Der »materielle« Weg des Lernens über menschliche Erfahrung und der »geistige« Weg über Seelenreifung sowie die »inneren Welten« sind zwei verschiedene Pfade der gleichen Annäherung, zwei Seiten derselben Medaille. In der nackten Konfrontation mit der Urangst müssen letztlich beide losgelassen und die Frage nach dem Selbst gestellt werden. – Doch wenden wir uns zunächst einmal den Phobien im Einzelnen zu.

Wovor haben wir Angst?

Phobien können uns erheblich belasten und unser Dasein gewaltig einschränken. In der Regel versuchen wir, den Dingen, vor denen wir uns fürchten, aus dem Weg zu gehen, wodurch unser Lebensrahmen aber immer enger gesteckt wird.

Der Statistik zufolge gibt es einige hundert verschieden häufig auftretende Phobien, von denen im Glossar am Ende des Buches eine Auswahl aufgelistet ist. Die am häufigsten auftretenden Phobien sind die Platz- und die Höhenangst.

Wir sollten uns zuerst einmal bewusst machen, welche Ängste uns persönlich betreffen. Nachfolgend finden Sie die Antwort *eines* unserer Klienten. Einige dieser Ängste mögen Ihnen bekannt vorkommen.

Ich habe Angst …

- im Kontakt mit anderen,
- vor Abnormalität,
- vor dem Altwerden,
- vor dem Tod,
- vor dem Verlust meines Vermögens/Geldes,
- vor dem Verlust meiner Vitalität und Jugend,
- vor der Demütigung durch andere,
- vor der Schlaflosigkeit,
- vor Einsamkeit/dem Verlassenwerden,
- vor Gewalt,
- vor körperlicher Berührung,
- vor Krankheit,
- vor Krieg,
- vor Langeweile,
- vor Misserfolg,
- vor Sinnlosigkeit,
- vor Strafe durch Eltern/Gott/Gesellschaft,
- vor Versagen,

- vor ______________________________,
- vor ______________________________,
- vor ______________________________,
- vor ______________________________,
- vor ______________________________,
- vor ______________________________.

Übung: Die eigenen Ängste einschätzen

Als Übung können Sie hinter jedem Angstgefühl in der o. a. Aufstellung einmal notieren, inwieweit es für Sie zutrifft, wie stark Sie auf diese Angst reagieren (1 = fast gar nicht, 10 = ganz stark).

Darüber hinaus können Sie selbst eine Liste Ihrer wichtigsten Ängste erstellen. Beginnen Sie Ihre Liste mit den Worten »Ich habe Angst, zu …« bzw. »Ich fürchte mich davor, dass …«. Finden Sie Ihre eigenen Ausdrücke für Ihre Ängste und formulieren Sie dabei so exakt wie möglich!

Erkennen, was die Angst sagen will

Jede Angst, die ich habe, ist eine Botschaft an meine Psyche. Die Angst spricht hierbei in der »Sprache der Symbole«; d. h., das Auftreten der Angst zeigt an, wo ein Mangel, eine Enge oder Blockade, ein Energiestau ist.

Wir können das jeweilige Angstthema auf dreierlei Weise entschlüsseln (und es ist sinnvoll, sich aller dreier Verfahren zugleich zu bedienen), nämlich durch:

1. die Suche nach dem Entstehungszeitpunkt (Vergangenheit),
2. die psychologische Deutung, die ein neues Verhalten vorschlägt (Zukunft), und
3. das Erfühlen des Angstverhaltens und Einjustieren in eine neue Stimmigkeit (Gegenwart, Verhaltensansatz).

Einmal können wir die Angst zurückführen auf den Zeitpunkt, zu dem sie das erste Mal aufgetreten ist. Das kann in früher Kindheit sein, im Mutterbauch oder sogar in einem »früheren Leben«. Dann erfahren wir mehr über das Bewusstsein, aus dem heraus das Problem entstand. Indem wir den Entstehungszeitpunkt der Angst noch einmal erleben, erfahren wir alle Emotionen von damals und »entladen« das Angstmuster aus unserem Energiesystem. Viele psychologische Methoden, u. a. auch die umstrittene Dianetik sowie die von Swami Devageet, dem ehemaligen Zahnarzt Oshos, entwickelte »Illumination-Therapie«, arbeiten mit dem Rückwärtsgehen auf der Zeitspur. Der Vorteil dieser Methode ist, dass wir an die in der Angst eingekapselte Energie herankommen. Der bloße Lösungsvorschlag (psychologische Deutung) allein ist zwar hilfreich, aber in den meisten Fällen nicht nur kraftlos, sondern er verführt auch zu Abspaltungen – da der Phobiker weiterhin seine alte Traumatik mit sich herumschleppt, während er sich um das neue Verhalten bemüht.

Das Löschen der emotionalen Ladung ist sehr befreiend, bewirkt jedoch noch nicht, dass die gleiche Schwierigkeit nicht noch einmal entstehen könnte. Wo wir emotionale Ladungen ausagieren, ohne neue Lösungen (basierend auf der psychologischen Deutung) anzubieten, werden wir uns immer wieder in die eine oder andere »Angstfalle« verwickeln. Denken wir in dem Zusammenhang an den Spruch Einsteins, nach dem ein Problem nicht auf der Ebene gelöst werden kann, auf der es entstanden ist. Die Angstlösung muss jedoch individuell erfahren werden, allgemeine psychologische Deutungen von Angstthemen können hier nur einen Hinweis geben.

Dort, wo ein indoktrinativer Glaubensinhalt (z. B. »die böse Gesellschaft«) statt der individuellen Erfahrung des Selbst einer Angstbehandlung zugrunde liegt, wird der Teufel mit dem Beelzebub ausgetrieben. Stimmiger ist es, die geistige Fehlhaltung, das »Missverständnis«, das zu dem Trauma geführt hat, in eine umfassendere Einsicht gegenüber dem Selbst zu bringen; d. h., auch zu verstehen, was die Angst mir ganz persönlich zu sagen hat.

Um die »Sprache der Angst« zu entschlüsseln, verfahren wir ähnlich wie bei der Deutung von Träumen oder Märchen. Wir beziehen die gesamte Situation, in der die Angst ausgelöst wird bzw. wurde, auf uns selbst.

Angst zwingt zum Hinschauen! Doch der Mensch lernt nur dann, wenn er in seiner Seele offen ist, etwas anzunehmen. Diesen Augenblick müssen Sie abwarten bzw. vorbereiten. Schließlich sollte man ja die Wahrheit einem Menschen hinhalten wie einen Mantel, in den er hineingleiten kann, und sie ihm nicht wie einen nassen Lappen um die Ohren schlagen.

Wir können jede Angst entschlüsseln und psychologisch deuten, indem wir uns ihrem Symbolgehalt nähern. Und wenn wir die Angst immer noch nicht verstehen, stellen wir uns das Extrem vor, jemanden, der diese Angst noch viel stärker hat als wir (bzw. der Betreffende). Dann können wir über die »Sprache der Angst« erfahren, woran jemand krankt und was ihn heilen könnte.

Ein weiterer Ansatz liegt darin, zu studieren, wie sich die Phobie im Verhalten zeigt. Es gibt im Yoga bestimmte Haltungen (»Asanas«). Wenn wir diese korrekt einnehmen, tut uns nichts weh; es gibt aber auch Fehlhaltungen, die schmerzen. So wie es äußere Haltungen gibt, gibt es auch innere Haltungen. Manche inneren Haltungen sind »verbogen« – verbogen aus Angst. Dieser Fehlhaltung gilt es eine stimmige Haltung gegenüberzustellen, in der nichts wehtut, in der wir seelisch eingerenkt sind.

Wie kommen wir jetzt in die Lage, unser Verhalten wahrzunehmen? Indem wir versuchen, uns von außen zu sehen, und uns fragen, während wir uns selbst betrachten: »Was muss das für ein Mensch sein, der solch ein Angstthema hat?«

»Wenn die Angst aufhört,
beginnt das Leben.«

H.R. Hilty

Bei einem Außenstehenden fällt uns das nämlich leichter. Wenn wir jemanden sehen, der im Restaurant das eigentlich saubere Besteck noch einmal poliert, weil er Angst vor Bakterien hat, dann können wir vermuten, das müsse jemand sein, der zu »Schmutz« (und der kommt nun mal vor im Leben) ein gestörtes Verhältnis hat. Vielleicht hat er eine traumatische Kindheit gehabt, in der »schmutzige Phantasien« nicht erlaubt waren, oder ein »Reinheitsideal«, das unrealistisch ist.

Apropos: Der bekannte französische Arzt und Geburtshelfer Frederick Leboyer hat einer Mutter gegenüber ob dieses Reinheitsfanatismus einmal Folgendes gesagt: »Wenn Sie ein steriles Kind wollen, dann müssen Sie es fünf Minuten lang kochen!«

Jemand, der im Restaurant sein Besteck akribisch abputzt oder gar sterilisiert, wird also auch »im richtigen Leben« ein ziemlich »steriler Typ« sein. Gelänge es uns, solch einen Schmutzphobiker dazu zu bewegen, uns seine innere Haltung darzustellen, würden wir vielleicht eine zusammengekauerte, abwehrschwache Haltung feststellen. Aufgerichtet würde dieser Mensch seine innere Strahlkraft entdecken, die seinen inneren und äußeren Schmutz verbrennt. Natürlich fehlt dem Schmutzphobiker auch der Zugang zu dem Ort der inneren Reinheit – im Sinne von »Dem Reinen ist alles rein«!

Manche Therapeuten behaupten, »Angst vor …« bedeute in Wahrheit »Lust auf …«! Dies ist manchmal so, aber nicht immer. Als Faustregel für die Angsteinlösung über das Verhalten kann man jedoch empfehlen: Tun Sie genau das, wovor Sie Angst haben, und finden Sie dabei die innere Haltung (das »innere Asana«), die der Angst standhält.

Dies wiederum ist keineswegs immer wörtlich zu verstehen. Jemand, der Angst vor dem Tod hat, sollte sich natürlich nicht umbringen, sondern das »Wesen des Todes« verstehen, z. B., indem er innerlich Dinge »sterben« lässt, alte, überholte Beziehungen, Vorstellungen etc. Vielleicht mag er, um den Tod besser zu verstehen, auch freiwillig Sterbebegleitung in einem Krankenhaus anbieten – das wäre ein konsequenter und konstruktiver Umgang mit der »Sprache der Phobie«!

Wer Angst vor Schlägereien hat, muss nicht unbedingt andere schlagen oder sich verprügeln lassen, um seine

Angst loszuwerden, sondern sich fragen, wo er sich, vielleicht mit Worten oder Gedanken, »schlagfertig« verhält oder andere verletzt. Er mag sich gedanklich mit dem Thema der Gewalt auseinander setzen und versuchen, zu verstehen, woher die Gewalt kommt, worin ihre Wurzel liegt und wodurch die eigene Gewaltbereitschaft überwunden werden kann.

Es kann auch sein, dass der Betreffende seine Aggressionen verdrängt. Dann hilft ihm womöglich ein Karatekurs oder regelmäßiges Training im nahe gelegenen Fitnessstudio.

Auf der anderen Seite hat derjenige, der Angst vor Schlägereien hat, seine eigene Friedfertigkeit (den inneren Ort der eigenen Friedfertigkeit) noch nicht gefunden. Es gibt eine sehr schöne Geschichte von Paramahansa Yogananda*: Ein Mörder richtete eine Waffe auf ihn und wollte ihn umbringen, und Yogananda lächelte ihn voller Friedfertigkeit an. Der Mörder sank in sich zusammen und wurde sein Schüler!

Wir erkennen an all diesen Beispielen, dass wir stets in beide Richtungen schauen müssen: Bei der Angst vor dem Tod gilt es zugleich, die Lebensangst zu untersuchen, bei der Angst vor Schlägerei sowohl die eigenen unterdrückten Aggressionen sowie die nicht gefundene Friedfertigkeit, so wie eine Münze stets zwei Seiten hat, obwohl es sich doch um ein und dasselbe Geldstück handelt.

Die Vorgehensweise der Einlösung (Erlösung) einer Angst ergibt sich stets aus der persönlichen Disposition

* Vgl. Paramahansa Yogananda: *Autobiographie eines Yogi*, München 1950.

des Einzelnen, der individuellen »Stimmigkeit«. Was für den einen Medizin ist, kann für den anderen Gift sein – und umgekehrt! Mit ein wenig Feingefühl kommen Sie Ihrem Einlösungsweg schon auf die Spur, nämlich jenem, den Ihnen die Angst selbst anbietet...

Einzelne Ängste psychologisch gedeutet

Wir wollen uns nun einmal einige Ängste anschauen, sodass Sie sich – wann immer Sie das Bedürfnis dazu haben – motiviert fühlen, die persönliche Botschaft Ihrer Angst herauszufinden. Sie erhalten hier allerdings nur Anregungen – Hinspüren, was die Angst von Ihnen will, müssen (und dürfen) Sie selbst.

Mögen die nachfolgenden Beispiele in Ihnen die Bereitschaft unterstützen und vielleicht auch die Freude erschaffen, *Ihre* Angst, auch wenn sie hier nicht aufgeführt ist, in die Sprache zu übersetzen und das Geschenk ihrer Botschaft energetisch zu verstehen und positiv umzuwandeln.

Die Angst vor dem Alleinsein

Autophobie* ist nicht die Angst vor Kraftfahrzeugen, wie man vielleicht vermuten könnte, sondern die Angst vor dem Alleinsein.

Jedes Baby hat Angst, wenn die Mutter nicht zu Hause ist. Aus Angst vor dem Alleinsein heiraten viele Menschen – oft vorschnell – und wundern sich, warum sich

* Altgriechisch *autós* = »selbst, eigen, persönlich«.

der Partner bzw. die Partnerin »zu unserem Papa oder unserer Mama« entwickelt.

Die Angst vor dem Alleinsein zu durchschreiten, ist ein wesentliches Erfordernis unserer Entwicklung und wird uns immer wieder begegnen.

Grob gesehen, kann man alle Menschen in zwei Kategorien einstufen, in die Autophoben und die Soziophoben, diejenigen, die Angst davor haben, allein zu sein, und diejenigen, die Angst davor haben, nicht allein zu sein, die Eremiten. Die Präferenz für einen der beiden Pole lässt sich u. a. mit der Struktur des Gehirns in Zusammenhang bringen. Menschen, die eher »stammhirnorientiert« sind (das Stammhirn entwickelte sich schon in der Reptilienzeit), fühlen sich stark auf die Gemeinschaft angewiesen, sie haben eher Angst vor dem Alleinsein und neigen zum Klammern. Das Reptiliengehirn steuert die Instinkte und befasst sich mit dem Überleben. So war das Zusammenhalten innerhalb eines Stammes in früheren Zeiten überlebensnotwendig. Noch heute ist es bei Urvölkern im Dschungel meist so, dass das Ausgestoßenwerden aus der Gemeinschaft den sicheren Tod bedeutet. Menschen, die in ihrer Denkstruktur »großhirnbezogen« sind, neigen eher zur Soziophobie, weil sie Angst haben, durch die Ansprüche der Gesellschaft verbogen und in ihrer Eigenart untergebuttert zu werden.*

Wer vor dem Alleinsein Angst hat, wird sich zumindest einmal in seinem Leben tief allein gelassen fühlen.

* Vgl. Paul McLean: »*The Triune Brain, Emotion and Scientific Bias*«, *in: F. O. Schmitt (Hg.): The Neuroscience Second Study Program*, New York 1970.

Während in dieser Phase seine Autophobie aufwallt, hat er die Chance, sich sein die Abhängigkeit suchendes Verhalten anzuschauen. Er wird auf dem Weg seiner Bedürftigkeit und seinen Süchten begegnen und – günstigstenfalls – seine Souveränität gewinnen.

> Auch allein bist du niemals allein –
> sondern all-eins!

Wenn er klug ist, sucht er die Einsamkeit von sich aus (indem er ein Exerzitium übt, eine einsame Berghütte aufsucht etc.), damit die Lektion zum Alleinsein nicht unter schwierigeren Umständen vom Leben eingefordert wird.

Die Angst vor Autoritäten

Siehe das Kapitel »Furcht als Abwehr von Angst«.

Die Angst vor Beziehungen

In unserer Gesellschaft werden Unabhängigkeit und Sicherheit des Einzelnen angestrebt. Man möchte auf niemanden angewiesen sein und sich von keinem etwas sagen lassen. Jede Art von Abhängigkeit wird abgelehnt. Aber soziale Geborgenheit, Gemeinschaft und Vertrautheit sind ohne Bindung nicht möglich. Hier ist der blinde Fleck so mancher Freiheitskämpfer, ob es sich jetzt um exotische Gurus, Aussteiger oder Hagestolze handelt.

Andere missbrauchen ihre Beziehungen, um, wie das

Wort es sagt, »aneinander zu ziehen«. Man will die Vorteile des Gemeinsamen, nicht jedoch dessen Nachteile, man will sich die Hände waschen – sich aber nicht nass machen.

Am deutlichsten zeigt sich dies beim Geschlechtsverkehr: Wenn der eine sich nur auf Kosten des anderen befriedigen (»sein Programm durchziehen«) will, bleibt die Erotik, das gemeinsame Erleben, früher oder später auf der Strecke. Am Anfang ist man noch froh, jemanden zu haben, mit dem man die eigenen sexuellen Projektionen (erfüllt oder unerfüllt) erfahren kann. Doch je mehr ich den anderen missbrauche, um meine Vorstellungen zu befriedigen, umso mehr Schalheit zieht in das häusliche Schlafzimmer ein.

Wann immer ich eine Beziehung danach bewerte, welche Gefühle sie bei mir auslöst, muss sie mir Angst machen, denn in keiner Partnerschaft kann ich *nur* gute Gefühle haben. Gerade weil eine Beziehung Intimität in sich birgt, bringt sie mich zwangsläufig in eine Achterbahn der Gefühle, bis ich emotional ausgewogen bin. Eine Beziehung zu haben, bedeutet also immer, etwas über Emotionen zu lernen. Sobald ich (emotional) in meiner inneren Mitte und eins mit mir selbst bzw. mit dem Selbst bin, wird mich auch mein Partner nicht aus der Ruhe bringen. Er kann mir allerdings immer wieder mal durch sein »Sosein« aufzeigen, wo ich etwas zu lernen habe.

Natürlich zeigt meine »Zweierkiste« mir auch ein eventuell vorhandenes infantiles Schwarzweißdenken auf. Fehlende »Objektkonstanz« und emotionale Störungen führen gerade bei Beziehungsphobikern dahin, den Partner entweder (in den Himmel hebend) als »nur gut« oder (verteufelnd) als »nur böse« einzustufen. Erst wenn wir erkennen, wie wir Gut und Böse, Gott und Teufel, auf unseren Partner projizieren, wächst in uns die Fähigkeit, diese Projektionen zurückzunehmen und den Partner mit allem scheinbar »Guten« und »Bösen« anzunehmen, wie er *ist*, und auch uns selbst dem anderen so zuzumuten, »wie wir sind«, um uns gemeinsam von dort aus weiterzuentwickeln.

Wenn ich Angst habe, dass mein Partner an mir klammert, muss ich mir anschauen, woran *ich* mich klammere. Habe ich vielleicht Angst, dass der klammernde Partner meine innere Verlassenheit aufdeckt, mir die Maske des »Unabhängigen« durch seine Bedürftigkeit vom Gesicht reißt? Klammere ich mich vielleicht auch heimlich an etwas, z. B. an »gute Gefühle« oder mein »Junggesellendasein«, mit deren Hilfe ich meine Selbstverlassenheit übertünche?

Sobald ich den Kontakt zu dem Selbst gefunden habe und in Stimmigkeit mit ihm lebe, kann der Partner versuchen, zu klammern, soviel er will – ich werde weder darunter leiden noch dadurch in meiner Freiheit beeinträchtigt. Ihr Partner kann androhen, Sie zu erschießen, wenn Sie beispielsweise fremdgingen … und Sie können sich trotzdem frei fühlen. Besteht der Einklang mit dem Selbst nicht, kann Ihr Partner Ihnen alle Freiheiten der Welt geben, und Sie werden sich trotzdem in Ihrer Beziehung eingeengt fühlen.

Der Schlüssel zur Befreiung von Beziehungsangst liegt nicht im »Sosein« des anderen, sondern in der Hingabe des Egos an *das* Selbst – und um die kommen Sie ohnehin nicht herum. Gerade Mann und Frau sind zu verschieden, um miteinander als »zwei Egos« überleben zu können. Jede Beziehung kostet früher oder später das Ego der Beteiligten – oder sie zerbricht bzw. verwelkt.

Wenn ich glaube, eine Beziehungsphobie zu haben, sollte ich mich fragen:

- »Bin ich monomanisch (nur auf mich bezogen)?«
- »Wie sieht es aus mit meiner Beziehung zu mir selbst?«
- »Bin ich mit mir im Reinen?«
- »Bin ich mir selbst ein guter Partner?«
- »Ist der andere mir Freund, Gefährte, Begleiter auf dem Weg oder nur ›Mittel zum Zweck‹?«

Sobald ich bereit bin, einen Raum zu finden, in dem das Selbst im einen wie im anderen auf einer Basis von Ebenbürtigkeit und Wechselhaftigkeit tanzen kann, entsteht dauerhaft jenes »Schweben«, das uns des Egos enthebt und das »Wunder der Liebe« möglich macht – in der Erotik wie in der nichtsexuellen Freundschaft. Das Geheimnis, um eine Beziehung lebendig und glücklich zu erhalten, liegt darin, das Ego zu verlassen und dies als einen Weg »vom Ich zu dem Selbst« zu betrachten. Dieses Selbst wird zwar individuell wahrgenommen, ist aber von dem Selbst des anderen nicht verschieden.

Wo anders als in einer Beziehung kann ich grenzenlos lieben und trotz Angst den Ort der Verheißung entdecken, an dem ich mit und an meinem Gegenüber heil werden kann, sodass meine Beziehung zu einer erfüllenden »Partnerschaft« wird? Allein dies ist schon ein Grund, unsere Beziehung(en) mit täglich neuer liebevoller Aufmerksamkeit zu pflegen.

Zu einer idealen Beziehung braucht es übrigens nur einen! Wenn ich selbst ideal bin, muss, einem geistigen Gesetz zufolge, sich meine Beziehung wandeln – entweder der andere wird auch ideal, oder er verschwindet aus meinem Leben. Nachhilfeunterricht für Beziehungsthemen erhalten Sie übrigens täglich durch das Leben.

Die Angst vor Brücken

Es gibt Menschen, die fürchten sich vor hohen Brücken. Die Angst liegt nicht darin begründet, dass von der Brücke eine direkte Bedrohung für sie ausgeht, sondern u. a. darin, dass sie, ohne es zu wollen, die Brücke zum Anlass nehmen könnten, um sich dort hinunterzustürzen. Ich habe beispielsweise einmal etwas über einen amerikanischen Lkw-Fahrer gelesen, der sich jedes Mal, bevor er über die Chesapeake Bay Bridge (Virginia) fuhr, mit Handschellen ans Steuer fesselte, um nicht übers Geländer zu springen.

Die Angst vor hohen Brücken konfrontiert uns mit den folgenden Fragen:

- »Wo haben wir Schwierigkeiten, etwas zu überbrücken?«
- »Wo zieht es uns angesichts der Unüberbrückbarkeit von Gegensätzen in einen Abgrund?«
- »Wo ist unser Bewusstsein auf dem Weg zu einer neuen Lebensform abgestürzt?«

Metaphysisch gesehen, verweist die Brückenangst auch auf die Angst des Menschen vor dem Sündenfall (»Sturz aus dem Paradies«). In der Kabbala gibt es die »Brücke über den Abgrund«, die wir als Menschen auf dem Weg zu Gott zu überqueren haben (»Abyssus«).

Natürlich will die Angst vor hohen Brücken uns auch darauf hinweisen, dass wir auf unserer (Lebens-)Spur bleiben und uns nicht von den »niederen« Versuchungen in die Tiefe reißen lassen sollen.

Die Angst vor Computern

Wer vor Computern Angst hat, der vertraut wahrscheinlich seinem Verstand nicht. Der Computer ist der Versuch, ein Gehirn nachzubauen. So hat also der Computerphobe wohl Angst vor seinem Denken. Er versteht den Verstand nicht – und deshalb auch nicht seinen PC.

Computerphobie hat nichts mit mangelnder Intellektualität zu tun – es gibt Menschen, die sind sehr intellektuell und trotzdem »computerphob«. Sie denken präzise, halten große Reden, tragen gescheit vor, aber das »Denken hinter dem Denken«, also das, was der Verstand wirklich ist, haben sie offenbar nicht verstanden.

Der Umgang mit meinem PC zeigt mir ziemlich deutlich, wie ich mit meinem Denken umgehe und wie es um mein Denken steht. Computerphobie fordert uns zu drei Dingen auf:

1. das Denken und den PC als Ausdruck des »modernen Denkens« wertzuschätzen, damit auch die Zeit und Gesellschaft, in der wir leben,
2. den Verstand zu verstehen, seine Gesetze kennen zu lernen,

3. zu verstehen, wer wir wirklich sind, und dem Bewusstsein die Herrschaft über den Verstand zu überlassen.

Sobald der Verstand sich selbst erkannt hat, entsteht inneres Schweigen – das Bewusstsein erwacht. Dieses Selbsterwachen ist quasi der »Klempner des Verstandes«, der Virenschutz für meinen geistigen PC. Für mein Bewusstsein ist es dann ein Leichtes, mein Denken (und mein Verhältnis zum PC) in Ordnung zu bringen. Und sobald ich mein Denken angenommen und verstanden habe, verstehe ich auch den Sinn der Computer. Eine große Dankbarkeit dafür, dass sie überhaupt existieren und ihre Arbeit tun, erwächst in mir.

Die Angst vor Dämonen

Siehe den Abschnitt »Die Angst vor Gespenstern«.

Die Angst vor dem Fliegen

Die schwedische Sängerin Agnetha (ABBA) bezahlte wegen ihrer Flugangst ein kleines Vermögen, um einen Reisebus zur Wohnung auf Rädern umzubauen. Sie engagierte sogar einen Chauffeur, der sie durch die Lande beförderte, um nicht fliegen zu müssen.

Die Angst vor dem Fliegen ist derart weit verbreitet, dass Fluggesellschaften inzwischen so genannte Anti-Flugangst-Seminare geben, um die Aviophobiker als Passagiere zu gewinnen bzw. zu behalten. Nach technischen Belehrungen über die Flugsicherheit und dem Erlernen von Entspannungsübungen werden die Teilnehmer allmählich und behutsam vorbereitet, so zu tun, als wenn sie gleich flögen. Zunächst sitzen sie in der Wartehalle. Schließlich kaufen sie ein Ticket und gehen zum Check-in-Schalter. Zu guter Letzt begeben sie sich an Bord, starten zum Flug.

Dass Flugangst heilbar ist, demonstrierte übrigens ihr prominentes Opfer Ronald Reagan. Als er beschloss, Politiker zu werden, ließ er sich erst einmal von diesem Handikap befreien, um im Wahlkampf von Ort zu Ort fliegen zu können. Wir sehen an diesem Beispiel, auch wenn wir kein Schauspieler oder US-Präsident sind, wie bedeutsam die Überwindung von Flugangst sein kann.

Flugängste zwingen zum Loslassen, zum Urvertrauen. Oft berühren sie Muster und Ängste von Beengtsein (Klaustrophobie). Viele Aviophobe leiden unter dem Kontrollverlust, darunter, dass Sie Ihr Leben einem anderen (dem Piloten) in die Hand geben. Oft ist es auch die Konfrontation mit einem ungewohnten Terrain (der Luft), die Angst vor »anderen Dimensionen« oder die Furcht, den Boden unter den Füßen zu verlieren, die Angst macht. Es kann auch sein, dass die Betroffenen Angst vor der modernen Technik haben.

Es gibt Aviophobiker, die aufgrund von Rückführungen behaupten, sie hätten schon einmal gelebt und seien damals mit einer supermodernen Kriegstechnik in Kontakt gekommen, die serienweise zu Flugzeugabstürzen geführt habe, oder sie seien in einem »früheren Leben« abgeschossen worden.

Ihrer persönlichen Flugangst, sofern Sie darunter leiden, kommen Sie auf die Spur, indem Sie sich fragen:

- »Was ist eigentlich so bedrohlich am Fliegen?«
- »Was könnte schlimmstenfalls passieren?«
- »Worin liegt mein Misstrauen?«

Die Flugangst zu überwinden, lohnt sich; denn – wie es Reinhard Mey besang –: »Über den Wolken muss die Freiheit wohl grenzenlos sein…!« Indem ich die Flugangst auf ihre Essenz hin untersuche, erkenne ich klar, was zu tun ist, beispielsweise dafür zu sorgen, dass ich in meinem Leben Boden unter den Füßen habe oder mich mit der modernen Technik anfreunde. Immerhin: Das Fliegen ist – je nachdem, wie man die Statistiken interpretiert – die sicherste Art der Fortbewegung…

Die Angst davor, seine Gefühle mitzuteilen

Der Gefühlsphobiker scheut sich, seine wahren Gefühle zu zeigen, beispielsweise zuzugeben, dass er Angst hat. In der Regel hat er keinen realen Bezug zu seinen Gefühlen und auch nicht zu seinem verbalen Ausdruck. Es ist ein »innerer Transport« zwischen Bauch, Kopf und Hals, der unterdrückt oder misshandelt wurde, unterentwickelt ist oder nie geschult wurde.

Statt zu sagen, dass wir Angst haben, behaupten wir beispielsweise, wir hätten Magenschmerzen. So senden wir immer mehr Signale aus, die gar nicht das besagen, was *eigentlich* mit uns los ist. Das führt dazu, dass wir einander immer schlechter verstehen. Eines Tages haben wir dann tatsächlich Magenschmerzen, das Gefühl ist in die körperliche Ebene abgerutscht.

Psychosomatisch Erkrankte sind oft Menschen, die

ihre Gefühle nicht ausdrücken können oder wollen und versuchen, immer den harmonischen Menschen zu zeigen, intellektuell ausweichen und ihre Gefühle in sich hineinfressen.

Manche haben das Gefühl, dass ihnen regelrecht die Kehle zugeschnürt ist, wenn sie nicht reden können. Falls das lange so geht, bekommen sie wirklich eines Tages eine vergrößerte Schilddrüse. Meist wirkt sich die Angst auf das Organ aus, das wir am meisten beengen oder belasten.

Durch das Zurückhalten von Gefühlen degenerieren wir zu maskenhaften »Kopffüßlern«. Statt den anderen wissen zu lassen, was mit uns los ist, versucht man, die realen Gefühle hinter einer Maske zu verstecken, ist aber gleichzeitig traurig, weil man nicht in seinem Kern erreicht wird. Wenn Sie über Ihre Gefühle zu sprechen lernen, werden Sie merken, was für eine Erleichterung das für Sie bedeutet.

Ein erster Schritt wäre es, seine Gefühle vor sich selbst auszusprechen, z. B. vor einem Spiegel. Ein zweiter Schritt läge darin, »Ich-Botschaften« (»*Ich* habe ein Problem mit der Angst vor …!«) statt »Du-Botschaften!« (»*Du* machst mich krank!«) zu verwenden. Es geht darum, schrittweise wieder zu lernen, seine Signale so auszusenden, dass man verstanden wird. Seine Gefühle mitzuteilen, ist ein Lernprozess auf verschiedenen Ebenen: Zuerst muss ich mich fragen: »Was fühle ich eigentlich gerade? Kenne ich das Gefühl, das ich habe?« Wenn ich das Gefühl, das ich momentan habe, schon länger kenne als die Person, mit der ich das Gefühl soeben erlebe, hat dieses Gefühl mit dieser anderen Person eigentlich nichts zu tun. Die andere Person ist nur Auslöser meines Gefühls.

Wenn ich ein ungutes Gefühl in Zusammenhang mit einem anderen Menschen (Partner, Kollegen etc.) erlebe, ist es manchmal hilfreich, kurz den »Aurakontakt zu brechen«, d. h., aus dem »Dunstkreis« der Person zu gehen, die dieses Gefühl gerade in mir auslöst. Ich sollte also, um meine Gefühle wirklich erfassen zu können, auf einen Spaziergang oder zumindest in ein anderes Zimmer gehen. Dadurch kann ich wahrnehmen, was ich wirklich fühle, und dies in Ruhe formulieren.

Ich sollte dann später versuchen, das, was ich fühle, so exakt wie möglich zu beschreiben, ohne es zu beschönigen, aber auch ohne zu projizieren. Dafür kann es hilfreich sein, die Situation »von außen« zu sehen, so, als sei man ein unbeteiligter Dritter.

Den Aurakontakt gelegentlich zu brechen, um wirklich hinzufühlen, ist übrigens bei »guten« Gefühlen genauso hilfreich wie bei »schlechten«. Es geht in einer Beziehung nicht darum, sich permanent nur »guter« Gefühle zu versichern. Schließlich suchen wir ja die reale Beziehung mit dem anderen, »wie er ist«, und nicht ein Abbild von illusionären Wunschvorstellungen.

Um meine Gefühle in der Beschreibung mit Worten wirklich »treffen« zu können, muss ich in der Lage sein, mich selbst und auch meine Konturen sehr genau zu spüren. Wer keine Konturen (»Individuation«) entwickelt hat, tut sich schwer, auf eine konstruktive Weise seine Gefühle mitzuteilen. Das, was in einem vorgeht, dem anderen verständlich zu machen, ist eine Kunst, die man täglich trainieren kann, z. B. durch Tagebuchschreiben.

Das Mitteilen der Gefühle darf jedoch nicht zum Selbstzweck ausarten. Es geht auch nicht darum, stundenlang zu analysieren, wer was wann wie getan hat oder nicht. Das Mitteilen der Gefühle dient eher dazu, dass man hilft, einander zu »orten«, so wie zwei Schiffe bei schlechter Sicht auch Tonsignale geben, damit sie sich nicht gegenseitig rammen.

Das Mitteilen der Gefühle ermöglicht es, mit dem jeweiligen Gesprächspartner in einen Bereich jenseits der Gefühle zu gelangen, in den Bereich der »Mystik«, in dem das Selbst sich begegnet und von dem wir im Verliebtsein oder anderen erhabenen Augenblicken einen kleinen Vorgeschmack bekommen haben. Unausgesprochene Gefühle, die man gegen den anderen oder sich selbst hegt, wären eine Barriere für dieses »Einssein«. Werden diese Barrieren beseitigt, wird das Selbst im Umgang mit mir, dem anderen und der Welt verfügbar, jene Mystik, von der Joseph von Eichendorff wusste (»Mondnacht«):

»Es war, als hätt der Himmel
Die Erde still geküsst,
Dass sie im Blütenschimmer
Von ihm nur träumen müsst.

Die Luft ging durch die Felder,
Die Ähren wogten sacht,
Es rauschten leis die Wälder,
So sternklar war die Nacht.

Und meine Seele spannte
Weit ihre Flügel aus,
Flog durch die stillen Lande,
Als flöge sie nach Haus.«

Die Angst vor den Emotionen anderer

Lernen Sie, dass Sie mit den Emotionen anderer nichts zu tun haben. Brechen Sie notfalls den »Aurakontakt«; d. h., machen Sie einen Spaziergang oder Kinobesuch, bis der andere sich wieder beruhigt hat.

Lernen Sie, nicht zwanghaft in die Gefühle anderer einzusteigen, und versuchen Sie nicht, deren Gefühle zu verändern. Lernen Sie, Ihre *eigenen* Emotionen zu erspüren.

Die Angst vor dem anderen Geschlecht

In den Welten, aus denen unsere Seele kommt, gilt das Gesetz »Gleich und Gleich gesellt sich gern«. Unsere Gene wollen dahingegen ein »Gegensätze ziehen sich an« (z. B. der Gegensatz von Mann und Frau). Wenn wir jetzt dem anderen Geschlecht begegnen, sind wir in einem Konflikt: Ein Teil von uns will den gleichgesinnten Partner (auf Kosten der Spannung und Erregung), während ein anderer Teil von uns die Gegensätzlichkeit (auf Kosten der Ruhe und der Gelassenheit) sucht. So ist es erklärlich, dass viele Menschen ihren Partner aufregend finden, bis sie ihn sich ähnlich gemacht haben – und dann unter Umständen eine Außenbeziehung suchen, weil sie der fremde Mensch mehr »antörnt«.

Die meisten haben Angst vor dem anderen Geschlecht, ohne es zuzugeben. Frauen haben Angst vor Männern, die »ungefragt in sie eindringen«. Männer haben Angst vor Frauen, die sie »verschlingen«. Viele Paarkonflikte bestehen aus Angst vor dem anderen Geschlecht. Wechselt man die Beziehung, erscheint das gleiche Problem mit einem anderen Gesicht: Die Angst vor dem gegengeschlechtlichen Partner wird auf das neue Gegenüber projiziert, nur vielleicht mit anderen Attributen: Der letzte Partner war »aggressiv«, der neue Partner sitzt nun vielleicht zu Hause und strickt Söckchen, und man leidet entsetzlich darunter, dass er so ein »Langweiler« ist.

Es ist bekannt, dass erst der Mann das Mädchen zur Frau macht. Genauso macht erst die Frau den Jüngling zum Mann. Die meisten Menschen aber bleiben ein Leben lang »eiserne Jungfrauen« oder »ewige Jünglinge«, zumindest seelisch. Sie mögen vielleicht den Koitus vollziehen, aber sich nie ganz einbringen. So leben die meisten Menschen in unerkannter Heterophobie und damit nur in einer *Vorstellung* davon, was es heißt, Frau bzw. Mann zu sein. Sie verpassen das Auftauchen ungeahnter Möglichkeiten im gemeinsamen Experiment des Miteinanders.

»Heterophobie« fordert dazu auf, sich mit der Dualität der Welt und ihrer Gegensätzlichkeit zu beschäftigen, sich mit ihr Schritt für Schritt anzufreunden, sie zu (durch)lieben.

Je mehr ich die Frau bzw. den Mann in mir entdeckt und entwickelt habe, umso leichter fällt es mir, mich dem unbekannten Wesen des anderen Geschlechts zu öffnen. In der astrophysikalischen Entsprechungslehre stehen die Zähne für den Mann (Speersymbol, Mars) und die Mundhöhle für die Frau (Vaginasymbol, Venus). Die Zunge aber, die zwischen ihnen beiden vermittelt, entspricht der gemeinsamen Tochter von Venus (Aphrodite) und Mars (Ares), die »Harmonia« (Harmonie) genannt wird.

Im Idealfall kreieren wir mit dem gegengeschlechtlichen Partner eine Mischung von Gemeinsamkeiten und Unterschiedlichkeiten in einem Tanz der »Harmonie«, in dem es nie langweilig, aber auch nie exzentrisch wird. Heterophobie fordert uns also auf, »das andere« kennen zu lernen, sich auf »das Gegensätzliche« einzulassen und aus diesem im Laufe der Zeit »Harmonie« zu gestalten.

Die Angst vor dem Geschlechtsverkehr

Der Orgasmus ist der »kleine Tod«. Bei der Angst vor dem Liebesakt muss ich auch meine Einstellung zum Loslassen und zum Sterben überdenken. Weitere Hinweise finden Sie im Abschnitt »Die Angst vor dem anderen Geschlecht«.

Die Angst vor Gespenstern

Die Angst vor Gespenstern ist eine Projektionsfläche besonderer Art. Es gibt sie, die unerlösten Seelen, die »hungrigen Geister«, aber auch die »guten Geister«. Doch normalerweise sind wir mit unserem Bewusstsein von der »Welt der Geister« durch tonnenschwere Türen getrennt.

Bei Kindern ist diese Trennung noch nicht so stark. Ihre Seele ist im Zuge ihrer Inkarnation vor kürzerer Zeit durch die astralen Regionen gegangen und erinnert sich noch an sie. Deshalb sehen manche Kinder auch, je nach

Disposition, Feen, Elfen, Zwerge ebenso wie Gespenster und Dämonen.

Unabhängig davon gibt es Jahreszeiten, in denen die »Wand zur Anderswelt« sehr dünn ist – insbesondere die Zeit um Allerheiligen.

Drittens ist es so, dass Drogen für die Einflüsse aus der Geisterwelt öffnen: Alkohol oder im noch schlimmeren Fall Heroin. Auch destruktiver Sex (SM, Vergewaltigung, Lieblosigkeit) kann unerlöste Geister auf den Plan rufen. Deshalb empfiehlt z. B. die Sexuallehrerin Margo Anand, vor dem Liebesakt einen geschützten Raum herzustellen bzw. eine behagliche und liebevolle Atmosphäre zu schaffen.

Psychologisch gesehen, zieht jede Angst das an, was sie befürchtet. So zwingt Sie die Angst vor Gespenstern, sich damit auseinander zu setzen, wie man mit *»dem* Geist« umgeht. Auch *Sie* sind ein Geist, ein verkörperter allerdings. Mit einem Geist geht man am besten um wie mit jedem anderen Wesen, ob verkörpert oder nicht. Sie alle unterliegen den gleichen Gesetzen. Versuchen Sie nicht, Gespenstern mit »Exorzismus« zu kommen, die würden sich halb kaputt darüber lachen und die aggressive Energie, die Sie ausgesandt haben, an Sie selbst zurückschicken.

»Böse Geister« wollen auf Ungelöstes in uns hinweisen, das wir verdrängt oder ausgelagert haben, und zur Schattenarbeit unter der Führung eines kundigen Therapeuten oder spirituellen Lehrers auffordern.

Kurz bevor Buddha seine Erleuchtung erlangte, saß er unter seinem Bodhi-Baum, und alle Dämonen dieser und jener Welt stiegen in seinem Bewusstsein auf. Doch

Buddha blieb unberührt in seiner inneren Mitte. Er nahm wertfrei wahr, was geschah – und alle Dämonen verschwanden. Eine Möglichkeit für den Umgang mit Geistern liegt also darin, Ihnen keine Energie zu geben, sondern in der Position des »reinen Zeugen« zu bleiben. Es ist eine Schulung der Aufmerksamkeit, wie sie u. a. in der Vipassana-Meditation gelehrt wird.

Die Tür zur Anderswelt kann sich auch durch spirituelle Praxis, schamanische Rituale, Energiearbeit oder Channeling öffnen. Doch nicht jeder ist in der Lage, mit diesen Öffnungen umzugehen. Homöopathie und/oder der Kontakt zu den Ursprungsebenen (Gebet, Meditation, Mantra, Selbsterkenntnis etc.) kann unerwünschte Öffnungen wieder schließen bzw. auf eine höhere Ebene verlagern. Stets ist die Gabe, Liebe zu erzeugen, das Heilmittel für *alle* Ängste, einschließlich der vor Gespenstern.

Wenn man Angst vor Gespenstern hat, ist es z. B. auch sinnvoll, die die Vipassana-Meditation zu lernen und sie täglich zirka 15 Minuten zu vollziehen.

Der tantrische Umgang mit Dämonen. Tantra, eine alte Weisheitslehre, sucht den Weg der Vereinigung und Annahme. Manchmal haben wir das Gefühl, dass in uns Dämonen oder böse Geister seien oder wir von einer fixen Idee oder einem unguten Gefühl besessen wären. Hier hilft die liebende Praxis des tantrischen Dialogs.

Nachdem Sie gemeinsam mit Ihrem Partner Ihren »heiligen Raum« geschaffen haben durch Musik, Räucherstäbchen, Kerzen, setzen Sie sich Ihrem Partner gegenüber und versichern sich seiner Liebe. Dann spüren Sie nach, ob sich in Ihnen eine Energie befindet, die der Liebe im Wege steht, z. B. eine Eifersucht, Zorn oder eine Projektion auf den anderen. Im Tantra werden diese zerstörerischen Gefühle und Gedanken »Dämonen« genannt.

Im tantrischen Begrüßungsritual ist es üblich, dass jeder dem anderen seine »Dämonen« vorstellt, und zwar nicht als etwas »Böses«, sondern wertfrei, so als würde er ein Auto oder einen Baum beschreiben.

Die »Zwiesprache der Dämonen« kann dann vielleicht so aussehen: »Mein Dämon heißt Wut.« (Der Betreffende sagt nicht: »Ich habe Wut auf dich.«) – Wertfrei nachspüren, Pause.

Der andere entgegnet: »Ja, und mein Dämon heißt Angst.« – Wertfrei nachspüren, Pause.

So kann es weitergehen, bis man an den Punkt gelangt, dass man sagt: »Weitere Dämonen kann ich nicht aufspüren, ich bin jetzt bereit für die Liebe!«

Anschließend lieben die Tantriker einander frei und unbeschwert. Die »Dämonen« werden nicht vernichtet, »massakriert« oder sonst etwas, es wird ihnen kurz wertfrei die Aufmerksamkeit gegeben und dann wieder entzogen und auf etwas anderes gelenkt.

Geisterphobie durch Selbstannahme auflösen. Ein mutiger Weg ist es, ein Gespenst oder gar einen Dämonen durch Selbstannahme (am besten unter Begleitung eines kundigen Therapeuten oder spirituellen Lehrers) aufzulösen. Die Gesetze für diesen Weg lauten:

- Alles, was Sie belastet, lebt nur durch Ihren Widerstand gegen das Vorhandene. Sobald es Ihnen gelingt, das, was in Erscheinung tritt, wertfrei wahrzunehmen, ohne zu reagieren, verliert es seinen Bezug zu Ihnen.

- Alles, was Sie im Außen belastet, auch jeder Dämon, ist eine Widerspiegelung innerer Seelenzustände, die durch das »Nachspüren bei sich selbst« aufgelöst werden.
- Indem Sie Dämonen und Gespenster, wenn sie auftreten, als einen Teil von Ihnen erkennen, werden sie augenblicklich verwandelt – durch Ihre Liebe.
- Jeder Dämon, den Sie »interniert« haben, ist in das Selbst zurückgekehrt und verschwindet sofort in der äußeren Projektionsfläche.
- Indem Sie sich selbst bzw. Ihr Selbst »erlauben«, verschwinden alle Dämonen dieser (und jener) Welt.

Sie können Ihre Resonanz zu Gespenstern und Geistern loslassen, indem Sie diese, ohne zu verurteilen, liebend wahrnehmen, anerkennen, ihnen dann die Aufmerksamkeit entziehen und sie beispielsweise auf Gott richten. Stets ist es so, dass die Energie der Aufmerksamkeit folgt.

Die Botschaft von Geistern verstehen. Manchmal erscheint ein Geist immer wieder. In diesem Fall hat er eine Botschaft für uns, die wir auch dann verstehen können, wenn sie nicht in klaren Worten ausgesprochen wird.

Jede Wesenheit, ja selbst die scheinbar »tote« Materie lässt sich in eine Klangfolge übersetzen. Der Schweizer Mathematiker und Musikforscher Hans Cousto* hat ein-

* Vgl. Hans Cousto: *Die kosmische Oktave*, Essen 2004.

drucksvoll dargelegt, wie sich sogar Planeten in Klänge übersetzen lassen.

Sie können dies beispielsweise auch einmal spielerisch mit einem Menschen machen, den Sie kennen – Ihrem Freund, Vater, Ihrer Geliebten –, mit einem Tier oder einem Gegenstand. Fragen Sie sich: Wenn diese Person (dieser Gegenstand etc.) eine Melodie wäre, von welcher Art wäre sie? Ein Marsch, ein Walzer, ein Foxtrott? Sie bekommen auf diese Weise eine Annäherung an die nicht sichtbare Essenz dieser Person, dieser Pflanze, dieses Tieres oder auch dieses Geistes.

Erkennen Sie, dass alles, was existiert, ob Materie oder Geister, irgendeine Form dieses Liedes darstellt und als solches allgegenwärtig ist. So erwirken Sie die Gabe, mit dieser Form in Austausch zu treten.

Fragen Sie gedanklich, welche Botschaft der Geist für sie hat, warum Sie genau mit dieser Energie konfrontiert werden, und lauschen Sie mit den »inneren Ohren«. Indem Sie erkennen, was das Gespenst von Ihnen will, kommen Sie dem Geheimnis der Situation auf die Spur. Dies können Sie, indem Sie es als Selbst (telepathisch) fragen oder auch indem Sie der Melodie des Gespenstes mit verständnisvollem und liebendem Herzen lauschen, wie einem Lied. Solange Sie zu einem Dämon noch eine Resonanz haben, haben Sie seine Botschaft noch nicht verstanden. Sobald Sie seine Botschaft erfasst haben, sind Sie frei. Dies gilt für Gespenster ebenso wie für »Hirngespinste«.

Energiearbeit mit einem »Gespenst«? Energiearbeit zu betreiben, bedeutet, anzuerkennen, dass alle Verkörperungen in der Existenz Erscheinungsformen von Energie sind. Sie können alles, was Ihnen entgegentritt, ob Mensch, ob Tier, ob Pflanze, als »Energie« wahrnehmen und behandeln.

Die Umformung von »Formbewusstsein« zu »Energiebewusstsein« ist eigentlich recht einfach. Sie ist vergleichbar mit der Umwandlung komplexer Bilder mittels Datenstrom im Internet. Sie haben eine komplexe Erscheinung, ein Bild, einen Film, vielleicht sogar einen Tonfilm. Und wenn Sie diesen durchs »Internet« schicken, wird er umgewandelt in digitale Signale, in eine »Pulsation«.

Indem Sie in Ihr Selbst (Ihren inneren Raum, Ihre innere Stille, Ihren Gottesfunken) gehen und von dort aus Ihre Aufmerksamkeit auf das »Gespenst« richten, löscht sich die Pulsation der Energie auf null – die Resonanz löst sich auf.

Die Angst und das Jenseits. Sind Sie wirklich bereit, das Leben hier in dieser Welt aus ganzem Herzen anzunehmen? Ein Dauerkontakt mit »Gespenstern« und »Jenseitigem« kann nämlich auf einen »Sog zum Jenseits« hinweisen, darauf, dass ein Teil von Ihnen dorthin »abwandern« möchte – sonst würde dieser Teil ja nicht so viel Aufmerksamkeit bekommen. Es gilt in dem Fall, herauszufinden, was Sie, insbesondere Ihre Seele, brauchen, um sich auf Erden heimisch zu fühlen, z. B., dass Sie vom »positiven Denken zum positiven Leben« kommen.

Wenn jemand behauptet, das Jenseits sei grundsätzlich höher gestellt als das Diesseits, muss man skeptisch sein. Es ist in den allermeisten Fällen nämlich genau umgekehrt: Sie sind begnadet, weil Sie das Geschenk der menschlichen Geburt und damit die Chance, Gott zu erreichen, erhalten haben. Das Nadelöhr, von dem Jesus spricht, findet sich nämlich nicht in einer Weltflucht, sondern darin, die »Presswehen« der materiellen Enge zu nutzen für ein stimmig gelebtes Leben als Mensch. Indem Sie Ihre Aufmerksamkeit auf die Stimmigkeit Ihres Weges konzentrieren, tun Sie in der Regel mehr für Ihre seelische Entwicklung, als wenn Sie im Jenseits hängen blieben.

Wir sollten bedenken, dass die spirituellen Ebenen, zu denen es unsere Seele nach einem stimmig gelebten Leben ziehen wird, um ein Äonenfaches höher stehend bzw. umfassender sind als die Jenseitsebenen, die wir über den Okkultismus erreichen können. Und Sie sollten sich durch nichts in der Welt davon abhalten lassen, diese höheren Ebenen durch gelebte Liebe und Weisheit anzustreben.

Es gibt jedoch auch Menschen, die wohl einfach dazu geboren sind, »in zwei Welten« zu leben (oft erkennt man dies astrologisch an einer Betonung des zwölften Hauses, z. B. Sonne in Haus zwölf, oder an einem stark gestellten Neptun). In solch einem Fall sollten Sie den liebevollen Kontakt zu Seelen im Jenseits, die Sie lieben, beibehalten. Für einen liebevollen Kontakt mit verstorbenen Verwandten und Freunden empfiehlt es sich in dem Fall, am Grab der betreffenden Person zu beten. Das Märchen vom »Aschenputtel« ist nicht nur ein Legende, sondern Sinnbild für die reichen Geschenke, die dem zuteil werden, der »am Grabe der Mutter betend« beiden Welten dient.

> »In meines Vaters Hause sind viele Wohnungen.«
>
> *Joh. 14, 2*

Gespenster, Geister, das können auch unerlöste Seelen sein, die den Heimweg zu Gott noch nicht gefunden haben. Sie können ihnen helfen, indem Sie ihnen gedanklich sagen, dass Gott sie nicht verurteilt hat und sie zurück zu Gott gehen dürfen. Geben Sie ihnen Gottes Segen mit auf den Weg, lassen Sie sie los und wenden Sie sich dann wieder den »Aufgaben des Diesseits« zu.

Was Sie an spiritueller Entwicklung für Ihren »Geist« hier auf Erden in einem Leben vollbringen können, können die Wesen im Jenseits nicht in Milliarden Leben schaffen. Denn jene wachsen nur, wenn ein menschliches Wesen für sie betet. Und dies dürfen Sie natürlich tun. Es ist deshalb segensreich, wenn Sie jeden Morgen für Ihre Ahnen und Verwandten und alle Bedürftigen in dieser und in jener Welt um göttlichen Segen bitten. In jedem Fall geht es darum, zu erkennen, wer Sie wirklich *sind*!

Die Angst vor Gewalt, Schlägereien etc.

Siehe das Kapitel »Erkennen, was die Angst sagen will«.

Die Angst vor dem Glück

Viele Menschen haben Angst vor dem Glück. Sie halten es für flüchtig und befürchten, nach einem Glücksrausch ärmer zu sein als je zuvor. »Zweierlei Glück« gibt es, falsches Glück und wahres Glück. Falsches Glück sollte man fürchten, wahres Glück aber suchen. Doch die meisten Menschen kennen wahres Glück gar nicht, sie kleben an der Auseinandersetzung mit dem »falschen Glück« und verpassen dabei, im scheinbaren Glück wie im scheinbaren Unglück, sich selbst.

Wahres Glück ist nicht »Glückssache«. Doch es gibt ein großes Missverständnis darüber, was Glück ist und wie es entsteht. Unsere so genannten Glücksspiele (die in Wahrheit »Unglücksspiele« sein können, weil sie uns vom Selbst entfernen) fördern dieses Missverständnis. Wenn wir an einem »Glücksspiel« mit fanatischem Eifer teilnehmen, dann tun wir dies doch in dem blasphemischen Glauben an einen »würfelnden Gott«. Und Gott würfelt nicht.

Glück und Wunscherfüllung ist nichts, was einem zufällig zuteil wird, sondern der Anreiz dafür, dass wir versuchen, die geistigen Gesetze zu verstehen und zu leben bzw. uns unter den Schutzmantel der Göttin Fortuna zu stellen. Denn »Fortune« – Glück und Erfolg – ist das Ergebnis einer Tugend für den, der ebendiesen Weg der Tugend wählt. Doch wenn wir gegen derartige geistige Gesetze verstoßen, reden wir uns damit heraus, wir hätten eben »Pech« gehabt.

Wir halten in unserer Gesellschaft Menschen in Ansehen, die sich abrackern und aufopfern für ihren Beruf, ihre Familie, ihre Beziehung, die trotz großen Leidens standhalten, längst überfällige Berufe, Beziehungen, Lebensgewohnheiten verteidigen – und ihre Unbelehrbarkeit nicht einsehen wollen.

Sätze wie »Ich habe es mir nicht so leicht gemacht, ich habe hart gearbeitet, bis es nicht mehr länger ging« klingen heute noch vorbildhaft. Doch kaum einer stellt Fragen wie die folgenden:

- »War es vielleicht deshalb so hart, weil du ständig gegen die geistigen Gesetze verstoßen hast?«
- »Waren deine Kraft raubenden Kämpfe mit deinen Mitbewerbern nicht vielleicht lediglich das Zeichen von mangelndem Feingefühl für das, was sein sollte?«
- »Waren die vielen Überstunden nicht vielleicht nur Ausdruck davon, dass du deine Energie auf Unwesentliches konzentriert hattest und nicht in der Lage warst, zu delegieren?«
- »Ist all dein Schmerz und deine Mühe vielleicht ein Zeichen dafür, dass du ohne oder sogar gegen die Unterstützung der universellen Natur lebst?«

Wir halten die Frau hoch, die sich für ihren Ehemann aufopfert, welcher sie nicht würdigt, und elendig an dieser Ehe zugrunde geht, und fragen viel zu wenig, wo der eigene Beitrag zum Unglück liegt und was man dagegen tun kann. Wenn jemand glücklich ist, das Leben genießt und Erfolg hat, dann gilt das oft als »unsozial«, statt dass man sich fragt, was derjenige, der Glück hat, richtig macht und wo die vermutliche »Untugend« dessen liegt, der vom Pech verfolgt wird. Wir sollten den Pechvogel nicht verurteilen, dies hilft weder ihm noch uns, aber wir sollten uns selbst um Stimmigkeit bemühen.

Wie Alois M. Maier und Ernst Schrott in ihrem Werk *Glück und Erfolg sind kein Zufall** auf eindrucksvolle Weise darstellen, entsteht Schöpfung nicht aus dem Verstand, sondern aus dem Sein, das dabei Gesetze höherer Ordnung verfolgt, die wir aus unserem begrenzten Verstand heraus aber nicht erfassen können und deshalb für Zufall halten.

Glück kommt aus einer anderen Ebene, einer Ebene, die wir nicht sehen können, die aber die Schicksalspläne gestaltet. Natürlich gibt es auch scheinbare Glückssträhnen, wenn jemand sich einer ungelösten »dämonischen« Kraft verschrieben hat (wie Goethes Faust), also der Gier, dem Größenwahn, dem Egoismus etc. – doch solch eine Verblendung (»Ansammlung von Karma«) hält nicht ewig. Der »Dr. Faustus« in uns muss früher oder später im Laufe seiner Überwindung in diesem oder einem späteren Leben das, was er sich aufgrund niederer Beweggründe errafft hat, abarbeiten – indem er erlebt, wie ihm diese Dinge wieder genommen werden. Eugen Roth sagte, der Mensch blicke in der Zeit zurück und sehe: Sein Unglück war sein Glück! Doch die meisten Menschen sind noch nicht einmal bei der Abarbeitung ihres Karmas angelangt, sie häufen es in ihrem »Machbarkeitswahn« weiter pfundweise (als Folge ihrer »Eigenwilligkeit«) an und wundern sich, wenn das Glück scheinbar so flüchtig ist.

* Alois M. Maier und Ernst Schrott: *Glück und Erfolg sind kein Zufall*, Bielefeld 2002.

Wir sollten Respekt haben vor jemandem, der »sein Karma abarbeitet«, uns innerlich vor ihm verbeugen, ihn uns aber nicht als Vorbild für endgültiges Glück nehmen. Es gibt eine Form von Glück, die uns als unser natürlicher Zustand zusteht und deshalb auch als »individuelles Glück« in Erscheinung tritt. Dort, wo der Mensch nicht mehr aufgrund von niederen Begierden oder vom Ego gesteuert ist, sondern dem Selbst die Herrschaft übergibt und die individuelle Stimmigkeit für das große Ganze zum Beweggrund seines Handelns macht, erlebt er beständiges Glück.

Da jeder andere Ursehnsüchte in sich trägt, tritt das individuelle Glück auch individuell in Erscheinung: Wer sich nach einem Leben am Strand sehnt, wird dieses bei entsprechenden Voraussetzungen – unter welchen Umständen auch immer – bekommen, wer seine Bestimmung als Topmanager hat, wird sich wahrscheinlich in einer solchen oder ähnlichen Position vorfinden. Die Angst vor dem Verlust des Glücks überwindet man, indem man seine Bestimmung (»Dharma«), d. h. sich selbst, findet und lebt und *dies* als sein Glück betrachtet.

Ein weiterer Grund für die Angst vor dem Glück liegt darin, dass wir es nicht mit dem Verstand kontrollieren können. Der Verstand kennt kein Glück, versteht es nicht und wird es auch nie verstehen. Der Verstand möchte das Leben in kleine Schubladen einsortieren und es so gestalten, dass stets alles vorhersehbar und berechenbar bleibt. Das Glück aber lässt sich nicht kontrollieren. Es ist wie ein zarter Vogel, der sich auf meine Hand setzt. Sobald ich nach ihm greifen und ihn einsperren will, fliegt er davon.

Um das Glück bei mir halten zu können, brauche ich zwei Dinge: einen »Sing-Ast« (bzw. »Sing-Baum«) in einem offenen Herzen, auf dem sich mein »Glücksvogel« niederlassen kann, und liebevolle, gewährende Gedanken, die dem Glück erlauben, eben so in Erscheinung zu treten, wie es *ihm* gefällt.

Das Verschwinden von Glück ist dann eigentlich ein Zeichen dafür, dass ich diesen Pfad verlassen habe. In der Regel sind es Vorstellungen, Widerstand, Kontrollzwänge gegen das, »was ist«, ein »Nicht-gewähren-Lassen des Lebens«, das zu Unglück führt. Auch ein »Außer-sich-Geraten« vor Glück kann ins Unglück führen. Manche Menschen sabotieren bewusst oder unbewusst ihr gerade erlangtes Glück, nur weil sie ein »sicheres Unglück« besser ertragen können als ein sich ständig wandelndes Glück. Dies ist einer der wahren Gründe dafür, warum die meisten Menschen nur so kurze Zeit im Glück und so lange im Unglück verharren – im Leben wie in der Liebe!

Habe ich Angst vor dem Glück bzw. ein Problem mit dem Glück, sollte ich mich fragen:

- »Welche Glaubenssätze habe ich über das Leben?«
- »Welchen Bezug habe ich zu Glück und Unglück?«
- »Wie gelange ich in die Mitte des eigenen Schicksalsrades?«

Homöopathisch entspricht die Angst vor Glück dem Mittel Narcissus poeticus.

Übung: Glaubenssätze verändern

Als Übung können Sie einmal eine Liste ausfüllen, auf der Sie den Satz »Das Leben ist…« bzw. »Glück ist…« ergänzen und ggf. Ihre Glaubenssätze über das Leben und das Glück verändern.

Die Geschichte von Parzival und dem roten Ritter. Es gibt eine sehr schöne Geschichte zum Thema des »geglückten Lebens«. Sie wurde auf Basis der Artussage weiterentwickelt, ist aber noch relativ unbekannt.

Darin kommt der so genannte rote Ritter vor, der Parzival zum Kampf auffordert. Parzival weiß, dass er gegen ihn nicht gewinnen kann, der Kampf für ihn tödlich enden wird. Der »rote Ritter« gibt Parzival jedoch eine Chance: Sollte er binnen eines Jahres ein Rätsel beantworten, werde er verschont.

Parzival ist gespannt auf das Rätsel, und der rote Ritter stellt die Frage: »Was will das Weib?«

Nun, das ist eine Frage, die hat sich beispielsweise auch Sigmund Freud gestellt; und er musste nach jahrzehntelangem Forschen auf seinem Sterbebett zugeben, dass er darauf die Antwort noch nicht gefunden hatte…

Wie viele Männer heute noch, hatte auch Parzival erst einmal vergeblich nach der Antwort auf die Frage gesucht und ging gesenkten Hauptes zur Burg, wo ihn sein Kampf und damit sein sicherer Tod erwarteten.

Doch auf dem Weg zur Burg begegnete ihm eine alte, hässliche Frau mit einer Warze auf der Nase und Blattern auf der Haut. Diese raunte ihm zu: »Ich weiß die Antwort, und ich gebe sie dir, aber nur, wenn du mich heiratest!«

Und Parzival willigte ein, weil es um sein Leben ging.

Das alte Weib sagte nur: »Souveränität, das Weib will Souveränität!«

Parzival ging zur Burg, präsentierte die Antwort und … sie war richtig.

Auf dem Weg zurück stellte sich die hässliche Frau ihm in den Weg und forderte das Versprechen ein. Und wie das mit Gralsrittern nun mal so ist – die halten ihre Versprechen … In der Hochzeitsnacht aber verwandelte sich die hässliche in die schönste Frau, welche die Welt je gesehen hat.

Parzival war entzückt, doch das Weib fragte ihn: »Parzival, mein Lieber, willst du mich jetzt am Tage schön, wo alle Menschen dich wegen meiner Schönheit bewundern, und nachts hässlich oder willst du mich tagsüber hässlich, sodass du dich meiner schämen musst, aber nachts, wenn wir intim zusammen sind, schön?«

Er sagte: »Ganz wie du willst, mein Liebling!«

Und da war die Holde für ihn am Tage *und* in der Nacht schön. Denn Parzival hatte seine Lektion verstanden – es ging ja um *Souveränität*.

Die Frau in der Parzival-Legende repräsentiert die Göttin Fortuna, die u. a. auch in der zehnten Tarotkarte »Rad des Schicksals« (Große Arkana) und in den »Carmina Burana« von Carl Orff dargestellt wird. Liebe ich die Göttin Fortuna, in welcher Gestalt auch immer sie mir erscheint, wird sie mich segnen – mit Glück. Ich wandle mich von einem Glücksphobiker zu einem Glücksliebenden, schließe Freundschaft mit Fortuna, erlebe »Fortune« und damit das – oft gegen jede Vorstellung verstoßende – Glück meines Lebens.

Die Angst vor Gott

Wenn früher davon gesprochen wurde, man müsse Gott fürchten, dann heißt das noch lange nicht, dass Gott grausam *ist*, sondern man betrachtete die Einhaltung der mosaischen Gesetze und deren strenge Überwachung als die einzige Chance, die Menschen aus dem »Sumpf ihrer Verderbtheit« herauszuziehen. Die Angst vor Gott (ebenso wie die vor Gestalten wie Knecht Ruprecht) wurde missbraucht, um Kinder zu erziehen und Kirchengläubige zu Gottesdiensten und Ablasszahlungen zu zwingen.

In der Regel verkörpert unser Gottesbild zugleich auch unseren Schatten, unser »Ungelöstes«, erkennbar beispielsweise an dem Bildnis des strengen Gottes (s. a. das Kapitel »Die Entwicklung unseres Welt- und Gottesbilds in der Kindheit«). Solange der Mensch Gott als eine »Person« sieht, wird er ihm irgendwelche Attribute zuschreiben. Die Frage ist stets, wie man den Menschen ermuntert, den Weg zu dem Gott zu gehen, der letztlich unsere eingeborene Göttlichkeit repräsentiert.

Wenn Sie »Angst vor Gott« haben, sollten Sie sich aus dieser Angst heraus nicht einem indoktrinativen Glaubenssystem verschreiben, sondern den Mut und die Motivation aufbringen, sich selbst auf die Suche zu begeben, um herauszufinden, wie Gott wirklich ist. Darshan Singh sagte einmal, Gott sei Liebe. Die Seele, die vom gleichen

Wesen sei wie Gott, sei ebenfalls Liebe. Der Weg zu Gott führe deshalb nur über die Liebe. Daher kann man auch sagen: Liebe Gott, den Herrn, und deinen Nächsten *als* dein Selbst!

Um vom Suchen zum Finden zu gelangen, sollten Sie sich von sämtlichen Vorstellungen über Gott befreien. Oftmals projizieren wir auf Gott ja auch gelernte Vater- oder Autoritätskonflikte. Sind diese entlarvt und eingelöst, zeigt sich das Verhältnis zu Gott in einem völlig neuen Licht.

Die Angst vor Höhe

Hier fürchtet man die Abgründe. Solange man einen festen Boden unter den Füßen hat, selbst auf Berggipfeln, macht sich die Höhenangst nicht bemerkbar. Sobald der Betroffene jedoch auf einem hohen Bauwerk steht, fürchtet er sich, über das Geländer in die Tiefe gezogen zu werden. Auch Goethe litt unter Höhenangst, beispielsweise als er das Münster in Straßburg erstieg. Menschen mit Höhenangst bestehen auf Hotelzimmern in den unteren Stockwerken.

Manche verbinden mit Höhenangst die Angst vor »Selbstzerstörung«: »Wenn ich auf einem hohen Balkon stehe, dann habe ich Angst, etwas Böses in mir zwingt mich, über die Brüstung in die Tiefe zu springen!« In dem Fall handelt es sich um einen Angstkomplex, der separat angeschaut und behandelt werden muss, indem man ihn in seine Einzelteile »zerlegt« (s. a. den Abschnitt »Die Angst vor Brücken«):

1. Habe ich die Angst, in die Tiefe gezogen zu werden, kann ich mir folgende Fragen stellen:

- »Wo habe ich keinen festen Boden mehr unter den Füßen?«
- »Wo widerstehe ich der natürlichen Anziehungskraft der Erde?«
- »In welcher Weise habe ich eine ungesunde Beziehung zu dem Erdhaften?«

Indem ich meine Liebe zu dem Erdhaften und Mutter Erde entwickle (empfohlenerweise mit therapeutischer Begleitung), mich von ihr natürlich anziehen lasse, bekomme ich Boden unter den Füßen – auch im dreißigsten Stockwerk.

2. Ist da der Glaube an etwas Böses in einem, das selbstzerstörerisch ist, muss man sich fragen: »*Wer* will denn da überhaupt *wen* zerstören?«

Über die »innere Kommunikation« können diese Anteile sich begegnen, versöhnen und den Konflikt auflösen. In Ihnen ist nichts »Böses«, nur eine Stimme, die lange Zeit unterdrückt war und sich melden will – sie hat eine Botschaft für Sie. Für Jesus hatte diese Stimme (der »Teufel«) auch eine Botschaft, als sie ihn ermunterte, von der Zinne des Tempels zu springen; da er »Gottes Sohn« sei, könne ihm ja nichts passieren …* Die Botschaft, die sie für Jesus hatte, war die, dass er stattdessen den »Weg des

* Vgl. »Jesu Versuchung«, Matth. 4, 5–7.

Menschen« gehen sollte, gern und mit Freude – vielleicht ist dies ja auch Ihre Botschaft?

Die Angst vor der Hölle

Das, was wir heute »Hölle« nennen, war bei unseren Vorfahren ein heiliger Ort. Sie war das Reich der Toten. Im Rahmen der Christianisierung Europas wurden die heidnischen Götter verteufelt: Wer nicht an Jesus glaube, käme an einen bösen Ort. Diesen nannten die christlichen Missionare, aufbauend auf den Namen der heidnischen Göttin »Hel«, »Hölle«.

Bei der »Höllenangst« müssen wir untersuchen, wovor wir eigentlich genau Angst haben. Wenn wir uns davor fürchten, »in die Hölle zu kommen« (weil wir nicht »lieb« waren), beruht unsere Angst auf einem Autoritätskonflikt (»Autoritätsangst«) sowie auf der »Angst vor einem strengen Gott« und ist auf diesem Wege anzugehen.

Es gibt allerdings tatsächlich Orte des Schmerzes, die uns eine Höllenpein verursachen können. Einer davon ist der Körper selbst. Haben wir »höllische Schmerzen«, liegt die Aufforderung darin, diese Schmerzen zu transformieren. Im Tao-Yoga* gibt es die Heilmethode des »inneren Lächelns«. Wenn wir in unsere Organe (Leber, Magen, Darm, Nieren, Herz usw.) geistig hineinlächeln, wird uns vielleicht erst einmal bewusst, was für »innere Höllen« wir durch unseren ungesunden Lebenswandel züchten, und wir beginnen, gesünder zu leben.

Die Energie in kranken Organen fühlt sich tatsächlich

* Vgl. Mantak Chia: *Tao Yoga des Heilens,* München 2001.

heiß und stickig an, so wie wir uns die Hölle vorstellen. Spätestens wenn wir den Körper verlassen (beim Tod), müssen wir diese Energie erlösen – indem wir in diese Orte der Pein hineinlächeln, bis sich die Energie aufgelöst hat. Sinnvoller erscheint es da, unserem Körper bereits zu Lebzeiten zuzulächeln – und ihn eines Tages auch lächelnd wieder zu verlassen.

Eine dritte Höllenangst soll hier ebenfalls angesprochen werden: Menschen, die sich mit Nah- und Nachtoderfahrungen beschäftigt haben, berichten uns, auch im Jenseits gebe es Orte des Schmerzes, die mit unseren Vorstellungen der Hölle vergleichbar sind.

Um die Angst vor dieser Form von Hölle zu erlösen (einzulösen), sollten wir wissen, dass wir nach dem Tod wie ein Magnet an den Ort gezogen werden, den wir am meisten verehren. Stets wird die Energie durch die Aufmerksamkeit bestimmt, auch im Jenseits. Wer Gewalt verherrlicht, wird sich in einer Welt gewaltbereiter Geister wiederfinden; wer die Liebe verehrt, wird sich in einer Welt voller Liebender wiederfinden; wer Jesus oder Buddha verehrt, wird ihnen begegnen, und zwar genau in der Vorstellung, die er verehrt hat – sich aber auch mit seinem eventuell Verdrängten auseinander setzen müssen, denn das Negative, das wir unbewusst in uns hegen, möchte ebenfalls eingelöst werden.

Geistige Energie (gleich, ob »gut« oder »böse«) kann nicht verloren gehen, sondern nur umgewandelt werden. Seelische Höllen bearbeiten wir deshalb am besten, indem wir in uns Licht und Schatten zusammenbringen, d.h. Gebet und Therapie gleichermaßen betreiben, und zwar so lange, bis wir beim Selbst »angekommen« sind.

Wer bereit ist, sich bereits zu Lebzeiten seine »Höllen« anzuschauen, der wird angesichts der Androhungen von jenseitigen Höllen nur noch lachen (oder müde lächeln)! Wenn wir dann eines Tages angesichts der Erfahrung des Selbst wahrhaft zu lächeln verstehen, lächeln im Sinne von »Liebe aussenden«, werden wir auch die jenseitigen Orte ganz schnell durchschreiten und in die Arme Gottes gelangen.

Die Angst vor Infektionen und Mikroben

Bei der Mikrophobie handelt es sich um die Furcht davor, von Mikroben und anderen Erregern infiziert zu werden. Ein prominentes Beispiel dafür war der US-Milliardär Howard Hughes. Er nahm kaum noch Flüssigkeit zu sich, weil er die Keime darin fürchtete, und starb letztlich an Nierenversagen. Mikroben, das sind die »kleinen lebenden Dinge«*. Der Mikrophobie liegt eine falsche Vorstellung von Reinheit und von Kleinheit zugrunde. Der Glaubenssatz, der dahinter steht, lautet beispielsweise: »Das Kleine (die Mikrobe) ist schmutzig und gefährlich!«

Möglicherweise war es die Mikrophobie, die Hughes angetrieben hatte, Milliardär zu werden: War es die Angst davor, unter fünf Milliarden Menschen eine mikrobisch kleine Nummer zu spielen, die ihn zwang, Milliardär zu werden? War er »makromanisch« (süchtig nach dem Großen) als Abwehr seiner Mikrophobie?

Der Schmutz der Mikroben könnte auch einer Angst

* Altgriechisch *mikrós* = »klein, kurz, gering«.

entsprechen, die Hughes vor dem »Milieu« hatte. Die Natur zeigt uns, wie wichtig ihr »Milieu« ist. Das Milieu unter der Erde beispielsweise besteht zu einem großen Teil aus dem, was wir »Dreck« nennen. Doch gäbe es kein Milieu unter der Erde, würde über der Erde nichts wachsen. Mist und Dünger sind oftmals dasselbe. Auch unser Körper braucht sein Milieu: Er besteht zu einem großen Teil aus Bakterien – doch ohne sie könnten wir beispielsweise nichts verdauen.

Wenn ich eine Mikrophobie habe, muss ich mir meine falschen Vorstellungen von Reinheit anschauen und eine Wertschätzung auch für die kleinen Dinge des Lebens aufbringen. Dann finde ich das Kleine und vermeintlich Unbedeutende in mir und kann es lieben, wie es ihm gebührt, dann entdecke ich auch im gesellschaftlichen Milieu, in den Dingen, die mir nicht so ganz rein schienen, das reine, ursprüngliche Sein.

Die Angst vor Krankheit

Die Angst vor Krankheit kann ich loslassen, sobald ich bereit bin, zu verstehen, was mir das jeweilige Symptom sagen will, und entsprechend zu handeln. In meinem Buch *Die Botschaft deines Körpers** finden Sie z. B. für jedes Symptom die entsprechende Ein- und Erlösung. Doch Krankheit ist nicht per se schlecht – sie ist ein Regulativ wie die Angst. So manch einer wird (geistig) gesund durch seine Krankheit und krank an seiner Vorstellung

* Vgl. Kurt Tepperwein: *Die Botschaft deines Körpers. Die Sprache der Organe*, Augsburg 2003.

von Gesundheit, etwa wenn er sich mit Antibiotika und Dopingmitteln voll pumpt, um einer Krankheit oder Schwäche aus dem Wege zu gehen.

Da die Energie stets der Aufmerksamkeit folgt, sollte ich mir bei einer Krankheit oder Angst vor einer Krankheit die Botschaft, die in den Symptomen bzw. in der Angst davor liegt, genau anschauen. Statt ewig an die eventuelle Erkrankung zu denken, sollte ich mich fragen:

- »Was wünscht sich die Gesundheit von mir?«
- »Wie bleibe ich gesund?«
- »Gibt es irgendeinen Bereich, der mir gesundheitlich Sorgen macht, und wozu fordert er mich auf?«

Wenn ich wirklich einmal krank werde, dann sollte ich bereit sein, »an meiner Krankheit gesund zu werden«. Das bedeutet, die Krankheit als Weg zu mir selbst zu nutzen und im Schmerz der Krankheit den Ort zu finden, der von dem Leiden nicht betroffen ist. Dies ist nämlich zugleich auch der einzige Ort, aus dem heraus ich heil werden kann – er ist mein innerstes, göttliches, ewiges und unzerstörbares Selbst. Bin ich jedoch »von unten blockiert«, muss die Lebenskraft wieder reaktiviert werden. Dies ist beispielsweise mithilfe der Homöopathie möglich.

Viele Kranke und Krankheitsphobiker finden Hilfe im Gebet. Unabhängig davon, wie krank oder gesund ich mich fühle: Auf jeden Fall sollte ich für meine Gesundheit und Einsicht in die richtige Lebensweise (= »Gesinntheit«) beten!

Die Angst vor Leidenschaft

In Zeiten der Liebe werden in der eigenen Psyche tief verschwiegene Animus- und Anima-Gestalten wieder belebt, also Seelenbilder, die nun geweckt werden und uns mit unserer Tiefe verbinden. Diese Verbindung von Animus und Anima bewirkt Liebe, Hoffnung, Bereichertsein, Ganzheit. Sie kann aber auch Ängste verursachen, z. B. vor dem, was da noch alles so an verdrängten »inneren Personen« in uns schlummert.

Im Hindu-Mythos von Shiva und Shakti sucht der Liebesgott jeweils eine verwundbare Stelle, auf die er seinen Pfeil richten kann, und trifft mit ihm genau den verletzbaren Punkt, den wir psychologisch gedeutet auch »den Schatten, das Ungelöste, das zu Lösende« nennen. Die Unverwundbaren werden weder mit Leidenschaft beglückt noch mit Leidenschaft geschlagen.

Leidenschaft kann zweierlei bedeuten: Wir können Leiden schaffen, indem wir damit zerstörerisch umgehen, uns beispielsweise eifersüchtig, destruktiv und gemein verhalten. Wir können aber auch durch Leidenschaft alle Unreinheiten in uns verbrennen, wenn wir sie als »Passion« benutzen, also das Feuer, das in der Leidenschaft entsteht, Gott bzw. dem Selbst weihen.

Der Weg der Leidenschaft in der Liebe gibt uns oftmals die Chance, zu den Urbildern der Psyche durchzubrechen und notfalls auch dunklere Gestalten in uns zu erlösen, die auf diesen Akt der Gnade seit Urzeiten gewartet haben.

Manchmal haben wir Angst vor dem Animalischen oder dem Verlust des Verstandes, wenn wir uns der Leidenschaft hingeben. Dann liegt die Aufforderung darin, statt des Verstands die Bewusstheit regieren zu lassen und in ihr zugleich das Feuer und die Trieb- und Schaffenskraft der Leidenschaft zu zelebrieren. Als die »Heilige Mutter« Meera aus Balduinstein/Limburg einmal gefragt wurde, wie sie zur Ausübung von Sexualität stehe, lächelte sie und antwortete weise: »Alles kann Gott geweiht werden!«

Angst vor der Leidenschaft ist Angst vor dem Feuer in uns. Sobald es uns gelingt, mit diesem Feuer unsere Vorstellungen und unser Niederes zu verbrennen, kann das, was wir »Leidenschaft« nennen, zu etwas ganz anderem werden – der Erleuchtung des Bewusstseins und dem Erwachen aus einer Welt der Illusionen.

Die Angst vor der Liebe

Die Liebe scheint »Narren« aus uns zu machen… Liebe könnte so schön sein, und dennoch fürchten wir sie, denn sie droht uns in der Identität zu kränken und unsere Kontrollmechanismen zu stören. Doch darin liegt genau der Reiz der Liebe. Liebe, das kann die schönste Art sein, »den Verstand zu verlieren«.

Aber wenn wir »den Verstand verlieren«, muss etwas anderes da sein, in Erscheinung treten, nämlich Bewusstheit, »Selbst-bewusst-sein«. Ist der Verstand »verschwunden«, jedoch keine Bewusstheit vorhanden, werden wir angesichts der Liebe überflutet mit (bisher verdrängten) Mustern und Emotionen. Und oftmals sind es genau diese Muster und Emotionen, die wir mehr fürchten als die Liebe selbst.

Ein anderer Aspekt der Angst vor der Liebe (und dem »Sichverlieben«) liegt in der Furcht vor dem bösen Erwachen, nachdem die rosarote Brille abgenommen worden ist. Doch auch wenn sie tausendmal herunterfällt, liegt der Liebe eine Wahrheit zugrunde. Denn eigentlich ist die Welt vergleichbar zauberhaft, wie wir sie erfahren, wenn wir verliebt sind. Wir haben nur unser »Verliebtsein« an Vorstellungen gebunden – und diese führen uns früher oder später zu einer »Ent-täuschung«, also zu einer »Befreiung von der Täuschung«.

Sobald wir es aufgeben, uns in ganz bestimmten Vorstellungen darüber zu ergehen, wie das Leben, der Partner, die Beziehung sein sollte, dann können wir es schaffen, unser »In-der-Liebe-Sein« aufrechtzuerhalten: Wir lieben dann das Leben, weil wir »Gott« im Leben erkennen, und wir lieben unseren Partner, auch dann, wenn dieser einmal nicht unseren Erwartungen entspricht – weil wir Gott in ihm sehen. Paramahansa Yogananda sagte einmal: »Wer liebt, wird niemals alt – Gott ist ein leuchtendes Beispiel dafür!«

Während es bei der Amorophobie mehr um die Angst vor dem geschlechtlichen »Lieben und Sichverlieben« geht, handelt es sich bei der Philophobie um die Angst vor der Liebe schlechthin. Philophobe können gemein werden und um sich schlagen, wenn sie geliebt werden: Je mehr man sie liebt, umso schlimmer reagieren sie – weil ihnen die Liebe »ungeheuerlich« ist. Philophobe fürchten, dass, wenn sie zu lieben beginnen, etwas ganz Schreckliches passiert. Vielleicht bricht dann ein Dämon aus ihnen hervor, oder sie werden später verlassen und enttäuscht…?

Wenn wir uns auf die Liebe einlassen, verlieren wir die Kontrolle über uns und unsere Lebensumstände; und wenn wir nie gelernt haben, Urvertrauen zu entwickeln, weigern wir uns, uns in die Liebe hinein zu entspannen. Der Philophobe muss lernen, mit seinem Unterbewusstsein (und mit sich selbst) Freundschaft zu schließen, und beginnen, aus der Tiefe des eigenen Herzens heraus zu lieben – sich selbst und auch genau die Menschen, deren Liebe man am meisten fürchtet.

»Und denkt nicht, ihr könntet den Lauf
der Liebe lenken,
denn die Liebe lenkt euren Lauf,
wenn sie euch für würdig hält.«

Khalil Gibran

Wie Erich Fromm in seinem Werk *Die Kunst des Liebens** eindrücklich darstellt, ist das Lieben keine Sache einer Person, sondern eine Fähigkeit, und sie darf deshalb »Kunst« genannt werden, weil sie erstens nie vollendet ist und zweitens die menschliche Natur – Angst zu haben – übersteigt.

* Vgl. Erich Fromm: *Die Kunst des Liebens*, Berlin 2005.

Die Angst vor Mangel und Armut

Viele Menschen haben, gerade angesichts der heutigen Wirtschaftslage, Angst vor Armut und Mangel, oft ohne zu wissen, dass sie diesen Mangel bzw. das Empfinden des Mangels selbst (mit)verursacht haben. Die Situation in Deutschland ist zurzeit wohl nicht gerade die beste, doch spielt dieser Faktor für den eigenen (bevorstehenden) Mangel bzw. die eigene (befürchtete) Armut in der Regel nur eine sekundäre Rolle.

In *jeder* Wirtschaftslage gab es immer Menschen, die in Armut, und solche, die in der Fülle gelebt haben. Der Primärfaktor für die Entscheidung »Armut oder Fülle?« ist nämlich nicht generell die Konjunktur, sondern der einzelne Mensch selbst. Damit soll nicht schöngeredet werden, dass sich aufgrund der Machtverhältnisse bestimmte Menschen auf Kosten anderer bereicherten und auch heute noch bereichern. Es bedeutet auch nicht, dass ein Einzelner für eine landesweite Not wie etwa in den ersten Jahren nach dem Zweiten Weltkrieg verantwortlich wäre. Hier ist etwas anderes gemeint.

Jeder Mangel ist immer ein Mangel im Geist, genauer gesagt: »an Geist«. Jemand kann sehr klug, vielleicht sogar gerissen sein, strebsam, fleißig, ehrgeizig – und trotzdem im Mangel leben, weil er die Gesetze des Reichtums missachtet. Da bekanntlich jede Angst genau das anzieht, was sie befürchtet, schafft der Kleingeist seinen Mangel selbst, ohne zu wissen, was er da tut und welche Geisteshaltung ihn in den Mangel getrieben hat. Denn es ist das Innere, von wo aus über Mangel und Fülle entschieden wird.

»Der Herr ist mein Hirte,
mir wird *nichts mangeln*.
Er weidet mich auf einer grünen Aue
und führet mich zum frischen Wasser.
Er *erquicket meine Seele*.
Er führet mich auf rechter Straße
um seines Namens willen.
Und ob ich schon wanderte im finsteren Tal,
fürchte ich kein Unglück;
denn du bist bei mir,
dein Stecken und Stab trösten mich.
Du bereitest vor mir einen Tisch
im Angesicht meiner Feinde.
Du salbest mein Haupt mit Öl
und *schenkest mir voll ein*.
Gutes und Barmherzigkeit
werden mir folgen mein Lebtag lang,
und ich werde bleiben im *Hause des Herrn*
immerdar.«

Psalm 23

Wie aber kommen wir vom Mangel in die Fülle, die uns ja sogar biblisch verheißen ist? Um zu bekommen, müssen wir geben! – So einfach ist das. Vielleicht mag der eine oder andere dies für verrückt halten (man hat selbst nichts und soll noch etwas geben, dann hat man ja noch weniger …), aber so ist es nun mal: Gebe, und dir wird gegeben. Wir müssen ja nicht Geld verteilen, wenn wir keins haben, aber wir können Aufmerksamkeit schenken, Arbeitsleistung erbringen und all die Dinge leisten, die hier unter dem Begriff »Dienen« zusammengefasst werden sollen. Sobald wir beginnen, aus dem Selbst heraus zu dienen, können wir unsere Angst um den Mangel vergessen!

Der Dienst am Selbst. Henry Ford sagte einmal: »Erst kommt das Dienen, dann das Verdienen!« Wir beenden jeden Mangel durch Dienen, und zwar indem wir genau auf der Ebene dienen, auf der wir den Mangel verspüren. Brauchen wir materielle Fülle (Geld), müssen wir der »materiellen Fülle« dienen und damit dem Prinzip der Wertschöpfung. Wollen wir Liebe, müssen wir der Liebe dienen, und zwar auch wieder auf der Ebene, auf der wir Liebe wünschen. Hierbei ist der Dienst an der Sinnlichkeit zwischen zwei Liebenden (verkörpert durch die Göttin Aphrodite) nicht besser und nicht schlechter als der Dienst an der fürsorglichen Liebe (verkörpert durch das Prinzip der Caritas), in jedem Fall geht es um einen »Dienst am Selbst«, nicht um den Weg dorthin. Man kann einen Berg vom Süd- oder vom Nordhang aus besteigen. Entscheidend ist es, sich vom Gipfel, ebendem Selbst, anziehen zu lassen.

Zu dienen ist einer der schönsten Wege, nicht nur um Mangel, sondern auch um Dominanz, Manipulation und Missbrauch vorzubeugen. All diese Missstände leben nämlich nur durch unseren Widerstand gegen das Dienen. Jesus Christus drückte dies deutlich in einem Gleichnis über die Feindesliebe aus. Er sagte: »Und wenn dich jemand nötigt *eine* Meile, so gehe zwei mit ihm!«* Das Gleichnis bezieht sich auf die Zustände seiner Zeit. Damals war es das Vorrecht der römischen Besatzer, dass sie jeden Einheimischen zwingen konnten, ihnen eine Meile lang das Gepäck zu tragen. Wenn wir freiwillig »eine zweite Meile gehen«, werden wir ein Wunder erleben; doch das Wunder kann nur der erfahren, der diese »zweite Meile das Gepäck getragen« hat.

Es gibt Menschen, die behaupten: »Ich habe ein Leben lang gedient, kaum einer hat es mir je gedankt – und nun bin ich ärmer als je zuvor!« Jemand, der so spricht, hat wohl niemals wirklich gedient, er hat lediglich »Opfer gebracht«. Wenn jemand beispielsweise sein Dasein damit fristet, den Vorstellungen und Erwartungen anderer gerecht zu werden, ihnen Honig um den Bart zu schmieren und ihnen zu schmeicheln, obwohl er es gar nicht so meint, dient er nicht, sondern verschaukelt nur die anderen – und sich selbst.

Zu dienen bedeutet nicht, sich zu quälen und für andere von morgens bis abends die Treppen zu putzen, den Mülleimer hinauszutragen usw. Zu dienen kann sich in Hausarbeit zeigen, aber es bedeutet vor allem, dem Selbst zu dienen, zu sorgen, zu pflegen und aus unserem Körper einen Tempel, die Wohnstatt Gottes zu machen, indem Sie ihn ehren. Ferner bedeutet es, Ihren Partner so zu lieben, als hätten Sie Gott bzw. die Göttin persönlich im Arm, und auf die gleiche Weise mit ihm/ihr zu sin-

* Matth. 5, 41.

gen, zu tanzen, zu sprechen. Dienen erwartet keine Gegenleistung, nicht einmal »ein gutes Wort« vom anderen; es geschieht absichtslos, ohne etwas hinzuzufügen oder etwas wegzunehmen.

Solange wir uns weigern, zu dienen, setzen wir unweigerlich das »Gesetz des Mangels« in Gang. Ein etwas alltäglicheres Beispiel soll das verdeutlichen: Nehmen wir einmal an, jemand bittet Sie um einen Dienst und Sie antworten: »Kommt überhaupt nicht infrage, ich muss Geld verdienen, ich habe sowieso zu wenig Zeit, mir fehlt dies, und mir fehlt jenes …« Wie Sie wissen, ist jeder Gedanke, auch der nicht ausgesprochene, eine Ursache, der eine entsprechende Wirkung folgt. Was für eine Ursache setzt jemand in die Welt, der so abschlägig auf eine Bitte reagiert? Die Geisteshaltung, die solch ein Mensch repräsentiert, ist doch: »Ich bin nicht in der Fülle!« – Und weil das Leben stets unsere Geisteshaltungen ausdrückt, behält er auch seinen Mangel.

Sobald wir »Dienmut« aufbringen, setzen wir damit das Gesetz der Fülle in Gang. Auch dafür ein Beispiel: Jemand bittet Sie um einen Dienst. Sie helfen ihm, weil Sie aus Ihrem inneren Selbst heraus wissen, dass Sie genug Kraft und Zeit haben, Ihr Tagwerk trotzdem zu schaffen. – Welche Ursache schaffen Sie in dem Augenblick? Natürlich eine der Fülle. Sie müssen ja eine »Haltung von Fülle« einnehmen, um überhaupt wirklich dienen zu können.

Jesus Christus sagte: »So jemand will der Erste sein, der soll der Letzte sein von allen und aller Diener.«* Wer

* Markus 9, 35.

allen dienen kann, ist der Größte, der Reichste, sonst könnte er gar nicht allen dienen.

Wie aber erreiche ich den Zustand, dienen zu können, und woher erhalte ich die Kraft zum Dienen? Es gibt zwei Wege, um in diese Kraft zu kommen, und beide sind gleichwertig:

1. Zum einen kann ich »um einen Dienst bitten«, also darum, dass Gott bei dem, was zu tun ist, durch mich handelt;
2. zum anderen kann ich mich um Selbsterkenntnis bemühen.

»Um einen Dienst zu bitten«, ist die Praxis in vielen religiösen Orden. Die wunderbare Qualität, die darin liegt, wird nur selten verstanden. Dies klingt in einer Welt, in der wir Mangel empfinden, wie reiner Masochismus: »Das Leben ist eh schon schwer genug, ich bekomme sowieso nicht, was ich brauche; und dann soll ich auch noch ›Mutter Teresa‹ spielen?«

Doch so ist das mit dem Dienen nicht gemeint. Zu dienen, bedeutet nichts anderes, als die Voraussetzungen dafür zu schaffen, dass Gott (das Selbst) durch Sie handeln kann! Und darum sollten Sie eigentlich jeden Morgen bitten, dass sich bei Ihnen heute ein Mensch einfindet, dem Sie (als Selbst) dienen können.

Der zweite Weg, um an die Kraft zum Dienen zu kommen, liegt darin, zu erkennen, wer Sie *wirklich* sind. Sobald Sie sich zu schlapp, müde, bequem zum Dienen fühlen, fragen Sie sich: »Wer ist es überhaupt, der da zu schwach zum Dienen ist?« Ihr wahres Selbst mit Sicherheit nicht!

Sobald ich weiß, »wer ich bin«, erkenne ich, dass Dienen nichts anderes als eine Methode ist, mich auf der physischen Ebene mit göttlicher Kraft aufzuladen. Wenn Sie dienen, dann handelt das Selbst bzw. Gott durch Sie. Dann ist Dienen keine Mühsal und verbraucht keinerlei Energie, sondern gibt Energie, Ihnen und den anderen. Es beseitigt sofort jeden Gedanken an Mangel. Das Geheimnis um das Dienen ist also die Frage, *wem* Sie dienen und *als wer* Sie dienen!

Natürlich sollten Sie sich nicht von jedem Bittsteller die Zeit stehlen lassen, aber ein kurzes, liebevolles Wort und vielleicht sogar auch eine kleine Hilfe, und wenn sie nur in einem Lächeln liegt, dürfte schon drin sein. Der Selbstverwirklichte dient nicht nur aufgrund der geistigen Gesetze, es ist ihm ein innerstes Anliegen.

Dort aber, wo Sie nicht dienen können, weil Sie selbst noch etwas »brauchen«, sollten Sie zu Ihrem Mangel stehen und ihn durch Erfüllung (das ist etwas anderes als Suchtbefriedigung) auflösen. Auch mit einem ehrlichen »Nein« zu Anforderungen, denen Sie nicht aus sich selbst heraus entsprechen können, haben Sie gedient, und zwar sich selbst. Sie haben nein zu den anderen und ja zu sich selbst gesagt; und das ist besser, als wenn Sie ständig ja zu den anderen und nein zu sich selbst sagten. Nichts ist scheinheiliger als ein Dienst, den wir uns aus Berechnung oder wegen der Moral (weil man das von uns erwartet) aufzwingen: Ein *gesunder* Egoismus ist dann immer noch besser als ein krankhafter (scheinheiliger) Altruismus!

Der Maßstab für das Dienen ist immer die Anstrengung. Sobald das Dienen oder der Gedanke daran zur

Bürde wird, ist dies ein untrügliches Zeichen dafür, dass Sie in diesem Bereich noch nicht im Selbst sind. Ich kann dann noch einmal in mich gehen und wahrnehmen, ob die entsprechende Aufgabe nun dem Selbst entspricht, oder Gott bitten, durch mich zu handeln. Doch wenn es dann immer noch anstrengend ist, sollte ich erst einmal mir selbst dienen. Nähren Sie sich, geben Sie sich, was Sie zu brauchen glauben! Ein Auto, das defekt ist, kann kein anderes Auto abschleppen! Ein Schwimmer, der einen Krampf im Bein hat, kann keinen anderen Menschen aus dem Wasser ziehen!

Dienen heißt, den Mangel zu besiegen

- Wer seinen *Körper* darin trainiert, zu dienen, dessen Körper wird stark, frei von Phlegma, frei von Angst!
- Wer seinen *Geist* darin trainiert, beim anderen Einsicht anzuregen, dessen Verstand wird demütig, liebend, frei von Angst und sehr klar.
- Wer seine *Emotionen* darin trainiert, dem anderen in seinen emotionalen Prozessen beizustehen, dessen Gefühle werden souverän, transformierend, frei von Sucht und Angst, ausgestattet mit zunehmend wachsender Feinfühligkeit.
- Wer seine *Seele* darin trainiert, im anderen die Wahrheit hinter dem Schein zu sehen und nicht auf Rollen, Muster, Gewohnheiten hereinzufallen, dessen Seele erwacht aus dem Schleier der Illusionen und entdeckt die Kraft, jede auch noch so beängstigende Situation aus der Kraft des Selbst zu wandeln.

In vielen Gebetskreisen und auch bei einigen Indianerritualen (Schwitzhütten) ist es üblich, zuerst für sich selbst zu bitten, bevor man anderen dient. Dies erscheint sinnvoll. Denn ist man selbst genährt, hat man genug Kraft (und Freude!!!), andere zu nähren. Ist man selbst glücklich, macht es einem Freude, in fremde Augen zu schauen, zu deren Glück man beigetragen hat. Ich muss erst haben, damit ich geben kann! Dann, wenn ich habe, sollte ich geben, was das Selbst »von selbst« gibt!

Die Angst vor Neuem

Wer sich vor Neuem fürchtet, der hat Angst vor dem Leben und seiner Unberechenbarkeit. Er ist rigide, d. h. starr, in Bezug auf seine vertrauten Lebensumstände. Die Ursache für Neophobie ist ein eingerosteter Verstand, der an alten Vorstellungen haftet und sich weigert, sich wieder einmal neu zu organisieren. Doch das einzig Sichere und Stabile (und auch aufregende), das es im Leben gibt, ist die Veränderung.

»Werd ich zum Augenblicke sagen:
Verweile doch! du bist so schön!
Dann magst du mich in Fesseln schlagen,
Dann will ich gern zugrunde gehn!«

Goethe

Indem ich erlaube, dass das Leben jeden Tag neu gestaltet und dabei auch mich verändert, bleibe ich am und im Leben und dadurch eins mit meiner Bestimmung. Irgendetwas in mir wird schon in der Lage sein, mit dem Neuen und Unerwarteten umzugehen – und was hab ich schon zu verlieren …?

So ist das Leben: Wir haben eine Reise gebucht und sitzen in einem Zug. Die verschiedensten Landschaften ziehen vorüber. Genießen wir die Abwechslungen dieser Reise. Alle Veränderungen betreffen ohnehin das, was Sie nicht sind: Sie *selbst* bleiben immer noch der Gleiche – also, was gibt es zu fürchten? Genießen Sie die Veränderung und gehen Sie harmonisch und stimmig, also nicht panisch damit um!

Die Platzangst

Mit Platzangst ist hier nicht die Agoraphobie – die Angst beim Überqueren freier Plätze – gemeint, sondern die Klaustrophobie: So nennt man die Angst, eingeschlossen, eingeengt, eingesperrt zu sein. Platzangst tritt in geschlossenen Räumen auf, sei es in einer Bar, im Kino, im Fahrstuhl oder Tunnel. Menschen, die Angst vor dem U-Bahn-Fahren haben, nehmen deswegen kilometerlange Umwege in Kauf. Bei einer Sonderform der Platzangst vermeiden es die Betroffenen, sich enge Rollkragenpullover über den Kopf zu ziehen.

Um der Platzangst auf die Spur zu kommen, müssen wir erkennen, dass wir ein geistiges Wesen sind, das sich in einem Körper befindet, ein »Geist in der Flasche«. Als »Geist« waren wir unendlich groß, konnten durchs ganze

Weltall fliegen; und nun, da wir durch einen Körper begrenzt sind, kommen wir uns beengt vor. Diese »innere Enge« erleben wir dann angesichts äußerer Beengungen.

Wir befreien uns von unserer »Platzangst«, indem wir erkennen, wie wir die Enge an Körper, Seele und Gefühl auflösen. Hier helfen möglicherweise Bioenergetik oder auch Meditationen, mit deren Hilfe wir das Körperbewusstsein übersteigen können.

Die Aufforderung der Klaustrophobie ist aber auch, sich mit der Enge in unserem Inneren und in unserer nächsten Umgebung anzufreunden. Enge ist nicht nur ein Mangel, sondern sie hat auch eine Qualität: Wäre ein Fluss nicht »beengt« (durch seine Ufer), würde er »ausufern«, das Land würde versumpfen. Indem er die Enge »akzeptiert«, fließt er, der Schwerkraft gehorchend, zielsicher ins Meer.

So ist auch der menschliche Weg durch die Enge, die uns ja bereits im Geburtskanal begegnet ist, ein Weg, der uns zum Ozean unseres eigenen Bewusstseins führt. Sobald wir die Enge des menschlichen Lebens akzeptieren und uns von dem Leben führen lassen, werden wir feststellen, dass unser Bewusstsein darin wunderbar Platz hat.

Die Angst vor dem Schicksal

Die Angst vor dem Schicksal geht von einem ungerechten Gott aus, der dem einen eine böse Schwiegermutter und dem anderen sechs Richtige im Lotto zuteilt – ohne Ansicht der Person. Insbesondere Hysteriker verfügen über diese Angst. In einer Welt von Zeit und Raum gibt es jedoch keine Wirkung ohne Ursache.

Als der Mensch aus dem Urwald in die Savanne gezogen war, entwickelte er im Laufe der Zeit ein verfeinertes Verständnis für das Gesetz vom »Säen und Ernten«, also von »Ursache und Wirkung«. Man musste nicht mehr hungrig den ganzen Tag jagen und sammeln in der Hoffnung, abends genug zu essen zu haben, sondern konnte selbst Samen in die Erde stecken und nach der Ernte einige Monate davon leben.

Leider beherrschen auch heute erst die wenigsten Menschen den »geistigen Ackerbau«. Dieser besteht darin, die eigenen Samen, d. h. die von Gott gegebenen Gaben, zum Keimen zu bringen und sich als den Weinberg zu erfahren, der aus sich selbst die köstlichsten (Schicksals-)Trauben hervorbringt. Indem ich die Verantwortung für mein Schicksal, wie immer es sein mag, übernehme, verliere ich meine Angst davor.

Alles, was geschieht, ist auf einen Verursacher zurückzuführen. Indem ich mich selbst als die Ursache von allem, was mir geschieht, anerkenne, übernehme ich Verantwortung für mein Selbst. Ich erkenne, wie Schöpfung geschieht und wie sehr ich die Ursache für das bin, was mir passiert. Indem ich zunehmend stimmig handle, erlebe ich mehr und mehr stimmige (Aus-)Wirkungen.

Es gibt noch einen zweiten Weg, mit der Angst vor dem Schicksal umzugehen, den des Dharma, auch »Weg der Bestimmung« genannt. Dieser Weg ist geeignet für Menschen, die eher rezeptiv veranlagt sind und nicht so sehr auf das Säen und Ernten schauen wollen. Jeder erhofft sich ja irgendwo ein gutes Los. Und so gibt es diejenigen, die Gott oder die »Schicksalsgöttinnen« flehend darum bitten. Dann gibt es jene, die nicht an Gott oder die Schicksalsgöttinnen glauben, weil sie viel Leid erfahren haben. Und dann sind da noch solche, die keines von beidem tun, sondern den Schicksalsgöttinnen, Gott bzw. »einer höheren Macht« die Führung über das eigene Leben überlassen und im Zuge der weisen Führung und bemerkenswerten Zusammenhänge im Laufe der Jahre erfahren, dass es Gott bzw. die Schicksalsgöttinnen gibt. Letztere gehen ihrer Erfüllung und Bestimmung (= Dharma) über den Weg der Hingabe entgegen; auch diese Gruppe von Menschen wird keine Angst vor dem Schicksal haben.

Derjenige aber, der glaubt, Gott »würfele« bei der Zuteilung des Schicksals, dem ist nicht anders zu helfen, als dass er sich einmal genau anschaut, vor *welchem* Los er sich eigentlich fürchtet, und ebendiese dahinterstehende Angst bearbeitet.

Die Angst vor unserem Schicksal beenden wir, indem wir uns mit ihm anfreunden, es nach besten Kräften mitgestalten und/oder uns aus unserer innersten Aufrichtigkeit heraus von Gott bzw. dem Leben führen lassen, was in letzter Konsequenz dasselbe ist.

Die Angst vor Schlangen

Schlangen werden allgemein als gefährlich angesehen, obwohl die Gefahr, von einer tödlich gebissen zu werden, wesentlich geringer ist als beispielsweise die, bei einem Autounfall ums Leben zu kommen. Dennoch empfinden wir beim Anblick eines Autos keine Angst, während die Schlange uns fürchten lässt.

Wahrscheinlich handelt es sich bei der Angst vor Schlangen um eine Urangst, möglicherweise sogar um ein er-

erbtes Verhaltensmuster. Die Entwicklung von Angst bei Kindern gibt interessante Hinweise: Ein Kind von zwei Jahren zeigt keine Angst beim Anblick einer Schlange, vielleicht, weil es als Säugling sorgfältig behütet wurde. Im Alter von drei Jahren reagiert es mit körpersprachlichen Verhaltensweisen, die Vorsicht signalisieren. Im Alter von vier Jahren zeigt es starke Angst, die mit sechs Jahren ihren Höhepunkt erreicht. Danach lässt diese Angst wieder nach.

Es gibt Psychologen, die bringen die Angst vor Schlangen mit dem Sündenfall in Verbindung und mit der Verführung zum Verbotenen. In Träumen ist die Schlange ein Symbol für den Sex. So kann es ratsam sein, bei einer Schlangenangst einmal unsere Einstellung zur Sexualität zu überprüfen.

Ein weiterer Einlösungspunkt kann darin liegen, das »sich verborgen und unerkannt durch unsere Psyche Windende« zu betrachten, das plötzlich und unerwartet Gift verspritzt.

Wenn ich Angst vor Schlangen habe, kann ich mir folgende Fragen stellen, um einen ersten Schritt zur Überwindung dieser Phobie zu tun:

- »Wo bin ich falsch, mich windend oder giftig wie eine Schlange?«
- »Hege und pflege ich unerkannt eine Schlange in meiner Brust – oder verführerische, sich schlängelnde Gedanken?«
- »Wo würge ich andere ab, z. B. mitten im Gespräch (bei Angst vor Würgeschlangen), oder lasse ich mich von anderen ›einwickeln‹?«

- »Gebe ich meiner inneren Schlange die Führung oder meinem Selbst?«

Homöopathisch kann ich einer Angst vor Schlangen abhelfen, indem ich genau das Mittel zu mir nehme, vor dem ich eigentlich Angst habe, z. B. Schlangengift in hoch potenzierter (verdünnter, ungefährlicher) Form (etwa Lachesis).

Die Angst vor Schmutz

Siehe das Kapitel »Erkennen, was die Angst sagen will«.

Die Angst vor der Sexualität

Wer die Sexualität ablehnt oder fürchtet, der fürchtet auch das Menschsein. Mehr als irgendwo sonst ist der Mensch im Geschlechtsleben »kreatürlich«, und gerade dort besteht – mehr als auf jeder anderen Ebene – die Chance, Masken abzunehmen und das Selbst zuzulassen. Doch genau dies fürchten viele.

Erotophobie und Lüsternheit sind dabei keinesfalls Gegensätze, sie sind oftmals zwei Seiten derselben Medaille. Die Angst vor dem unmittelbaren Sicheinlassen auf die gewaltige Kraft der erotischen Begegnung übertünchen wir mit nackten Frauen an jedem Zeitungskiosk und Pornos im Internet bis zum Abwinken. Wir setzen die Sexualität an jeder Straßenecke für Werbezwecke ein – und verpassen genau dadurch den Kontakt zu unserem eigenen Eros. Es ist die Abwehr des Eros, warum wir so sexualisiert sind: Wir benutzen den Sex, um für Deosprays zu werben, statt im häuslichen Schlafzimmer das Mysterium der sexuellen Vereinigung auf dem Altar des eigenen Doppelbettes zu vollziehen. Wer sich stundenlang im Internet oder im Fernseher die verschiedensten Fotos und Filme kopulierender Paare anschaut und dorthin seinen Eros projiziert, darf sich nicht wundern, wenn im heimischen Schlafzimmer nur noch Verdrängungsrituale stattfinden.

Angst vor Sex ist auch Angst vor der Gegensätzlichkeit, der Dualität, dem anderen (s. a. den Abschnitt »Die Angst vor dem anderen Geschlecht«). Darüber hinaus kann sie die Furcht vor Impotenz und Frigidität sein, davor, ausgelacht, nicht geliebt und nicht so angenommen zu werden, wie man (sexuell) wirklich ist. Angst vor dem Geschlechtsleben ist ebenso Angst vor der tiefen Begegnung, die unter die Haut geht und die Wahrheit über uns selbst und den anderen hervorbringt. Die Angst vor Sex ist oft auch noch gekoppelt mit zwei weiteren Phobien: der Angst vor Nähe und der Angst davor, seine Gefühle auszudrücken.

Wir fürchten aber auch die Ehrlichkeit, mit der unser Körper unsere sexuelle Liebesfähigkeit widerspiegelt: Beim Koitus können wir unmittelbar erfahren, ob wir in der Lage sind, zu 100% zu lieben und uns auf die Liebe einzulassen oder nur zu 50%, 70% oder 90%. Bei geistig-religiösen Formen der Liebe können wir »so tun, als ob«, uns dabei heilig, gläubig oder liebevoll vorkommen – und uns selbst eine Zeit lang täuschen. Der Sex hingegen zeigt direkt und unmittelbar an, was mit uns los ist.

Wer beim Sex versucht, dem anderen etwas vorzumachen, der spürt, wie er sich selbst etwas vormacht und den anderen um die ganze Tiefe eines wahrhaft erfüllenden Miteinanders betrügt. Er macht auch im »restlichen« Leben sich und dem anderen etwas vor. Ein feinfühliger Partner wird merken, ob der andere simuliert. Er spürt es am Widerstand der Haut und an den vielen subtilen Dingen, die uns sonst so leicht verborgen bleiben.

Angst vor Sex ist Angst vor der Hingabe, vor dem »Vollzug«, vor der Körperlichkeit, vor dem, was uns menschlich macht, auch die Angst, durch Sex zum »Tier« herabgewürdigt zu werden, davor, unbeabsichtigt wie ein Schwein zu grunzen, wie ein Tiger zu brüllen oder sonst wie die Kontrolle zu verlieren. (Osho sagte einmal so treffend: »Werde zum Tier und erfahre dich so als Gott!«) Die Schönheit, die im Sex liegt, ist seine Totalität, seine Kompromisslosigkeit, seine völlige Hingabe: Entweder wir begehren sexuell und vollziehen den Geschlechtsakt – oder nicht.

Wer Angst vor dem Geschlechtsakt hat, der hat möglicherweise noch nie sexuelle Erfüllung erlebt. Er hat vielleicht koitiert, aber noch nie das Wunder erfahren, in welchem Ausmaß stimmig gelebter Sex den Menschen zu sich selbst zurückbringen kann. Er hegt ein tiefes Missverständnis darüber, was Sex in Wirklichkeit ist, und ist möglicherweise voller falscher Glaubenssätze, die es aufzulösen lohnt.

Was wäre jetzt ein Ausdruck von erfüllendem Sex? Es wären die lustvolle, angeregte, interessierte, gegenseitige Durchdringung zweier Welten, die Prozesse des Sichkennens und Erkanntwerdens, verbunden mit der Erfahrung und der Sehnsucht nach Lebendigkeit, »geglücktem Leben«, Ganzheit, Identität, Entgrenzung und Verbindung mit »etwas, was über uns hinausgeht«. Erfüllter Sex ist auch praktizierte Gottesliebe, dargestellt in der Positur eines »Körpergebetes zu zweit«.

Damit diese Erfüllung geschehen kann, bräuchten wir in unserer Gesellschaft eine wirkliche erotische Kultur, wie es sie im alten Griechenland gab, und die Bereitschaft, das Geschlechtsleben nicht als Konsumartikel zu betrachten, sondern als etwas, was kunstvoll gepflegt und im Laufe der Jahre zum Wachsen gebracht werden möchte.

Leider üben sich relativ wenige Menschen darin, diese Innigkeit mit einem geliebten Menschen zu entwickeln: 70 % der Frauen und 75 % der Männer, die länger als fünf Jahre verheiratet sind, haben gemäß einer repräsentativen Umfrage aus dem Jahre 2004 außerehelichen Geschlechtsverkehr, den sie als aufregender empfinden als den Sex mit dem langjährigen Partner. Oft zeigt sich hierbei das Fremdgehen lediglich als eine Kompensation bestehender Sexangst (»Flucht in die Ablenkung«). Es reizt der neue Kick, nicht das, was aus dem Bestehenden mithilfe eigener sexueller Ressourcen möglich gemacht werden kann. Hinter dem Fremdgehen steht oftmals auch noch eine andere Angst: die vor der Leidenschaftslosigkeit. Dieser begegnen Sie am besten, indem Sie ein aufrichtiges (!) Interesse an Ihrem Partner pflegen und beibehalten. Dann kommt die Leidenschaft ganz von selbst wieder ins Haus.

Natürlich gibt es auch eheliche Ausnahmesituationen, in denen der Partner seine Attraktivität verloren hat, sich weigert, ein erotisches Leben zu führen, oder man sexuell einfach nicht kompatibel ist. In solchen Fällen müssen Sie gemeinsam eigenverantwortlich entscheiden, ob Sie den Eros ineinander wieder »hineinlieben«, einen anderen Sexualpartner wählen oder ob Sie sexuell enthaltsam leben wollen – jede Variante ist »in Ordnung«, sofern sie dem Selbst entspricht.

Sexuelle Enthaltsamkeit nach einer Lebensspanne erfüllter Sexualität ist nicht unbedingt pathologisch zu sehen; sie kann Ausdruck höchster Erfüllung sein. Osho sagte hierzu: »Sex ist eine Brücke zur Göttlichkeit. Es wäre sinnlos, diese Brücke nicht zu betreten. Aber genauso sinnlos wäre es, ewig auf der Brücke stehen zu bleiben, dafür ist eine Brücke nicht gemacht!«

Die Angst vor sozialen Kontakten

Die soziale Phobie zeigt sich u. a. in der Angst vor dem Zusammentreffen mit anderen Menschen, z. B. anlässlich gesellschaftlicher Anlässe, Redeangst, der Furcht davor, mit anderen gemeinsam zu essen, und der Hemmung, zu schreiben, wenn jemand zusieht. Zu der sozialen Phobie gehören ebenfalls Probleme bei gesellschaftlichen Lebensveränderungen, öffentlichen Vorträgen, Beföderungen, neuen Partnerschaften oder Beziehungen. Auch die Angst, sich durchzusetzen, zählt zu dieser Phobie. Sie ist oft begleitet mit Schüchternheit und Zurückhaltung. In vielen Fällen lösen wir eine solche Angst dadurch auf, dass wir sie den anderen gegenüber eingestehen.

Natürlich sollten wir uns auch fragen: »Wo verurteilen wir die Gesellschaft/die anderen?«, und versuchen, diese Urteile aufzulösen, bevor wir mit ihnen zusammenkommen.

Habe ich Angst, mit anderen gemeinsam zu essen, kann es sein, dass ich in ihrer Anwesenheit einen Schlingkrampf bekomme. Dann muss ich mich als einen der ersten Schritte auf dem Weg zur Überwindung dieser Angst fragen:

- »Was lehne ich ab von dem, was mir so alles ›serviert‹ wird?«
- »Was kann ich nicht in mir aufnehmen, assimilieren?«
- »Wo meine ich, alles ›schlucken‹ zu müssen, was mir vorgesetzt wird?«
- »Wo wird mir etwas (in den Hals) hineingedrückt?«
- »Wo bin ich mit der Kommunikation (Hals = Kommunikationszentrum) nicht einverstanden?«

Habe ich Angst davor, öffentliche Vorträge zu halten, kann ich mich fragen:

- »Was lehne ich an meiner Zuhörerschaft ab?«
- »Was habe ich Angst, auszudrücken?«
- »Wie gelingt es mir, *für* die anderen zu sprechen, nicht *gegen* sie – und mir so ihre Unterstützung und Protektion zu sichern?«

Soziale Angst mag auch darin liegen, dass ich befürchte, zu sehr im Mittelpunkt zu stehen. Dann ist es mein Ego, das mich behindert, und ich muss lernen, gerade da, wo ich in den Mittelpunkt gestellt werde, das Selbst (und nicht das Ego) zu fokussieren, insbesondere jede Form des »Beeindruckenwollens« loszulassen. Habe ich eine soziale Phobie, muss ich lernen, mich abzugrenzen und gleichzeitig mit der Ganzheit zu atmen, so wie eine Zelle im Körper, die von anderen Körperzellen getrennt und doch mit ihnen verbunden ist.

Soziale Angst zeigt mir möglicherweise, dass ich meinen Platz im »Weltengefüge« nicht gefunden habe, dass ich mich noch nicht an den (inneren oder äußeren) Ort begeben habe, an dem mein »Sosein« ein wertvoller Beitrag für die Sippe, den Stamm, die Region, die Gesellschaft, das Ganze ist, dass ich womöglich meine wahren Verbündeten noch gar nicht kenne, sondern mich stattdessen mit Leuten umgebe, die mir gar nicht gut tun.

Indem ich mich selbst erkenne und ausdrücke, werde ich im Lauf der Zeit immer resonanzfähiger für ein stimmiges Umfeld, stimmige Arbeits- und Freizeitbedingungen und erfahre auch gesellschaftliche Achtung, ohne mich deshalb verbiegen zu müssen, sondern ganz im Gegenteil: Ich werde gestärkt und gestützt von den Menschen, die mich umgeben, die mich lieben.

Die Angst vor Strafe

Wer Strafangst hat, der traut sich gar nicht wirklich, zu leben, weil er in jeder Ecke und jedem Winkel die Gefahr einer Sanktion erwartet. Nach dem Gesetz der Resonanz erlebt er dann auch Tag für Tag, dass er Recht damit hat. Er erfährt sein Leben als eine »Strafe Gottes«, ein Leiden, in das er sich fügen müsse. Doch wo und wann »lernen« Menschen solch ein Fehlverhalten?

Dem Tier in der Wildnis ist die Strafangst ebenso unbekannt wie dem Eremiten auf dem Berg. Der Verhaltensforscher Konrad Lorenz hat nachgewiesen, dass Strafangst mit der Sozialisation zu tun hat und mit dem, was wir »Humanisierung« nennen.

Man glaubte, dass der Mensch am nachhaltigsten aus körperlichem Schmerz lerne. Die Lust an der Triebbefriedigung ging und geht zuweilen auf Kosten des Gemeinwohls (durch Raub, Mord, Schändung). Dem suchte man durch einen Schmerz, der diese Lust übersteigt, Einhalt zu gebieten. Strafe, Angst und Lust hängen also entwicklungsgeschichtlich miteinander zusammen, schließlich ist es ja die Lust (an »bösen Dingen«), die durch Strafe unterbunden werden sollte.

Noch bis in die sechziger Jahre hinein war es auch in westlichen Ländern weithin nicht verpönt, Kindern durch Schläge ihre Lust am Verbotenen austreiben zu wollen.

Aus dem »Glauben an Strafe« entwickelten sich beim Kind zwei verschiedene Wege, um die durch Strafe unterdrückte Lust zu verarbeiten:

- die *Lust an* der Strafe und
- die *Angst vor* der Strafe.

Die Straflust hatte sich besonders stark in England entwickelt. Die unterdrückte Sexualität des prüden viktorianischen Zeitalters ging mit den traditionellen Bestrafungsriten eine unheilige Allianz ein. In Anlehnung an die damalige Zeit nennt man heute noch jene Form der Sexualpraktik, die zwecks Lustgewinn im geschlechtlichen Rollenspiel Bestrafung und Schläge einbezieht, als »englisch« (bzw. »englische Erziehung«).

Der Urgrund von sexueller Straflust liegt häufig in der Sexualisierung von Strafe und Schlägen, welche in der

Kindheit entwickelt wurde, da man das damit zusammenhängende Trauma von verdrängter Sexualität und gemaßregeltem Triebleben nicht anders in Zusammenhang bringen konnte.

Der Mangel an Liebe bzw. diese falschen Botschaften, denen man als Kind ausgesetzt war, führten unterbewusst zu der folgenschweren Verwechslung, Strafe sei Lust und Liebe.

Es gibt Menschen, die bereits durch die Androhung von Strafe sexuell erregt werden, diese Disposition aber nie therapieren lassen. So kommt es vor, dass z. B. eine Frau bei ihrem Mann bleibt, und zwar nicht, *obwohl* er sie schlägt, sondern *weil* er sie schlägt – aber nicht bereit ist, dies zuzugeben. (Das trifft natürlich nicht generell für Paare zu, bei denen Misshandlungen vorkommen!)

Im Fall von Straflust müssen wir die »Bedingung von Strafe« für das Aktivieren der Lust wieder aufheben, um so die Lust frei von diesem »Erreger« für sich selbst zünden zu können. In der Therapie bedeutet dies, den Straflüsternen dort abzuholen, wo er steht, ggf. mit ihm gemeinsam – z. B. durch energetische Therapie, Rollenspiele, aber auch das freie Ausdrücken von eingefrorenen »bösen« Emotionen wie Wut und Hass (»Aum-Meditation«) – die blockierte Lust wieder in den freien Triebfluss zu bringen.

Reinkarnationstherapeuten stoßen bei der Bearbeitung von sexuell geprägter Strafangst und Straflust auf archetypische Muster aus Zeiten der Selbstgeißelung zu religiösen Zwecken, auf sexuellen Missbrauch aus früheren Epochen des Patriarchats bzw. Matriarchats, sexuellen Missbrauch in der Ahnengalerie und – man höre und staune – auf sexuelle Experimente mit grausamen, reptilienähnlichen Wesen für genetische Forschungszwecke einer außerirdischen Rasse... Einige Pöniphobe erlebten in einer Rückführung, dass sie in »parallelen Leben« im Nahen Osten für ein kleines Vergehen gefoltert oder misshandelt wurden – indem sie dieses Muster noch einmal anschauten und in voller Intensität erlebten, löste sich ihre Strafangst.

Phobiker, die ihre Angst nicht sexualisiert haben, reagieren auf den Gedanken, dass sie bestraft werden können, eher betroffen, oftmals brechen sie in sich zusammen. Sie erleben sich als innerlich aufgewühlt. In dem Fall müssen wir uns fragen, welche »Autorität« hinter der Strafangst steht. Die Strafangst deckt hier eine Autoritätsangst ab – Gott, Vater, Mutter, der strenge Lehrer oder eine versteckte Unterwerfung gegenüber einem früheren oder noch existierenden Aggressor. Wir können der Strafangst auf die Spur kommen, wenn wir uns zu Beginn fragen: »Vor *wem* oder *was* habe ich *wirklich* Angst?«, und – ggf. mit therapeutischer Hilfe – diese Themen aufarbeiten.

Ich heile meine Strafangst auch, wenn es mir gelingt, mein Leben eigenverantwortlich nach angemessenen Werten zu führen und Strafe weder bei anderen noch bei mir selbst als Mittel zur Lebensoptimierung zu akzeptieren; wenn ich es also vermeide, mich gegenüber meinen Mitmenschen »sanktionierend« zu verhalten, ihnen »strafende Blicke« zuzuwerfen, sie »mit Worten zu schlagen« oder gar tatsächlich handgreiflich zu werden.

Der Film »Die Kinder des Monsieur Mathieu«* zeigt,

* Regie: Christophe Barratier, Frankreich/Schweiz 2004.

dass Erziehung auf Strafe verzichten kann, sobald es gelingt, die Seele eines Menschen und damit sein Empfinden für Werte anzusprechen und zur Resonanz zu bringen – gleich, ob dieser Mensch der Partner, das eigene Kind oder Mitarbeiter eines Unternehmens ist.

Die Angst vor Tieren

Am häufigsten ist hier die Angst vor Spinnen, Mäusen, Hunden, Schlangen, Bienen und Raupen zu beobachten. Ein Extrembeispiel ist eine bekannte deutsche Artistin: Sie ist zwar in der Lage, gefährliche Löwen und Tiger für den Zirkus zu dressieren, aber sobald sie eine ungefährliche und ungiftige Spinne sieht, gerät sie in Panik.

Untersuchenswert ist hier insbesondere, vor welchem animalischen Archetyp wir uns fürchten. Wer eine Katzenphobie hat, fürchtet vielleicht das Katzenhafte in sich selbst und lässt es nicht aufsteigen. Es kann aber auch sein, dass er schlechte Erfahrungen mit Katzen in einem »früheren Leben« gemacht hat (s. a. den Abschnitt »Die Angst vor Schlangen«).

Die Angst vor Trennung

Die Angst vor der Trennung betrifft vor allem Paare, und zwar unabhängig davon, ob der Partner sich liebevoll oder lieblos verhält. Viele Menschen leiden unter ihrem Partner, fühlen sich oder werden wirklich schlecht behandelt oder gar missbraucht, würden sich aber nie scheiden lassen. Sie glauben, dass im Falle der Trennung »so etwas Tolles wie der aktuelle Partner« nie wieder in ihr Leben kommen werde. Die getrübte Brille, die sie bei dieser Betrachtung oftmals aufgesetzt haben und durch die Gewohnheit mit »Zusammenpassen« verwechselt wird, sehen sie dabei nicht. Oftmals hängt die Trennungsangst mit einer fehlenden Abnabelung aus dem eigenen Elternhaus zusammen: Man ist gewohnt, in Abhängigkeit zu leben.

Astrologisch kann ein so genannter gestörter Mars auf Trennungsängste hinweisen.

Trennungsangst wird auch berührt, wenn Menschen gar nicht auseinander gehen, sondern nur einmal ein wenig freier atmen wollen. Sie tritt ebenfalls auf, wenn es eigentlich stimmig wäre, eine kleine Distanz zum eigenen Partner zu erlauben.

Menschen, die eigene Trennungsimpulse aus Angst abwehren, reagieren schon bei kleinster Distanznahme des Partners empfindlich, da sie keine Verantwortung für ihre eigenen Trennungsimpulse übernommen haben. Man klammert ganz besonders und projiziert die eigene Abgrenzungs- als Untreuephantasie auf den Partner und führt sie so womöglich (unwissentlich) sogar selbst herbei.

Ist man unfähig, eigenen Distanzierungsimpulsen nachzugeben, weil man sich vom Partner abhängig fühlt, entsteht Wut – auf sich selbst (da man so ohnmächtig ist) und auf den Partner (weil er zugelassen bzw. sogar gefördert hat, dass man sich in eine Abhängigkeit hineinmanövriert). Statt der vorübergehenden Trennungsaggression nachzugeben (und dann »mit frischer Energie« zurückzukehren), klammert man sich nun noch mehr. Man hat Angst, den Partner zu verlieren, wenn man der neuen Freiheit nachgibt, die im eigenen Inneren zum Aufbruch drängt. Man sagt dann vielleicht sogar bewusst von morgens bis abends, wie dankbar man diesem Menschen ist, ohne ihn wirklich zu meinen, und ist nicht bereit, die eigene Wut (auf den Partner und die Abhängigkeit) zu spüren. Statt diese Wut zu artikulieren (z. B. in einer Aum-Meditation),* raspelt man Süßholz und wundert sich über seine Probleme mit dem Insulinhaushalt, der Bauchspeicheldrüse oder gar über Leberprobleme. Wäre ich ehrlich, müsste ich dem Partner (sofern dieser dazu bereit ist) stattdessen etwas sagen wie: »ich spüre Wut darüber, dass ich meine Abhängigkeit mit dir ausagiere – wie gehen wir am besten damit um?«

Trennungsangst weist oft auch darauf hin, dass man selbst die eigene Kompetenz im Umgang mit dem Alltag nicht entwickelt hat, darauf, dass man möglicherweise nicht in der Lage ist, seine eigenen Bedürfnisse selbst zu befriedigen. Heiraten sich zwei Menschen, die aufeinander projizieren, der andere käme mit der »bösen Welt da draußen« besser zurecht als man selbst, ist die doppelte Abhängigkeit programmiert: Zwei Menschen klammern sich dann aneinander wie zwei Schiffbrüchige, und bei keinem von beiden funktioniert es wirklich. Man war erst unglücklich allein und ist nun unglücklich zu zweit!

Trennungs»aggression«, also die Bereitschaft zu ein wenig mehr Distanz vom Partner (z. B. auch mal allein in den Urlaub zu fahren), sollte, wenn sie auftaucht, erlaubt werden können – ohne Angst. Sie steht im Dienste der

* Vgl. Felix Aeschbacher und Kurt Tepperwein: *Von der Sprachlosigkeit in Beziehungen*, Peiting 2004.

Autonomie und der Individuation beider Partner. Sie gehört zum Reifeprozess jeder guten Beziehung. Man könnte sogar – ein wenig überzeichnet – sagen: Eine Beziehung wird erst dann richtig gut, wenn sie mindestens drei Trennungsaggressionen erfolgreich gemeistert hat! Im Idealfall ist der Partner verständnisvoll, man gibt sich mehr Raum, fährt wie gesagt vielleicht getrennt in den Urlaub oder individualisiert die Freizeitgestaltung. So kann die Beziehung wieder »atmen« und Raum für das Wachsen einer neuen, reiferen Liebe entstehen.

»Trennung frischt die Liebe auf.«

Sprichwort

Trennungsaggressionen helfen darüber hinaus, »Objektkonstanz« (s. a. das Kapitel »Angst und Objektkonstanz«) zum Partner zu gewinnen. Menschen, die als Kind erleben durften, wie die Eltern emotionale Konflikte und Trennungsaggressionen souverän bewältigten, können auch in der eigenen Ehe gut damit umgehen. Den Mut zur Trennungsaggression (statt Trennungsangst) zu haben, bedeutet, anzuerkennen, dass man selbst für das eigene Glück verantwortlich ist. Der andere kann dazu beitragen, aber dieses Glück nicht verursachen – mit keinem Brillanten oder schmelzenden Blick der Welt kann er das. Glücklich machen muss ich mich schon selbst, indem ich die Verantwortung für die »Stimmigkeit« in meiner Beziehung übernehme – und dazu gehört auch Trennungsaggression: genau zu erkennen, welches Distanzbedürfnis ich habe, und dieses einzufordern.

Ist die innere Distanzierung sehr weit fortgeschritten, stehen Paare vor der Frage: »Sollen wir uns jetzt endgültig trennen oder nicht?« Maßstab für diese Frage sind u. a. die folgenden Bedingungen:

- Wenn noch *unentwickeltes Potenzial* vorhanden ist – an Liebe, Wachstum, Reife etc. –, ist die Beziehung noch nicht zu Ende.
- Wenn noch *Emotionen füreinander* da sind, egal, ob negativ oder positiv, ist die Beziehung ebenfalls noch nicht am Ende angelangt.
- Wenn noch *guter Wille* da ist, und zwar auf beiden Seiten, kann die Beziehung noch gerettet werden, sie muss aber ggf. ihre Form verändern.

Gleichgültigkeit dahingegen ist ein Zeichen für eine bereits existierende innere Trennung. Sie entwertet den Partner (»Ich habe kein Interesse mehr an dir«) und die eigene Person. Jede Beziehung lebt von gegenseitigem und aufrichtigem Interesse aneinander – an Körper, Seele und Geist, also von aufrichtiger Anteilnahme. Ist sie einmal verloren gegangen, kann, ja, muss man sie wieder entdecken, wenn man die Beziehung retten will.

Die emotionale Erinnerung an die »innere Geliebte« bzw. den »inneren Geliebten«, die Augenblicke, in denen man womöglich sogar das Antlitz des geliebten Menschen im Nachtmeer der Sterne sehen konnte, führt eine ehemalige Liebesbeziehung aus der Lethargie zurück in die Gegenwart. Doch auch jede andere innere Öffnung, in der man wieder »rührbar« und berührbar wird, hebt die Gleichgültigkeit auf, ermöglicht, dass das leibhaftige Interesse am anderen und an der Beziehung mit ihm neues Leben bekommt.

Manchmal kann es geschehen, dass einer der beiden Partner dem Reiz einer Außenbeziehung nachgeben möchte. Dies mag eine periphere Erscheinung sein, die mit einem vorübergehenden Wechsel im Beziehungsverständnis einhergeht. Beispielsweise kann es sein, dass die bestehenden Animus-Anima-Gestalten sich fürs Erste ausgelebt haben und nun neue Animus-Anima-Gestalten auftauchen, die sichtbar werden wollen. Phantasien von neuen Außenbeziehungen sind immer zugleich auch neue Innenbeziehungen, die sich zeigen möchten. Gelingt es beiden Partnern, sich auf die neuen Archetypen einzustellen, erübrigt sich oftmals eine Außenbeziehung. Manchmal aber braucht der Partner einen tatsächlichen Ausbruch aus der bestehenden Beziehung, um danach wieder zu sich selbst und damit zur Gemeinsamkeit zu finden.

Es liegt in der jeweiligen Disposition einer Partnerschaft, ob man sich in dem Fall ausspricht oder nicht. Eine kluge Lösung kann – wenn man das schafft – auch darin liegen, die Außenbeziehung des Partners »nicht zu bemerken« (selbst wenn man sie bemerkt), die Abwesenheit des Partners für ein liebevolles »Anti-Eifersuchts-Training mit sich selbst« zu nutzen und sich ansonsten umgänglich, aber nicht klammernd zu verhalten. Dort, wo ich meinem Partner eine Außenbeziehung offiziell gestatte, ermögliche ich ihm, dass Persönlichkeitsanteile, die durch diese neue Liebesbeziehung angestoßen werden, irgendwann einmal internalisiert werden, sodass sie nicht mehr der Bestätigung durch andere bedürfen. Vielleicht kommt der Partner, sobald er den Reiz des Fremden nicht mehr zu seinem eigenen Wachstum braucht, dann beschenkt um die Gaben seiner Außenbeziehung als ein Neuer zurück und beginnt die erhaltenen Geschenke mit der altbewährten Partnerschaft zu teilen.

Dort jedoch, wo eine Trennung leibhaftig vollzogen werden muss, erreicht die Trennungsangst ihren Höhepunkt. Die Sucht nach dem anderen wird angesichts der Trennung sichtbar, und man erlebt sich selbst möglicherweise als fragmentiert.

Ob ich nach einer Trennung allein bin oder zu zweit, ob ich selbst die Trennung ausgelöst habe oder verlassen worden bin – ich muss auf jeden Fall bereit sein, durch die chaotischen, sich widersprechenden Emotionen zu gehen, die durch das Zerbröckeln des alten »Ichs« aufbrechen. In beiden Fällen sollten Sie die Ablösung vom »Beziehungsselbst« auf Ihr »individuelles Selbst« gezielt vornehmen, ggf. für zwei oder besser noch für vier Wochen ins Exerzitium gehen, z. B. in eine einsame Berghütte.

Es ist in der Trennungsphase wichtig, alles, was an Gefühlen da ist, zu erlauben. Dazu gehört es auch, »alten Filmen« zu gestatten, sich noch einmal im eigenen »Hirnkasterl« abzuspulen und alles auszudrücken, was einen bewegt. Auf diesem Weg relativiert sich die Beziehung. Projektionen können noch einmal aufwallen und sich dann zurückbilden. Ich sollte mir jedoch genau anschauen, wem ich meine »alten Filme« zumute – ggf. sollte ich jemanden (etwa einen Psychiater) dafür »bezahlen«, dass er sich meine Vergangenheit anhört. Die Erfahrung zeigt: Wer deutlicher seine Identität entwickelt hat (statt zu leben, was der andere wollte), hat es leichter, den Verlust einer Beziehung zu verarbeiten.

Mit der Trennungsangst verwandt ist die Angst vor materiellem Verlust im Falle einer Trennung. Diese Angst ist durchaus ernst zu nehmen. Für die materielle Situation ist eine Trennung oftmals eine kaum zumutbare Belastung und muss genau bedacht sein. Finanzielle Probleme dürfen kein Grund sein, sich an einen unstimmigen Partner zu klammern. Aber sie müssen bei der Gestaltung der Trennung weise berücksichtigt werden.

Oftmals ist es klüger, nicht die Beziehung als solche zu verändern, sondern nur die Form der Beziehung. Aus einer Liebesbeziehung wird dann vielleicht eine tiefe Freundschaft oder eine Versorgungsgemeinschaft, auch das ist alles völlig in Ordnung, wenn beide Partner sich über die Form des Zusammenlebens einig geworden sind und keine falschen Erwartungen aneinander haben.

Die »Einheit im Geiste«, die in einer Beziehung geübt wurde, sollte idealerweise auch in der Lage sein, sich in veränderten körperlichen, seelischen oder sozialen Zusammenhängen zu bewähren. Bei einem Ehepaar, das zu unseren Klienten zählt, entwickelte sich nach einer vollzogenen mutigen Trennung im Laufe der Jahre ein so starker wechselseitiger Respekt voreinander, dass die beiden sich entschieden, erneut zu heiraten, und heute immer noch glücklich miteinander unter einem Dach leben.*

* Zur Bewältigung von Trennungsängsten empfehle ich die Bücher *Sich einlassen und loslassen. Neue Lebensmöglichkeiten bei Trauer und Trennung* von Verena Kast (Freiburg 2000) sowie *Von der Sprachlosigkeit in Beziehungen* von Aeschbacher/Tepperwein (a. a. O.).

»Bewahrt euch aber doch Raum
in der Gemeinsamkeit.

Und lasst die Winde des Himmels
zwischen euch tanzen.

Liebet einander, doch lasst die Liebe
nicht zur Fessel werden:

Lasst sie lieber ein wogendes Meer
zwischen den Gestaden eurer Seelen sein.

Füllt einander den Becher,
doch trinkt nicht aus demselben Kelch.

Reicht einander von eurem Brot,
doch esst nicht vom selben Stück.

Singt und tanzt zusammen und seid fröhlich,
doch lasst jeden von euch auch allein sein,
so wie die Saiten der Laute für sich sind
und doch durch dieselbe Musik
zum Schwingen kommen.

Verschenkt eure Herzen,
doch gebt sie nicht in des anderen Obhut,
denn die Hand des Lebens allein
vermag sie zu halten.«

Khalil Gibran

Die Angst vor Trennung aufgrund eines Treuegelöbnisses. Viele Menschen verbinden neben romantischen Vorstellungen mit dem ehelichen Treuegelöbnis die Hoffnung auf Sicherheit. Bei nicht wenigen soll das Treuegelöbnis auch heute noch den Segen der Kirche auf einem gemeinsamen Weg zu Gott einbringen. Die Hoffnung auf »Seelenverschmelzung« steht ebenfalls hinter manch einem Treueschwur: Man navigiert gemeinsam durch die Stromschnellen der Zeit und erwirkt dabei ein so hohes Maß an bedingungsloser Liebe, dass die Seelen einander öffnen und sich »erkennen«.

In der Bibel heißt es, dass die Liebenden einander »erkannten« und daraus Kinder entstanden. Der Sex, den wir betreiben und der zum »kleinen Orgasmus« führt, ist eigentlich nur die Vorstufe für den »seelischen Orgasmus«, der entsteht, wenn zwei Seelen einander öffnen und *erkennen* – so wie das Verliebtsein die Vorstufe für die wahre Liebe ist. Große Liebende beschreiben ihre wechselseitige Seelenliebe als ein so gewaltiges Gefühl, als ob sich zwei Universen begegneten …

Der legendäre Seher Emanuel Swedenborg (1688–1772) beschrieb den Ort, an den sich ehelich liebende Paare nach dem Tod gelangten, in den glühendsten Farben. Er unterschied die Seelen, die »buhlerisch« lieben, von denen, die »ehelich« lieben. Die Ersteren landen in einem Purgatorium – so seine Jenseitsschau –, die Letzteren in einem »Himmel für Paare«. Aus dem Wirken Swedenborgs, der u. a. auch ein angesehener Staatsmann war, entwickelte sich die Neuromantik in Mitteleuropa und spirituelles Gedankengut, das Goethe und noch später Steiner beeinflussen sollte.

Nicht nur angesichts derartiger Gedanken beurteilen viele Menschen ein »Zusammenhalten um jeden Preis« für eine Tugend und Scheidung für ein Versagen. Sie haben Trennungsangst, weil sie befürchten, von Gott dafür bestraft zu werden oder so das Himmelreich zu verfehlen. Wir wollen uns aus diesem Grund nun unserem Zeitgeist zuwenden und von dort aus wieder den Bogen zu uns selbst und unseren eigenen Trennungsängsten schlagen.

Wir leben in einer anderen Zeit als Swedenborg. In der Vergangenheit lernten wir sehr langsam (über die Liebe) und mussten im Sippenverband zusammenhalten, um gegen Hunger und Not ein Bollwerk für das Überleben zu schaffen. Wir dürfen nicht vergessen, dass viele religiöse Gesetze auch der kulturellen und sozialen Notwendigkeit entstammen.

Wir dürfen ebenso nicht vergessen, dass wir uns heute wesentlich rasanter entwickeln als früher. Angesichts der Beschleunigung, die unserer Zeit innewohnt, kann es viel eher sein als früher, dass Menschen sich im Laufe der Jahre auseinander leben. Dauerte früher manche Ehe maximal fünfzehn Jahre (viele heirateten mit zwanzig und starben mit 35), sind wir heute fünfzig Jahre und länger biologisch beziehungsfähig. In dem Zusammenhang kann ein unüberlegtes Eheversprechen – »bis dass der Tod euch scheidet« – auch die Gefahr einer »lebenslangen Selbstvergewaltigung« sein. Man versucht, etwas, was nicht mehr stimmt, aus moralischen Gesichtspunkten heraus aufrechtzuerhalten.

Und doch ist die Verschmelzung zweier Seelen im Selbst, das Ideal der Hochzeit (= hohe Zeit), eine Wahrheit, die anzustreben sich lohnt. Man sollte also nicht immer gleich »die Flinte ins Korn werfen«. Wer aus reiner Lust an der Freude die Partner wechselt wie andere die Unterhemden, der versagt sich das »Wunder der inneren Alchemie«, das sich Mann und Frau im Laufe eines tieferen Erkennens geben können. Liebe muss reifen, um zu »innerer Alchemie« zu werden. Liebe muss bereit sein, sich auch dann der Beziehung zu stellen, wenn man den Partner zwischenzeitlich »unmöglich« findet oder dieser eine Außenbeziehung zu suchen scheint. Kann ich am anderen auch den Schatten, das Ungelöste lieben? Und an mir selbst? Kann ich mich und den anderen lieben, ja, »auf Teufel komm raus«? Um diese Kunst zu lernen, sollte ich eine Weile ausharren.

Der spirituelle Lehrer Michael Barnett zelebriert für Paare auf Wunsch eine so genannte »White-Ghoose-Hochzeit«. Hierbei versprechen sich die Paare, sich für ein Jahr lang geistig, seelisch, körperlich treu zu bleiben, alles miteinander zu teilen, was die wechselseitige Intimität fördert, und nicht vor Ablauf eines Jahres auszusteigen. Dies könnte ein Weg sein, eheliche Nähe und Freiheit zur Trennung zusammenzubringen. Kirchlich Orientierte könnten die Formulierung »bis dass der Tod euch scheidet« auch durch einen individuell stimmigeren Passus ersetzen. Er ist eh unglücklich gewählt, da der Tod die Paare ohnehin nicht wirklich scheidet: Auf energetischer bzw. geistiger Ebene ist man ja auch nach dem Tode vereint.

Die Gründe, sich aneinander zu binden, können durchaus vernünftig sein, sollten aber immer wieder auch im Geiste der Klarheit geprüft werden, sodass nicht allein der Hormonhaushalt, die gute Erziehung oder die eigene Bedürftigkeit über die Hochzeit entscheiden. Wir sollten uns der Urbedürfnisse, die einem Treuegelöbnis entsprechen, bewusst sein und nicht ja sagen, weil der andere so schöne Augen hat oder unsere Familie (und der Partner natürlich auch) entsetzt wäre, wenn wir nein sagten. Was wir für ein Treuegelöbnis brauchen, ist nicht nur die Stimmigkeit des Augenblicks, denn dieser ist ja vergänglich, sondern auch eine Hoffnung, die unserem seelischen Urbedürfnis entspricht, was immer dieses sein mag, z. B. die Hoffnung, dass

- durch die Beziehung die eigene Existenz transparenter wird,
- der andere uns mit Licht und Schatten, Genialem und Abgründen lieben kann und wir aneinander und miteinander heil werden,
- man sich in einer neuen Identität erfahren und ausdrücken kann – als stimmiger Mann, als stimmige Frau.

Eine Hilfe für meine Trennungsentscheidung kann es sein, mir meine wahren Beweggründe für mein Eheversprechen anzuschauen:

- »Habe ich es ausschließlich aus moralischen oder materiellen Gesichtspunkten heraus gegeben, z. B. weil ich Kinder haben oder versorgt sein wollte? Dann habe ich den anderen bei meinem Eheversprechen womöglich gar nicht gemeint!«
- »War da wirklich ein ›Einander-Erkennen‹ vor der Hochzeit oder erschien mir der andere lediglich als at-

traktiv, vermögend, sympathisch, der Beste innerhalb meiner Auswahl?«
- »Haben die Bedingungen, Ansprüche, Lebensrichtungen und Dispositionen von mir und meinem Partner sich gravierend und grundlegend verändert?«
- »Wem oder was bin ich innerlich verpflichtet?«

Indem wir nur dort ja sagen, wo es stimmig ist, beseitigen wir einen Großteil der Trennungsangst. Wir wissen, dass wir (ohne Treuegelöbnis) jeden Morgen selbst neu entscheiden können, ob wir den Rest der Zeit miteinander teilen wollen – oder eben nicht. Indem wir Klarheit über die rechtliche und spirituelle Seite unseres Treuegelöbnisses haben, können wir Trennungsängste überwinden, soweit sie diese Bereiche betreffen, und uns für die Stimmigkeit im Selbst entscheiden, was immer diese für uns bedeutet.

Die Angst vor dem Tod

Außer in Kriegszeiten oder im Falle einer Katastrophe kommen wir nur selten in engere Berührung mit dem Tod. Die Menschen sterben in Krankenhäusern, häufig nur von Ärzten und Schwestern umgeben, die sie kaum kennen, oder in Altersheimen und Hospizen. Vielleicht ist es an der Zeit, dass wir den Tod einmal näher betrachten, und zwar als einen Ratgeber und Freund (wie es bei den Schamanen und z. B. bei Carlos Castaneda der Fall ist) und nicht als die unheimliche Gestalt, die uns in unserer Kindheit vermittelt wurde.

Verena Kast schreibt in einem ihrer Bücher, es bestehe

keine Notwendigkeit, den Tod zu fürchten. Vielmehr solle unsere Sorge dem Leben gelten, um unser inneres Selbst von dem geistigen Tod zu befreien. Der Tod betreffe jene, die hinter einer Fassade leben, welche den äußeren Bestimmungen dessen, wer und was wir sind, angepasst ist. In dem Maße, wie wir Gefangene der kulturell vorbestimmten Rollenerwartungen und Verhaltensformen würden, blockierten wir unsere Fähigkeit zur Selbstverwirklichung. Wir behinderten uns dabei, das zu werden, was wir sein könnten, nämlich wir *selbst*.

»Wenn ihr wirklich den Geist des Todes
schauen wollt, dann öffnet eure Herzen weit
für den Leib des Lebens.
Denn Leben und Tod sind eins,
wie der Fluss und das Meer eins sind.«

Khalil Gibran

Die Angst vor dem Tod bildet oftmals das stärkste Hindernis in unserer eigenen Entwicklung. Die Angst vor Tod und Sterben ist eigentlich nicht das, als was sie erscheint: die Angst, nicht weiterzuleben. Es steckt etwas anderes dahinter. Wer Angst vor dem Tod hat, hat auch Angst vor dem Leben. Das Leben ist nichts anderes als eine einzige lange Reise in das Unendliche, das Überzeitliche, das Eine, Gott, unser wahres Selbst.

Man kann sich vor den Schmerzen fürchten, die dem

Tod möglicherweise vorausgehen, aber das ist etwas anderes als die Angst vor dem Tod. Diese ist da, wenn das Leben als »Besitz« und nicht als »Reise« erlebt wird. Man hat dann nicht vor dem Sterben Angst, sondern davor, zu verlieren, was man zu haben glaubt: den Körper, das Ego, die Persönlichkeit, die Besitztümer, Freunde, Identität. Es ist die Angst, in den Abgrund der Nichtidentität zu blicken, verloren zu gehen.

In dem Maße, in dem ich im »Habenmodus« (im Gegensatz zum »Seinsmodus«) lebe, muss ich mich vor dem Sterben fürchten; und keine Erklärung kann mich von dieser Angst befreien. Aber sie kann selbst in der Todesstunde gemildert werden durch Bekräftigung der Liebe zum Leben, durch Erwiderung der Liebe anderer, die unsere eigene Liebe entfachen kann.

Die Bekämpfung der Angst vor dem Sterben sollte nicht kurz vor dem Tod beginnen, sondern Teil des ständigen Bemühens sein, immer mehr vom Haben in das Sein überzugehen, das Selbst zu erkennen, den Teil, der nie gestorben ist und nie sterben wird.

Sterben und Tod sind Erfahrungen, die wir ansatzweise täglich im Schlaf und in einer gewissen Weise auch beim Sex üben. Nicht umsonst wird der Orgasmus in Frankreich »der kleine Tod« genannt. »Ich sterbe täglich«, sagte Paulus. »Wer nicht stirbt, bevor er stirbt, der verdirbt, wenn er stirbt« – so Meister Eckehart.

Die »Anleitung zum Sterben« ist in der Tat dieselbe wie die »Anleitung zum Leben«. Je mehr man sich des Verlangens nach Festhalten, insbesondere seiner Ichbezogenheit, entledigt, umso geringer ist die Angst vor dem Sterben – da man nichts mehr zu verlieren hat. »Der Weise denkt über das Leben nach, nicht über den Tod«, sagte Spinoza.

Die Todesangst kann als die zentrale Lebensangst angesehen werden. Sie hat einmal eine schützende Seite, weil wir akute Todesgefahren vermeiden. Sie hat aber auch eine destruktive Seite. Der Philosoph und Religionswissenschaftler Richard de Martino erklärte die Angst vor dem Tod mit der Angst des Egos: Der existenzielle Ausdruck des Egos sei seine zweifache Angst – die Angst vor dem Leben und die vor dem Sterben. Beide seien nichts weiter als zwei verschiedene Ausdrucksformen für die *eine* fundamentale Grundangst: ob das Ego den quälenden inneren Riss und Widerspruch überwinden kann, der es daran hindere, ganz das Selbst zu sein. Die Angst vor dem Leben stamme aus der Notwendigkeit, sich mit diesem Widerspruch abzufinden und ihn zu lösen. Die Angst vor dem Tod komme daher, dass das Leben möglicherweise enden kann, bevor eine Lösung erzielt wurde.

Ein Sinnbild für Leben und Tod sind Eis und Wasser. Wasser erstarrt und wird zu Eis – wir werden geboren. Eis schmilzt und wandelt sich zurück in Wasser – wir sterben. Was einmal starb, muss wieder leben; und was geboren ward, kehrt zurück zum Tod. Wasser und Eis, die tun sich nicht weh, ins Leben wie in den Tod zu kehren, jedes zu seiner Stunde, ist beides gut.

Es soll noch ein weiterer Gesichtspunkt eingebracht werden: Jeder Mensch hat seine Bestimmung (Dharma), etwas, was er in dieser Inkarnation verwirklichen soll. Lebt ein Mensch sein Dharma, dann entspannt sich seine Seele. Sie weiß, dass der Sinn dieser Inkarnation erreicht werden wird. »Suchet, so werdet ihr finden«, heißt es.

Die Angst vor dem Tod ist auch die Folge der Erkenntnis, seine Aufgaben noch nicht erfüllt zu haben. Wer Todesangst hat, der hat seine Bestimmung noch nicht gefunden. Er weiß: »Wenn ich jetzt sterben müsste, wäre dies ein schweres Sterben, etwas in mir hält fest, weil es so viel Unerfülltes (Ungelöstes) gibt!«

> »Der Tod geht uns nichts an,
> denn entweder ist der Tod da,
> dann sind wir nicht da,
> oder wir sind da,
> dann ist der Tod nicht da.«
>
> *Epikur*

Der Todesangst begegnen Sie durch ein stimmig gelebtes Leben. Dadurch können Sie Ihre Todesangst besser loswerden als bei irgendwelchen Workshops, in denen Ihnen etwas *über* den Tod erzählt wird, statt Ihnen beizubringen, wie Sie sterben können, während Sie leben. Wenn Sie Ihre Todesangst loswerden wollen, stellen Sie sich die folgenden Fragen (und stellen Sie sich dann vor, Sie seien ein Mensch, der auf dem Sterbebett liegt und diese Fragen rückwirkend beantwortet):

- »Wofür lohnt es sich (hat es sich gelohnt), zu leben?«
- »Wofür lohnt es sich, zu sterben?«
- »Was macht mein Leben lebenswert?«

- »Welche Erkenntnisse muss ich langfristig umsetzen, wenn ich wahrhaft leben will?«

Der Körper ist nur bereit, Sie freizugeben, Sie in den Tod hinzugeben, wenn Sie (Ego) sich dem Leben (Selbst), so, wie Sie es leben sollten (Dharma), hingegeben haben. Dort, wo Sie an sich selbst vorbeileben, hält der Körper Sie fest. Dort ist die Todesangst ein wertvoller Ratgeber, der Sie zu einer spirituellen Rückverbindung (Gebet, Meditation, die Frage »Wer bin ich wirklich?«) und zur Beantwortung der obigen Fragen zwingt.

Die Angst vor Tunneln

Als der italienische Sänger und Filmschauspieler Adriano Celentano einmal mit dem Zug fahren musste, geriet er beim ersten Tunnel schon in Panik, zog die Notbremse und reiste dann mit dem Mietwagen weiter.

Manchmal ist die Tunnelphobie mit Ängsten aus einem Geburtstrauma verbunden, aber nicht immer. Was es mit der jeweiligen Tunnelangst auf sich hat, lässt sich möglicherweise in einer Rückführung erfahren.

Die Angst vor Unvollkommenheit

Der Angst vor Unvollkommenheit liegt das Ideal eines perfekten Gottes, Zwanghaftigkeit, Rigidität zugrunde.

Wir sollten uns – erst einmal – unsere (scheinbare) Unvollkommenheit eingestehen. In dieser Unvollkommenheit liegt eine ganz besondere Schönheit. Denn alles, was lebt, hat (scheinbar) so seine Macken. Man sagt ja auch:

»Jeder hat seinen Tick woanders« – und das ist in Ordnung so. Denn in der Unvollkommenheit liegt die Chance zur Authentizität, die Chance, »sich selbst« zu leben, eben mit allen »Unvollkommenheiten«.

Aus Angst davor, nicht perfekt zu sein, versuchen viele Menschen, andere nachzuahmen, und verpassen dabei sich selbst. Der Mensch wird als »Original« geboren, geht aber in einem solchen Fall als »Kopie« in den Tod …! Wir sollten ungeachtet unserer Sozialisierung wieder unser »ursprüngliches Gesicht« finden. Indem wir unsere Unvollkommenheit annehmen, lernen wir, wieder mit dem zu verschmelzen, was »wir sind«.

> »Wie sah dein Gesicht aus,
> bevor deine Mutter dich gebar?«
>
> *Zen-Koan*

Was ist denn dann mit der Forderung gemeint, wir sollten vollkommen sein, wie unser Vater im Himmel vollkommen ist? Die entsprechende Bibelstelle handelt von der Feindesliebe.* Der Satz beschreibt es ganz genau: Es geht überhaupt nicht darum, so »vollkommen« zu werden wie etwa ein weltliches Staatsoberhaupt, das uns möglicherweise sagt, wir sollten unsere Freunde lieben *und unsere Feinde hassen*. Gemeint ist vielmehr unsere Vollkommenheit als »Ebenbild Gottes«, der die Sonne über Bösen und

* Matth. 5, 48.

Guten zugleich scheinen lässt. Das hat nichts mit »Perfektion« im landläufigen Sinne zu tun. Mit der Vollkommenheit ist jene Haltung gemeint, die uns schon innewohnt, auf die wir unsere Aufmerksamkeit richten sollen, also nicht an Einzeleigenschaften zu kleben. Dadurch, dass wir dem, wie »wir sind«, dem Gottesfunken in uns, liebevolle Aufmerksamkeit geben, wächst das, was wir »Unvollkommenheit« nennen, aus uns heraus. Es verlässt uns dann ganz einfach, so wie ein Wundschorf verschwindet, wenn man die Natur ihre Arbeit tun lässt.

Die Natur liebt die Perfektion. Sie arbeitet daran schon seit Jahrmillionen. Doch dies ist nicht die Perfektion, wie sie sich unser neunmalkluger Verstand vorstellt. Es ist die »Perfektion des Unperfekten«, welche die Natur durch uns übt. Sie hat ihre ganz eigene Reihenfolge des Lernens und des Erfahrens. Es ist die natürliche Strebsamkeit des sprießenden Samens zum Licht, die uns in diese Form von Vollkommenheit führt.

Wenn wir unseren »*eigen*-artigen« Antrieb leugnen, wenn wir unsere scheinbar unvollkommene Form (Same) ignorieren, verpassen wir uns selbst. Wenn wir ein Rosensame sind und nehmen uns eine Tulpe zum Vorbild, werden wir uns immer als eine »miserable Tulpe« erleben, als etwas »Verkrüppeltes«. Doch wenn wir uns annehmen, wie wir sind, werden wir dieses Wunder erfahren, bei dem wir entdecken, was für eine Art Same wir eigentlich sind. Wir wissen noch gar nicht, ob wir als Tulpe, Rose oder Narzisse gemeint sind. Indem wir den Mut zu uns selbst haben und die Natur in jedem Augenblick zu uns sprechen lassen, erleben wir das Wunder des eigenen Erblühens und das Erstaunen unseres Verstandes!

Und dann werden möglicherweise wieder andere kommen, die uns als vollkommen betrachten und uns nachzuahmen versuchen – doch in Wahrheit gibt es nur eine Vollkommenheit, nämlich jene, vollkommen *man selbst* zu sein.

Die Angst vor Verlust

In einer Zeit mit hohen Umzugs-, Trennungs- und Scheidungsraten haben immer mehr Menschen Angst, eine vertraute Umgebung, Heimat, Familie oder den Partner zu verlieren.

Verlustangst fordert uns dazu auf, das zu erkennen, was wir nicht verlieren, sondern nur gewinnen können, und darauf unsere Aufmerksamkeit zu richten – und dies sind wir selbst bzw. unser Selbst.

Die Angst vor Versagen und Misserfolg

In unserer Gesellschaft werden die Erfolglosen abgestempelt. Das ist eine einseitige Betrachtungsweise, denn Misserfolg und Versagen gehören zum Leben. Wer nie verloren habe, habe einen Sieg nicht verdient, heißt es. Es ist gerade der Misserfolg, der uns herausfordert und zu Höherem streben lassen kann.

Wenn wir Erfolg haben, dann zeigen wir meistens nicht unser wahres Gesicht. Wir sind geblendet von unseren eigenen Leistungen und werden von der Gesellschaft als Vorbild empfunden. Klar, dass wir dann zuweilen auch dort lächeln, wo wir eigentlich weinen möchten. Der Erfolg birgt, so angenehm er ist, die große Gefahr in sich, dass wir dabei scheinheilig, maskenhaft, arrogant werden und uns selbst verfehlen.

Die Lektion des Misserfolgs hilft einem Menschen, der eine liebevolle Einstellung zu ihm entwickelt, in seinem seelischen Wachstum in einem Maße weiter, wie es erfolgsbesessenen Zeitgenossen nur selten eingeräumt wird. Der Misserfolg macht uns ehrlich. Janis Joplin sang: »Freedom's just another word for nothing left to lose!« (»Freiheit ist nichts anderes, als nichts mehr zu verlieren zu haben!«) Wenn wir nichts mehr zu verlieren haben, können wir unser »wahres Gesicht« zeigen. Darum ist es erst einmal gar nicht so wichtig, ob wir Erfolg oder Misserfolg haben, sondern *wie* wir mit Erfolg oder Misserfolg umgehen.

Misserfolg zwingt zur Ehrlichkeit – sich selbst und anderen gegenüber. Und darin liegt seine gewaltige Chance: über das »Versagen« statt zum »Pseudoerfolg« zum »wahren Erfolg« zu kommen. Dieser liegt nämlich nicht darin, wie viel Geld ich auf meinem Konto zählen kann, sondern in welchem Maße ich mich angenommen, zugelassen, genährt und mir in guten wie in schlechten Zeiten die Treue gehalten habe.

Im bewussten Ertragen eines Misserfolges kann etwas ungeheuer Großes liegen: die Chance, in sich selbst bzw. in sein Selbst zu wachsen, ungestört von den Forderungen einer an äußerlichen Erfolgen interessierten Umwelt. Und wenn ich dann mein »wahres Gesicht« gefunden habe, dann bietet »die Welt« mir in der Regel auch eine Chance, diese Selbstverwirklichung ebenso als äußeren Erfolg in meinem Leben zu verkörpern – um andere zu ermuntern, ebenfalls die Angst vor Versagen und Misserfolg loszulassen. Ich überwinde die Angst vor dem Misserfolg, indem ich die Tugend, »ich selbst zu sein« – mit allen Schwächen und Stärken –, höher einschätze als die gesellschaftliche Norm, die mir vorschreibt, wie ich in Erscheinung zu treten habe und was als Versagen gilt.

Die Angst vor Wasser

Hydrophobe machen einen großen Bogen um Bäche, Flüsse, Seen und Meeresküsten. Ein Extremfall von Hydrophobie war ein Amerikaner, der sich vor Wasser fürchtete, das aus dem Abfluss der Badewanne läuft. Am schlimmsten war es für ihn, wenn er selbst den Stöpsel herausziehen musste. Hatte er sich dazu überwunden, raste er wie ein Besessener davon, mit Herzklopfen im Hals.

Der Hydrophobe hat Angst vor dem »Fluss des Lebens«, ihm fehlt es an Urvertrauen, sich vom Lebensstrom tragen zu lassen. Er sollte sich mit dem Wasserelement anfreunden. In der chinesischen Elementelehre gibt es eine Reihe von Übungen, um sich mit dem Wasserelement auszusöhnen.

Die Angst vor Wunscherfüllung

Die meisten Menschen sehnen sich danach, dass ihre Wünsche wahr werden – scheinbar paradoxerweise fürchten sich allerdings auch manche davor, dass sich ihre Hoffnungen tatsächlich erfüllen. Hier gibt es vor allem zwei »Typen«:

1. Die einen haben Angst vor der Wunscherfüllung, weil sie befürchten, das Glück wieder zu verlieren bzw. nicht damit umgehen zu können. Hier liegt in Wahrheit eine »Angst vor dem Glück« vor (s. a. den entsprechenden Abschnitt in diesem Buch).
2. Die anderen haben insgeheim Angst vor der Realisierung ihrer Vorstellungen, weil sie »unreine Wünsche« hegen. Sie haben zu ihren Wünschen ein ambivalentes Verhältnis.

Der Begriff »unreiner Wunsch« ist weder moralisch noch wertend gemeint. In dem »unreinen Wunsch« vermischen sich Dinge, die wir einerseits wollen, und solche, die wir andererseits befürchten, wodurch die Energie sich selbst blockiert. Hierzu wieder einige realistische Beispiele aus der Beraterpraxis:

- Ein »Loser« wünscht sich Erfolg. Fragt man ihn, was er darunter versteht, beschreibt er das Bild eines Managers, der kurz vor dem Herzinfarkt stehen muss. Es liegt auf der Hand, dass er sich selbst blockiert.
- Ein Klient wünschte sich »sechs Richtige im Lotto«. Auf die Frage, was er damit anfinge, antwortete er: »Ich würde alle Leute, die mich je gedemütigt haben, dermaßen in den A… treten, dass sie nicht mehr wüssten, ob sie Männlein oder Weiblein sind!« Bei näherem Hinterfragen erkennt er, dass auch er das nicht wirklich will.
- Ein Sexhungriger wünscht sich Befriedigung. Fragt man ihn danach, was dies für ihn ist, präsentiert er das Bild einer Frau, die sich von ihm fesseln lässt, erwähnt

aber zugleich, dass er dies ja gar nicht wirklich will. Wunsch und Verwirklichung sind hier ebenfalls innerlich blockiert.

- Ein junger Künstler, bisher Versager auf allen Ebenen, wünscht sich seinen großen Durchbruch. Bei näherem Hinsehen kommt heraus, dass er als »schwarzes Schaf« in der Familie mittlerweile eine Positionierung gefunden hat, in der er gehätschelt wird und die anderen aus Mitleid nett zu ihm sind. Wäre er plötzlich erfolgreich, könnte es sein, dass er all diese »Privilegien« verlöre …

Haben wir Angst vor der Wunscherfüllung, müssen wir also unsere Wünsche untersuchen und präzisieren. Wir müssen sie entkleiden von all den Begleitumständen, die sich in unserer Psyche angesiedelt haben, von den alten Gedanken, Vorstellungen, Neigungen, die wir im Laufe der Jahrzehnte adaptiert haben, und unseren »wahren Wunsch« entdecken. Dies bedeutet, nicht nur die bewussten, sondern insbesondere auch die unbewussten, verdrängten Gedanken und gestauten Emotionen wahrzunehmen und zu untersuchen.

Wenn Sie einen Wunsch haben, vor dessen Erfüllung Sie sich insgeheim fürchten, dann fragen Sie sich einmal:

- »Was bedeutet die Wunscherfüllung für mich?«
- »Welche Bilder, Gefühle, innersten Regungen, Gedanken und Interpretationen tauchen dabei in meinem Inneren auf?«
- »Wer wäre von meiner neuen Positionierung ›enttäuscht‹?«

- »Bin ich dazu bereit, andere zu enttäuschen und diese neue Rolle auszufüllen?«
- »Was will ich wirklich?«

Beschreiben Sie Ihre Wunscherfüllung in allen Einzelheiten und Begleitumständen, wie sie sich jetzt darstellen, und dann korrigieren Sie sie entsprechend. Dies bedeutet, einen Wunsch so umzuformulieren, dass das Ungelöste, das in der Wunschvorstellung enthalten ist, »herausoperiert« werden kann wie eine Krebsgeschwulst. Hier helfen »›Ohne‹-Formulierungen und Bilder«, z. B.:

- Erfolg ohne Stress,
- Lust ohne Perversion,
- Gewinn ohne Grausamkeit,
- Durchbruch ohne Neider.

Die ungelösten Aspekte der bisherigen Wünsche sollte ich erkennen und »diskreieren«, mir die neuen (bereinigten) Wünsche immer wieder vorstellen und imaginieren, bis sie entsprechende positive Ladung bekommen haben.

Die neuen Formulierungen kann ich dann getrost mit mentaler Kraft laden. Ich sollte jedoch vorab noch einmal prüfen, ob sie tatsächlich meinen wahren Wünschen entsprechen. Wie erkenne ich nun meine »wahren Wünsche«?

Meine wahren Wünsche verfügen über dreierlei Eigenschaften – Triebkraft, Herzenserfüllung und Güte:

1. Fehlt es an *Triebkraft*, muss ich mir meinen Schatten anschauen – das Verdrängte, Ungelöste – und die Trieb-

kraft aus meinem Schatten ziehen. Es ist also die »heiße Spur«, der ich folgen muss, ungeachtet von Moral und Anstand. Es nutzt nichts, den Trieb zu verdrängen, um »heilige« Wünsche zu haben, die mich aber überhaupt nicht antreiben.

2. Fehlt *das »Herz«*, habe ich den Schatten noch nicht entkleidet, ich muss hinter dem »verkorksten« (herzlosen) meinen »wahren Wunsch« entdecken.
3. Fehlt *die Güte*, stimmt an dem Wunsch geistig etwas nicht. Es kann sein, dass der Wunsch nicht klug ist, dass ein anderes Vorhaben wichtiger wäre oder der Wunsch, so gut er mir tut, einem anderen schadet.

Indem ich mutig und ohne Scheu meine »wahren Herzenswünsche« entkleide, komme ich mir selbst immer mehr auf die Spur und damit meinem größten Wunsch, meiner größten Sehnsucht: mir selbst bzw. meinem Selbst zu begegnen. Der »Wunsch der Sehnsucht nach sich selbst« wird aber erst dann für mich zu einem Brennen, wenn ich meine anderen Wünsche geistig oder tatsächlich eingelöst habe. Deshalb sollte ich den Weg der Wunscherfüllung nicht scheuen. Es ist nicht a priori etwas Schlechtes daran. Also keine Angst vor einem »märchenhaften Leben«. Suchen und finden zusammenzubringen, bedeutet auch, den Weg richtig zu träumen und meine wahren Träume wahr werden zu lassen.

Manche Menschen projizieren ihre Wünsche in einen geistigen Himmel ohne materielle Wunscherfüllung. Falls dafür die Energie vorhanden ist, mag dies völlig in Ordnung sein. Wenn Jesus sagt: »Trachtet am Ersten nach dem Reich Gottes und nach seiner Gerechtigkeit, so wird euch solches alles [materielle Güter etc.] zufallen«,* dann kann das für die Betreffenden durchaus stimmig sein, sofern dies ihre Sehnsucht ist.

Die Angst vor der Zukunft

Noch nie war die Gefahr der totalen Zerstörung unseres Planeten so groß wie heute. Täglich finden irgendwo auf der Welt Aufstände, Revolutionen und Terrorakte statt. Atomkraft, Umweltgifte, Ozonloch, Selbstmordattentäter und religiöser Fanatismus bringen große Gefahren in unser Leben.

Bisher glaubten wir, unsere Zukunft versichern zu können, indem wir in die Rentenkasse, die Kranken- oder die Lebensversicherung einzahlen. Aber garantiert die Krankenkasse, dass Sie in Zukunft gesund bleiben? Und können Sie bei der Lebensversicherung Ihre »Lebendigkeit« versichern? Mit Sicherheit nicht. Um unsere Zukunft müssen wir uns schon selbst kümmern, und dies Tag für Tag.

Doch wenn wir wissen, dass wir selbst unsere Zukunft »magnetisieren«, dann brauchen wir keine Angst vor der Zukunft zu haben. Sogar wenn es jemand auf unser Leben abgesehen hätte – er würde uns verfehlen, falls es nicht unsere Bestimmung ist, durch die Hand dieses Menschen zu Schaden zu kommen.

Ein Beispiel aus dem »tatsächlichen Leben« mag dies dokumentieren: Ein spiritueller Filmproduzent war aufgrund seiner publizistischen Arbeit gegen die Globalisierung bei einigen reaktionären Kräften unbeliebt. Ein

* Matth. 6, 33.

Widersacher plante deshalb, ihn verprügeln zu lassen. In einer Diskothek sollte die »Strafe« vollzogen werden. Wie es der »Zufall« so wollte, zeigte der Denunziant allerdings auf die Person neben dem Produzenten, der leider tatsächlich geschlagen wurde – während Ersterer ungehindert entkommen konnte.

Das soll jetzt nicht – im Umkehrschluss – heißen, dass Opfer von Gewalttaten im landläufigen Sinne »selbst schuld« daran sind und die Täter sozusagen einen Freibrief für ihr Tun bekommen. Aber nach dem Gesetz der Resonanz wird für Sie keine Katastrophe stattfinden, die Sie nicht betrifft – wenn Sie stimmig leben. Die Angst vor der Zukunft lehrt uns also, stimmig zu sein, damit uns nur das geschieht, was uns selbst bzw. unserem Selbst entspricht. Das Selbst ist wie das »Auge des Zyklons«, in dem wir geschützt, behütet sind.

»Sehet die Vögel unter dem Himmel an:
Sie säen nicht, sie ernten nicht,
sie sammeln nicht in die Scheunen;
und euer himmlischer Vater nährt sie doch.
Seid ihr denn nicht viel mehr als sie?«

Matth. 6, 26

Die »Angst vor der Zukunft« lehrt uns aber noch etwas anderes, nämlich, dass wir im Augenblick der Angst gerade im projizierenden Verstand und nicht im *Jetzt* – und damit auch nicht im Selbst – sind. Zukunftsangst fordert uns dazu auf, ins Selbst zurückzukehren und von dort aus wahrzunehmen (= die Wahrheit zu nehmen), was *jetzt* zu tun ist. Wenn Sie jeweils den Augenblick im Hier und Jetzt leben und damit stimmig sich selbst erfüllen, brauchen Sie sich um Ihre Zukunft keine Sorgen zu machen.

Ängste durchschreiten – das Leben gewinnen

Der Umgang mit der Phobie – und mit Phobikern

Es gibt eine wahre Geschichte, die – zugegebenermaßen in etwas überzeichneter Weise – zeigt, wie sehr jeder in seiner Welt lebt und wie man für einen anderen (ebenso wie für sich selbst) einen Heilansatz findet, indem man ihn dort »abholt«, wo er sich gerade befindet.

Ein Krankenhauspsychiater wurde in den Notaufnahmeraum gerufen, um sich eines Mannes anzunehmen, der auf alle Fragen mit dem Satz reagierte: »Ich bin tot.« Das Interview verlief etwa folgendermaßen:

Psychiater: »Guten Tag, ich bin Dr. Psych.«

Patient: »Ich bin tot.«

Psychiater: »Wie heißen Sie?«

Patient: »Ich bin tot.«

Psychiater: »Nun, was haben Sie für ein Problem?«

Patient: »Ich bin tot.«

Psychiater: »Wo wohnen Sie?«

Patient: »Ich bin tot.«

Psychiater: »Hat Sie jemand hierher begleitet?«

Patient: »Ich bin tot.«

An diesem Punkt rief Dr. Psych den Chefarzt an und erzählte ihm, wie er erfolglos versucht habe, die Vorgeschichte des Patienten zu erfahren.

Der Chefarzt kam und ging auf den Patienten zu: »Hallo, ich bin Dr. White.«

Patient: »Ich bin tot.«

Der Chefarzt reagierte folgendermaßen: »Ich weiß, dass Sie jetzt tot sind, aber wie hießen Sie denn, bevor Sie starben?«

Von da an gab der Patient eine detaillierte Vorgeschichte und beantwortete alle Fragen, die ihm der Chefarzt stellte …

Das Eis ist gebrochen, sobald die Sichtweise des Phobikers akzeptiert wird, und sei sie noch so abstrus. Wenn Sie also mit einem Menschen zu tun haben, der Ängste oder seltsame Weltanschauungen zum Ausdruck bringt (Partner, Kollege, Mitarbeiter o. Ä.), dann streiten Sie nicht über diese Ansichten, sondern akzeptieren Sie zunächst einmal, dass *er* die Dinge halt so sieht (Sie müssen dies ja nicht zu Ihrer eigenen Sichtweise machen). Hinterfragen Sie, wie er zu dieser Annahme gekommen ist. Gerade im Umgang mit solchen Menschen können Sie trainieren, in Ihrer eigenen Mitte zu bleiben und dem anderen seine Mitte, seinen Raum zu lassen.

Hilfreich kann es sein, gerade in schwierigen Begegnungen das Symbol der »liegenden Acht« zu imaginieren und während des gesamten Zusammenseins zu halten, so wie es Phyllis Krystal in ihrem Arbeitsbuch *Die inneren Fesseln sprengen** vorschlägt. Stellen Sie sich vor, Sie sitzen

* Phyllis Krystal: *Die inneren Fesseln sprengen*, Berlin 2004.

in der Mitte der einen Hälfte einer liegenden Acht, der andere in der Mitte der anderen Hälfte dieser Acht. Was immer er vorträgt, respektieren Sie, dass *er* diese Meinungen, Anschauungen hat, während Sie gleichzeitig darauf achten, in der Mitte *Ihrer* Hälfte der Acht zu bleiben. Denn Menschen, die zu verschrobenen oder sonderbaren Weltsichten neigen, insbesondere Phobiker, tendieren dazu, andere, Sie, in ihren Bannkreis zu ziehen, weil sie sich mit ihren speziellen Ängsten und Weltsichten so allein und unverstanden fühlen. Der Sog erfolgt meist im Bauchbereich, Solarplexus oder Hara. Lassen Sie nicht an sich »ziehen«, atmen Sie ganz bewusst tief in Ihren Unterbauch, zentrieren Sie sich im Kraftpunkt des Hara, der zirka 2 cm unterhalb des Bauchnabels und 2 cm unter der Haut liegt. Indem Sie wie ein erfahrener Sumoringer unbeirrbar ihren eigenen Kreis verteidigen und halten, tun Sie auch dem anderen den bestmöglichen Dienst, weil Sie dadurch gleichzeitig zu *seiner* Zentrierung beitragen.

So kommen Sie dem Selbst des Menschen näher. Das Geheimnis liegt darin, die Ängste des anderen und damit zusammenhängende Geschichten zu erlauben, ohne sie da stehen zu lassen, sondern den anderen durch offenes, unerschrockenes und liebevolles Hinterfragen in seine eigene Stimmigkeit zu bringen, ihn daran zu erinnern.

Wenn das Unbewusste bzw. Unterbewusstsein uns etwas mitteilen möchte, tut es dies in seiner eigenen Sprache und bedient sich dabei der am meisten geladenen Komplexe, weil ebendiese die meiste Energie haben. Das Gleiche gilt übrigens für die Traumarbeit, die Beschreibung von paranormalen Phänomenen und natürlich die gesamte Gefühlspalette eines Menschen. Sobald die subjektive Wahrnehmung erlaubt wird, ist das Unterbewusstsein bereit, die Schleusen zu öffnen und den Weg zur Wahrheit freizugeben.

Ein bekannter spiritueller Autor erzählte einmal, dass er in seinen Phantasie- und Traumreisen allen möglichen kuriosen sexuellen Themen begegnete. Indem sein spiritueller Lehrer diese akzeptierte und ihn lediglich bat, sie genau aufzuschreiben, wurden die Bilder immer deutlicher, das Unterbewusstsein immer mehr zur Mitarbeit angeregt, bis sich die Bilder eines Tages ganz von selbst auf mehr spirituelle und Sinn spendende Inhalte ausrichteten.

Für den Phobiker gilt also: Haben Sie keine Angst vor kuriosen Bildern, Einstellungen und Eindrücken, sondern Sie sollten sie einfach, ohne zu werten, wahrnehmen und sich von der Seele schreiben. Alles ordnet sich von selbst bzw. vom Selbst.

Selbstmotivation zur Angstbewältigung

Nichts im Leben geschieht ohne Motivation. Es gibt Anregungen, die von innen kommen, und solche, die von außen auf uns zukommen. In dem Sinne können wir auch die Menschen unterscheiden in solche, die überwiegend »innengesteuert«, und solche, die vor allem »von außen gesteuert« sind. Von außen kommende Motive sind vor allem:

- Einflüsse von Partnern, Eltern, Lehrern, Freund(inn)en, der Gesellschaft, Presse, Rundfunk, Fernsehen, Mode, Trends etc.,
- kollektive Ängste, Befürchtungen, Hoffnungen, Träume.

Es ist gefährlich, wenn wir unsere Motive ausschließlich von außen beziehen – und uns als Blinde von Blinden führen lassen. Wenn wir nicht selbst wissen, wer wir sind, werden wir steuerbar durch jene, die mit dem Anspruch auftreten, sie hätten die Wahrheit gefunden.

Der Autor, Kulturphilosoph und Nobelpreisträger Elias Canetti beschreibt in seinem Werk *Masse und Macht** sehr anschaulich, wie leicht es sein kann, eine Masse zu lenken, wenn der Einzelne keine individuelle Rückverbindung zu einem Prüfinstrument in seinem Inneren hat. So schwierig es auch ist, mit Zweifeln zu leben, wir müssen froh sein, dass wir die Gabe des »Zweifelns am Falschen« haben. Denn wir brauchen den konstruktiven Zweifel, solange wir leben, damit wir nicht blind alles übernehmen, was andere uns vorgeben.

Es gibt Menschen, die übernehmen äußere Einflüsse in ihre Psyche und agieren sie – blind und ohne nachzudenken – ein Leben lang aus. Die moderne Psychologie spricht in dem Zusammenhang von »Internalisierung«. Man handelt dann nicht aus inneren, rudimentären Beweggründen (»dem Selbst«) heraus, sondern aus gelernten Ängsten, Zwängen und Anreizen.

Zuerst nach dem Geist Gottes zu trachten, bedeutet, Motivation aus dem Inneren zu beziehen, zu jener ungetrübten Wahrnehmung zu gelangen, die den Zweifel und auch die Angst übersteigt. Das Reich Gottes ist inwendig in uns. Ein Baum wächst immer von innen nach außen. Genau so sollten wir selbst auch von innen nach außen wachsen, also aus dem Inneren heraus unsere Stärke beziehen.

* Elias Canetti: *Masse und Macht*, Frankfurt 2000.

Ebenso wie das Innere ein Prüfinstrument des Äußeren bergen sollte, dient das Äußere der Feinabstimmung, Regulierung und als Anreiz des Inneren, auch der Erprobung und Bewährung dessen, was wir in der Innenwelt gefunden haben. Aber es darf nicht das uns allein bestimmende Moment sein.

Ein Mensch, der aus dem Inneren heraus motiviert ist, also bewusst an sich arbeitet, verhindert, dass das Leben »an ihm arbeiten« muss. (Wer nicht an sich arbeitet, an dem *wird* gearbeitet!) Er geht den königlichen Pfad der Wahrnehmung und Erkenntnis und nicht den vielfach »üblichen« Weg durch Krankheit und Leid. Er zeigt sich als Führungskraft in dem Sinne, dass er in der Lage ist, sich selbst (und damit auch andere zu ihrem Selbst) hinzulenken.

Aus dem Inneren heraus motiviert zu sein, bedeutet auch, zu erkennen, wo die Angst dieser Wahrnehmung, diesem ungetrübten »inneren See«, im Wege steht. Aus dem Inneren heraus motiviert zu sein, heißt, mit einem inneren Schrei der Sehnsucht nach dem Ausdruck der inneren tiefsten Wahrheit durch die Welt zu gehen. Dafür muss ich keine großen Worte machen und keiner speziellen spirituellen Tätigkeit nachgehen – ich kann nach dieser Wahrheit auch als Schuster an der Ecke leben und mich dort verwirklichen.

Wenn ich mich aus dem Inneren heraus motiviere, meiner Angst zu begegnen, dann lebe ich in Realitätsnähe. Im Gegensatz zu der Weltflucht abgehobener Sekten, welche ein erdenfernes »Paradies« anstreben, konfrontiere ich das Leben im »Hier und Jetzt« mit meiner Liebe zur Wahrheit, meiner Liebe zum Sein. Statt die Welt zu fliehen, nutze ich die »Wirkstätte Welt«, um hier auf Erden das Selbst, das Göttliche, das immer da war, herauszufordern – weil ich so zur verborgenen Vollkommenheit, die allem Sein innewohnt, finden möchte. Um diese (das Selbst) auf Erden erleben zu können, muss ich meine Angst durchschreiten.

Wenn ich dahingegen meine Angst verdränge und mich der Konfrontation mit dem, was mir Angst macht, entziehe, vermeide ich damit auch das Leben mehr und mehr, fühle ich mich zunehmend hilflos. Dies beeinträchtigt mein Privat- und Berufsleben, bringt mich in Wut, Traurigkeit, Verstimmung, Drogengefahr und Depression. Eine US-Studie dokumentiert, dass bei 40% aller lang anhaltenden Angststörungen zugleich chronische Depressionen auftauchen.

Wenn ich der Konfrontation mit meiner Angst aus dem Weg gehe, muss ich immer umfassendere Vermeidungsstrategien entwerfen, die immer mehr Lebensbereiche abdecken. Ich beginne aus Angst, Dinge, die dringend erledigt werden müssten, vor mir herzuschieben. Dadurch gerät mein gesamtes »Im-Fluss-Sein« ins Stocken.

Angesichts von unbewältigter Angst empfinden wir uns als ungeschickter, gehemmter, dümmer; die rechten Worte fallen uns nicht ein, wir ziehen uns vom Leben und seinen Herausforderungen zurück, internalisieren fremde Autoritäten und öffnen so die Tür für innere Gespaltenheit und Identitätsverlust. Im Extremfall erleben wir eine Regression in die Kindheit, einen Rückfall in die Ohnmacht und Hilflosigkeit (»Mach du das doch bitte für mich …«). Manche Menschen fallen der Fürsorge zur Last – aus unbewältigter Lebensangst. Wir sollten uns daher bewusst machen, wo uns die Angst im Alltag daran hindert, unser Leben optimal zu bewältigen, und erkennen, welchen Schaden die Angstblockade uns langfristig zufügt.

Wie verhalte ich mich aufgrund meiner Angst?

Nachdem wir uns umfassend die einzelnen Phobien, unsere Furcht vor Schlangen etc., angeschaut haben, wollen wir auch die Ängste betrachten, die uns Tag für Tag begegnen. Dazu gehören beispielsweise:

- die Angst vor der Wahrheit gegenüber der Mutter, dem Vater, Partner, Kollegen, Vorgesetzten,
- die Angst, den schwierigsten Kunden anzurufen oder sich um einen neuen Job zu bewerben,
- die Angst, eine notwendige Gehaltserhöhung zu fordern oder sich gegen einen Mitbewerber durchzusetzen,
- die Angst, sich auf veränderte Lebensumstände einzulassen, wenn die bisherigen unerträglich geworden sind.

Das eigene Verhalten aufgrund alltäglicher Ängste entlarven Sie durch Selbstbeobachtung:

- die Alltagsangst erkennen,
- notieren, was Sie ganz konkret befürchten,
- notieren, was Sie aufgrund Ihrer Angst vermeiden und welche Konsequenzen das für Sie hat.

Im Nachfolgenden das Beispiel eines Klienten. Achten Sie auf das »Drei-Punkte-System«, das ich auch Ihnen für eine Übung empfehle:

- Ich habe Angst, *öffentlich Vorträge zu halten* (1). Ich befürchte, dass mir in den Vorträgen die Energie ausgeht, die Zuhörer mich angreifen, ich ins Stocken gerate, ich allein vor den Menschen stehe und mir isoliert vorkomme wie jemand, der sich in seine eigenen Theorien verwickelt; ich habe Angst, dass die Leute auf meine Präsentation mit Unverstand und Ablehnung reagieren und ich dem nicht standhalten kann (2). Aufgrund meiner Angst vermeide ich es, mich in der Öffentlichkeit zu zeigen, spreche kleinlaut von mir selbst, vermeide es, zu meinem eigenen Wissen und meiner eigenen Größe zu stehen. Ich versuche, die Normen anderer zu leben, und vermeide es, mich einzubringen, wie ich bin (3).
- Ich habe Angst davor, *in der Öffentlichkeit zu wirken* (1). Ich habe Angst, aufgerieben zu werden, meine innere Mitte zu verlieren und verschlissen zu werden (2). Aus diesem Grund halte ich mich im Hintergrund, hege den Glauben, dass unser Wirtschaftssystem bald untergeht, und verstecke mich vor anderen (3).
- Ich habe Angst davor, *weite Reisen mit dem Flugzeug zu unternehmen* (1). Ich befürchte, dass ich in Panik gerate (2). Ich fliege nicht mehr auf die Kanarischen Inseln usw., sondern gehe stattdessen ins Kino und schaue mir dort Filme über die schönsten Plätze der Welt an (3).
- Ich habe Angst *vor der Konfrontation mit »derben« Menschen*, insbesondere mit der Bevölkerung meines Dor-

fes, wo man etwas rauer miteinander umgeht (1). Ich befürchte, angeschrien und aus dem Dorf gejagt zu werden (2). Ich verhalte mich äußerst zurückgezogen und mache den »Duckhansel« um des lieben Friedens willen, auch wenn ich dafür meinen eigenen Standpunkt und meine Identität opfern muss (3).

- Ich habe Angst davor, *meine Sexualität auszuleben und dadurch geschwächt zu werden* (1). Ich gehe jedem sexuellen Kontakt aus dem Weg, auch wenn ich gelegentlich begehrlich Frauen hinterherschaue. Ich habe Angst, dass ich durch Sex meinen Kontakt zu Gott verliere, habe Angst, beim Geschlechtsverkehr impotent zu sein und von meiner Sexualpartnerin deshalb ausgelacht zu werden (2). Ich klammere mich an die Lehren einer spirituellen Bewegung, die sich gegenüber der Ausübung von Sexualität kritisch äußert; ich verurteile stillschweigend die Menschen, die Sexualität ausüben, vernachlässige meinen Körper und verkrampfe mich in dem Bestreben, ein guter Mensch zu sein und die Sünde meines »Soseins« auf Erden abzubüßen (3).

Finden Sie im Laufe der nächsten Tage heraus, welche Ängste Ihnen in Ihrem Alltag immer wieder begegnen. Entwickeln Sie mit der Zeit eine Liste Ihrer wichtigsten Alltagsängste, die Sie sich mit dem obigen Drei-Punkte-System bewusst machen. Ziehen Sie aus den Ergebnissen Ihrer Beobachtung die Motivation, Ihre wichtigste Angst anzugehen. Es ist völlig in Ordnung, wenn diese Liste eine oder zwei Wochen Zeit braucht, um sich zu komplettieren. Bevor Sie sich irgendwelche Ängste ausdenken, sollten Sie lieber darauf achten, dass die Liste praxisnah und präzise ist.

Welchen Genuss verhindert die Angst?

Nehmen wir einmal an, Sie konfrontierten Ihre Ängste, eine nach der anderen – wie würde sich dies auf Ihr Leben auswirken? Vergegenwärtigen Sie sich den Lebensgenuss, der Ihnen zuteil würde, wenn Sie Ihre Ängste gemeistert hätten. Hierfür machen Sie sich noch einmal Ihre größten Ängste bewusst.

Dann stellen Sie sich vor, auf der anderen Seite des Globus lebte Ihr eineiiges Zwillingsgeschwister (für die Übung ein »Modell«). Geben Sie ihm einen Namen. Stellen Sie sich vor, dieser Zwilling würde Ihre größte Angst besiegen. Nehmen wir einmal an, diese Angst wäre es, öffentliche Vorträge zu halten. Ihr Geschwister hat ebenso wie Sie Angst vor dem öffentlichen Vortragen, aber es stellt sich dieser Angst. Es geht durch den Prozess der Angstauflösung, spricht vor einem großen Auditorium, und zwar souverän und gekonnt. Sie sehen auf einer Kinoleinwand, wie es dies tut. Ihr Zwillingsgeschwister wohnt in einer Wohnung, die der Ihrigen sehr ähnlich ist, und verdient sein Geld mit einem Beruf, der dem Ihrigen ähnelt. Nun hat es spielerisch und leicht einen Vortrag gehalten, hat diese Angst gemeistert. Wie verändert sich dadurch positiv sein Leben? Wie wirkt sich diese Veränderung in einem, fünf, zehn Jahren – am Lebensende – aus? Sehen Sie diese Veränderung mit Ihrem geistigen Auge auf einer imaginären Leinwand. Wie würden Sie sich fühlen, wenn Sie dieser Zwilling wären?

Eine entsprechende Auflösung der o. a. fünf Beispiele könnte die folgende sein:

- Ich mache mir bewusst, was ich über das Leben erkannt habe und was ein Beitrag sein könnte für andere. Ich erlebe immer wieder mental vor (mentales Vorerleben), wie ich einen guten und berührenden Vortrag halte und dadurch Liebe in meine Zuhörerschaft fließen lasse. Dadurch gewinne ich Souveränität.
- Ich entdecke eine neue Art von »Selbst-bewusst-sein« und nehme meine Arbeit in der Öffentlichkeit wieder auf – nicht zwecks Eigendarstellung, sondern aus Mitgefühl heraus. Dadurch gewinne ich ein Gefühl des Eingebettetseins in der Welt, in der ich lebe.
- Ich mache mit mir selbst ein Desensibilisierungstraining und suche eine Gelegenheit für einen Kurzstreckenflug. Dadurch fühle ich mich frei und beweglich.
- Ich untersuche, welche Vorurteile ich gegen die derben Menschen habe, und bemühe mich, sie abzubauen, sodass ich einen Weg des Umgangs mit ihnen finden kann. Dadurch erweitere ich meine kommunikative Kompatibilität.
- Ich suche meine eigene Einstellung zur Sexualität und die darin für mich stimmige Wahrheit. Dadurch gewinne ich einen Kontakt zu dem kreatürlichen Wesen in mir und meiner Partnerin und werde wieder angenehm berührbar.

Übung: Fünf Ängste für Zwillinge

Als Übung stellen Sie sich für jede Ihrer fünf größten Ängste vor, Ihr Zwilling (»Modell«) würde diese meistern, und spüren Sie, wie sich Ihr Zwilling nach der Bewältigung dieser Angst fühlen würde, am eigenen Körper.

Machen Sie sich bewusst, welchen Genuss Sie hätten, wenn Sie *selbst* Ihre fünf größten Ängste durchschritten hätten. Gewinnen Sie daraus die Motivation für Ihr persönliches »Anti-Angst-Training«.

Mind-Setting und die Arbeit mit dem Unbewussten

Sich gut zureden

Positive Autosuggestion liefert, oftmals gerade in der Angst machenden Situation, einen Ausweg aus der Angst. Wenn wir uns bewusst machen, dass bei der Angst, ohne dass wir dies bemerken, permanent »negative Dialoge« laufen, wie »Das schaffst du nicht«, »Du versagst wieder«, »Das wird dich das Leben kosten«, »Du musst bestraft werden« etc. pp., erscheint es sinnvoll, an genau jene »Adresse«, aus der diese Einflüsterungen kommen, positive Gedanken zu schicken, am besten auch zu sprechen.

Vielleicht haben Sie den Film »Der Pferdeflüsterer« gesehen. Genau so, wie der Darsteller (Robert Redford) dem verstörten Pferd gut zuredet und es dadurch beruhigt, sollten Sie im Falle der Angst sich selbst gut zureden, bis Sie spüren, dass Freude und Zuversicht durch Sie wirken.

In einem Großversuch beauftragten die Forscher Prof. Wolf Lauterbach und sein australischer Kollege Georg Eifert Probanden, sich einer zahmen, aber Furcht erregenden Python zu nähern, den Behälter zu öffnen und sie sich auf den Schoß zu legen. Ergebnis: Alle hatten gleich viel Angst! Die Beherzten, welche die Python ergriffen, bibberten ebenso wie die, die sich nicht überwinden konnten.

Entscheidender Unterschied: Die Mutigen redeten sich mit positiven Selbstaussagen Mut zu. Sie sagten sich beispielsweise: »Ich habe Angst, nach der Python zu greifen, aber sie ist ungefährlich, und ich werde es schaffen!« Wer seinem »inneren Angsthasen« gut zuredet, wird also mutiger – und lebenstüchtiger. Indem die Angst eingestanden wird, hütet man sich vor krankhafter Selbstüberschätzung.

Die Angst sollte zuvor gefühlt und es sollte mit ihr gesprochen werden, so wie ein liebevoller, starker Erwachsener einem verschreckten Kind zuspricht oder besagter »Pferdeflüsterer« einem verstörten Ross.

Nachfolgend finden Sie nun das Beispiel eines Klienten, der Angst davor hatte, seinen im selben Haus lebenden Vermieter, der ihn ständig schikanierte, um ein dringend anstehendes Gespräch zu bitten:

- »Dieser Mann sieht zwar gewalttätig aus, aber er kann mir nichts tun!«
- »Ich brauche keine Angst vor dem Gespräch zu haben!«

- »Der Mann ist zwar lauter als ich, aber nicht stärker!«
- »Ich habe ein Recht auf einen eigenen Standpunkt!«
- »Etwas in mir wird einen Weg finden, mit diesem Mann umzugehen!«
- »Ich bin bereit, seine Energie wahrzunehmen, ohne mich dadurch einschüchtern zu lassen – ich bleibe in mir zentriert!«
- »Ich werde gleich diesen Mann anrufen und um ein Gespräch bitten; und meine Stimme wird klar und souverän sein!«
- »Wenn ich dann an seiner Tür läute, werde ich den Boden unter meinen Füßen deutlich spüren, und eine Energie von ›Unbeeindruckbarkeit‹ wird sich um mich bilden!«
- »Ich werde mein Anliegen deutlich und klar vortragen und dabei in mir ruhen!«
- »Ich rufe jetzt den Vermieter an und verabrede den Termin!«

Formulieren Sie als Übung einmal positive Sätze für Ihre fünf wichtigsten Ängste, z. B. Höhenangst, die Vorsprache beim Chef, einen anstehenden wichtigen Termin …

Reframing – das Denken verändern

Der Begriff »Reframing« bezeichnet eine Technik, die aus der systemischen Familientherapie stammt und u. a. von der Therapeutin Virginia Satir eingeführt wurde.*

* Vgl. z. B. Virginia Satir und Michele Baldwin: *Familientherapie in Aktion. Die Konzepte von Virginia Satir in Theorie und Praxis*, Paderborn [3]1991.

Durch Reframing (»Neurahmung«, meist als »Umdeutung« übersetzt) wird einer Situation oder einem Geschehen eine andere Bedeutung oder ein anderer Sinn zugewiesen, indem man versucht, die Situation in einem anderen Kontext (bzw. »Rahmen«) zu sehen. Der Ausdruck »Reframing« geht darauf zurück, dass der Rahmen eines Bildes entscheidend dafür sein kann, ob ein Kunstwerk unscheinbarer oder schöner erscheint. Wer das Reframing übt, kann Szenen in einem anderen Blickwinkel (Rahmen) erscheinen lassen, sodass es ihm leichter fällt, mit einer bestimmten Situation umzugehen.

Wenn Sie beispielsweise Höhenangst haben, können Sie bewusst statt »Die Höhe ist bedrohlich« denken: »Ich genieße die schöne Aussicht«; bei Flugangst statt »Das Flugzeug, in dem ich sitze, beengt mich«: »Ich erhebe mich gleich über die Enge der Probleme und schaue mir die Dinge von oben an«; bei Angst vor Spinnen statt »Die Spinne graust mich« etwa: »Eine interessante Gangart, die das Tier hat«…

Wann immer der negative Gedanke Sie überfällt, nehmen Sie ihn ganz bewusst an, spüren Sie ihn, und dann denken Sie den positiven Gedanken.

Notieren Sie als Übung einmal fünf Ängste und entwickeln Sie entsprechende positive Gedanken dazu, wie in den Beispielen oben gezeigt wurde.

Übung: Im Bild-und-Wort-Dialog mit der Angst

Mit dem, was uns ängstigt, sollten wir in Kommunikation leben, sodass wir es nicht in den Untergrund verdrängen oder es zerstörerisch gegen uns wirkt. Damit das möglich wird, muss das Ängstigende gesehen und benannt, darf also nicht verleugnet werden.

Wenn Sie möchten, können Sie Ihre Angst in einem Bild darstellen und dann »mit dem Gemälde reden« und es »fragen«, was es Ihnen zu erzählen hat. Erspüren Sie dann intuitiv die Antworten, die in Ihrem Inneren aufsteigen. Sie können in derselben Weise auch Werke großer Maler betrachten, soweit sie mit Ihrer Angst in Resonanz stehen, und sie zu sich sprechen lassen, beispielsweise die Bilder von Edvard Munch (z. B. »Der Schrei«), von Frida Kahlo oder Werke, die Picasso zur Kriegszeit gemalt hat.

Eine weitere Möglichkeit, mit der eigenen Angst in Kommunikation zu sein, ist, sie sich als eine Person vorzustellen, mit der Sie sprechen können. Hierfür können Sie beispielsweise einen Dialog mit Ihrer Angst »erfinden« und ihn mit zwei verschiedenfarbigen Kugelschreibern in Ihr Tagebuch schreiben. Finden Sie im gedanklichen Dialog mit der Angst drei Dinge heraus:

1. »Was will die Angst (›das Wesen Angst‹) von mir?«
2. »Was will sie mir eröffnen?«
3. »Wie verändert die Angst mein Leben, wenn ich ihre Botschaft annehme und ›das Beste aus ihr mache‹?«

Mentales »Voraus-« bzw. »Umerleben«

Beim mentalen »Vorauserleben« stelle ich mir die Angst machende Situation vor und imaginiere, wie ich diese Situation positiv und gelassen bewältige. Ich visualisiere die Lösung.

Nehmen wir einmal an, Ihre Freundin/Ihr Freund, die/der eines Ihrer destruktiven Muster »getriggert« hat, kommt morgen zum Frühstück. Sie haben Angst vor diesem Treffen, weil Sie befürchten, dass dann »Porzellan zerschlagen« wird.

In dem Fall fragen Sie sich: »Was will ich *wirklich* erleben?« Und stellen Sie sich vor, wie Sie das Date souverän und mit einem guten Ergebnis meistern. Alles, letztlich sogar spirituelle Erleuchtung, können Sie mit dieser »Programmierung des Unterbewusstseins« durch mentales »Vorerleben« begünstigen. Eventuell stärken Sie die Visualisationskraft Ihrer Lösung zusätzlich, z. B. mittels EFT, der Gedanken- und Energiefeldtherapie, von der noch die Rede sein wird.

Machen Sie sich als Übung einmal eine aktuelle Herausforderung, eine bestimmte Angst oder ein für Sie relevantes Problem bewusst und erfahren Sie durch mentales »Vorauserleben«, wie Sie die Situation meistern.

Beim mentalen »Umerleben« können Sie wie folgt vorgehen: Nehmen wir einmal an, Sie haben angstbesetzt oder aufgrund eines destruktiven Musters gehandelt und diese Situation hängt Ihnen noch nach; ja, vielleicht sind Sie sogar beschämt oder wütend auf sich selbst. In dem Fall können Sie die vergangene Situation im Geiste noch einmal erleben, sich dabei aber vorstellen, wie Sie

Ihrer Meinung nach hätten handeln *sollen*. Dadurch verändert sich zwar nicht die Vergangenheit, doch Ihr Unterbewusstsein bekommt neue Lösungsalternativen; es hat dann, wenn eine ähnliche Situation noch einmal auftaucht, eher die Möglichkeit, angstfrei zu reagieren. Je öfter Sie die Situationen, die für Sie unstimmig waren, innerlich »umerleben«, umso stärker wird das richtige Verhalten dem Unterbewusstsein eingeprägt.

Sinnvoll ist es, am Abend den Tag noch einmal in der Phantasie durchzugehen und ihn auf die Situationen hin zu überprüfen, die »umerlebt« werden sollten. So geben Sie Ihrem Unterbewusstsein zudem noch Gelegenheit, die Lösungsansätze für eine erfolgreiche Tagesbewältigung in die Traumarbeit einzubeziehen.

Wann immer Sie sich mies fühlen, können Sie auch in der Zeit zurückgehen und untersuchen, wann Sie eine Entscheidung getroffen haben, die zu Ihrer schlechten Verfassung geführt hat. Indem Sie diese Entscheidung mental »umerleben«, verbessert sich auch augenblicklich Ihre emotionale Verfassung.

Phantasiereisen gegen die Angst

Phantasiereisen gehen die Angstbewältigung nicht direkt an wie z. B. beim mentalen Vorerleben, sondern sie arbeiten über die Symbolsprache, vergleichbar einem Märchen oder einer Fabel, und bedienen sich dabei der Ansprache an das Un(ter)bewusste.

Bei der Phantasiereise wird eine heilende Phantasiegeschichte kreiert, die man in Trance mit sich selbst als Hauptperson erlebt. Eine sehr schöne Phantasiereise ist

»Der Furchttöter« des klinischen Psychologen Dr. Günter Bayer*. In ihr taucht man noch einmal in ein Erlebnis einer vergangenen Angst ein und nimmt wahr, wie es durch das eigene wertfreie Anschauen zerfällt und man im Triumphzug durch eine Stadt reitet.

Das »Erfinden« von Phantasiereisen für Phobiker und für Kinder ist eine Kunst, die man durch fortwährendes Üben erlernen kann. Hierfür ist es sinnvoll, sich die einzelnen Themenbereiche (Angst vor ..., Angst machende Situation, mögliche Auflösung) vorher zu notieren und ... viel Phantasie zu haben.

Klinische Hypnose und Hyperempiria

In der klinischen Hypnose versetzt der Therapeut den Klienten in einen hypnotischen Zustand und schickt daraufhin positive Suggestionen an dessen Unterbewusstsein, welche die Angst aufheben oder mildern sollen. Der Hypnotiseur umgeht so die Kontrollmechanismen des Verstandes.

Bis zum Zweiten Weltkrieg wurde Hypnose weithin als eine indoktrinativ-suggestive Methode verstanden und als Beschwörungsformel mit nahezu militärischer Präzision angewendet. In der zweiten Hälfte des 20. Jahrhunderts bekam die Trancearbeit durch die Forschung des genialen Psychiaters und Psychotherapeuten Milton H. Erickson (1901–1980) eine neue Bedeutung: Das »Unbewusste« sei in Wahrheit, so Erickson, nicht wie ein Befehlsempfänger, sondern wie eine liebevolle, fürsorgliche

* Vgl. www.dehypno.de.

Mutter zu behandeln, die nicht nur alle unwillkürlichen physiologischen Prozesse des Menschen, sondern auch die seelischen Prozesse und deren Wechselwirkung mit körperlichen Abläufen steuert und sich gern auf positive und stimmige Weise beeinflussen ließe.

Hat ein Mann beispielsweise Angst vor Impotenz, so suggeriert ihm der Therapeut in der Hypnose, dass sein Penis steif und freudig erregt ist, während dieser mit seiner Partnerin Sex hat. Hat der Klient Angst davor, Vorträge zu halten, wird ihm suggeriert, er hielte einen Vortrag vor Tausenden von Menschen, sein Redefluss sei harmonisch, seine Stimme kraftvoll und die Reaktion der Zuhörer positiv.

Nachteilig bei der Hypnose ist, dass es sich um Gedankenformen eines anderen Menschen handelt. Oftmals wird der Hypnotiseur als Autorität internalisiert. Dem Verantwortungsbewusstsein des Hypnotiseurs kommt deshalb eine besondere Bedeutung zu.*

In den frühen 70er Jahren begann Dr. Don E. Gibbons, aufbauend auf den Erfahrungen der klinischen Hypnose, eine Sammlung von Suggestionen zu entwickeln, die er als »das Gegenteil von Hypnose« beschrieb.** Gibbons folgte dem Faden des schottischen Arztes, Chirurgen und Hypnotiseurs James Braid (1795–1860). Während der Begriff »Hypnose« aus dem griechischen Wort *hýpnos* (= »Schlaf«) abgeleitet ist, wählte Gibbons für seine Methode das Wort *empiria* (nach dem griechischen *empeiría* [= »Er-

* Vgl. auch Kurt Tepperwein: *Die hohe Schule der Hypnose*, München 2005.

** Vgl. Don E. Gibbons: *Applied Hypnosis and Hyperempiria*, New York 1979.

fahrung«]) aus und fügte den Vorsatz *hyper* hinzu, um einen Bewusstseinszustand zu beschreiben, der *über* die bisherige Erfahrung hinausging.

In den 90er Jahren begann dann Manuel Fargas* damit, die Technik des Hyperempiria bei sexualphobischen Einzelpersonen und Paaren anzuwenden. Nach einer einleitenden Trance wird dem Klienten beispielsweise suggeriert, er sähe eine Rose, deren Blütenblätter sich entfalten, und während die Rose zu blühen beginne, würden sich ihre Gefühle der Sinnlichkeit und Leidenschaft zu einer berauschenden Erregung steigern.

Paaren, die Angst vor der Sexualität haben, wird gezeigt, wie sie einander durch positive Suggestionen, die sie sich vor dem Liebesakt in Trance geben, in eine erotische Stimmung bringen können.

Der Unterschied zwischen Hypnose und Hyperempiria ist, dass Erstere einen schläfrigen und Zweitere einen hellwachen, aber entspannten Zustand beschreibt. Moderne Anwender der Hyperempiria sehen dieses als ein »Land, eine Art geistigen Planeten« an, den sie anrufen können und mit dessen Hilfe sie die Energie zur Bewältigung jeglicher Ängste suggestiv vorbereiten können. – In der Arbeit mit Hyperempiria geht es darum,

- den Wert der einzigartigen inneren Erlebnisse zu erkennen,
- die Berührung mit dem inneren Selbst zu erleben,
- die Dinge wie von selbst geschehen zu lassen,
- ein bislang unerkanntes Potenzial wirksam werden zu

* Vgl. Manuel Fargas: *Sex in Trance*, Norderstedt 2002.

lassen, um dadurch intensiver und einfühlsamer lernen zu können, wie man vom eigenen Inneren empfängt.

Das »Sich-Hineinbegeben« in einen Trancezustand geschieht durch eine Veränderung der Wahrnehmung: von willkürlich zu unwillkürlich. Das Ziel von Trancearbeit ist es, bestimmte blockierende Programmierungen und einschränkende Erlebnismuster auf einer imaginativen Ebene »zum Tanzen zu bringen« und in eine gewünschte Lösungsrichtung hin zu entwickeln. Hierbei haben die Klienten die Autorität für die Lösungsdefinition, nicht die Therapeuten.

Hyperempiria geht davon aus, dass jeder Mensch ein reichhaltiges Repertoire von Denk-, Fühl- und Verhaltensmöglichkeiten erlernt hat. Potenziale für Veränderung müssen also nicht erst neu gelernt werden, sondern sind bereits aufgrund vielfältiger Erfahrungen gespeichert. Die Frage ist: »Wie können diese Potenziale durch neue Weichenstellungen optimal vernetzt und auf den Betreffenden selbst bezogen werden?«

Reinkarnationstherapie – »Zeitreisen«

Bei der Reinkarnationstherapie wird das Angsttrauma auf den vorgeburtlichen Zeitpunkt seines Entstehens zurückgeführt. Es wird nicht das Körpergefühl, sondern eine so genannte »Zeitspur« *(time line)* als Maßstab genommen. Der Klient geht so lange in der Zeit zurück, bis er am Entstehungspunkt seiner Phobie angekommen ist.

In einer Tiefenentspannung (z. B. Hypnose) werden

wir in das »frühere Leben« geführt, das ursächlich für die Angst war. Viele finden sich hierbei als Ritter, Sklave im Mittleren Osten oder chinesischer Mandarin wieder – der Erlebnisbandbreite sind da keine Grenzen gesetzt. Sogar Leben als Außerirdische werden in der Tiefenentspannung »erinnert«...

Je genauer das Trauma erlebt wird, umso exakter kann die positive »Neuprogrammierung« erfolgen. Gegebenenfalls kann ein Hautwiderstandsmessgerät oder ein E-Meter (vergleichbar einem Lügendetektor) dem Therapeuten helfen, die »heiße Spur« so direkt wie möglich zu verfolgen.

Je angstfreier mein Körperenergiesystem ist, umso leichter wird es mir fallen, in der Zeit zu reisen. Es wird behauptet, dass wir mit unserem Bewusstsein sogar in andere Realitätsräume reisen können. Doch gleich, wie weit wir in die Vergangenheit oder Zukunft, andere Realitäten oder Ebenen reisen werden, wir werden immer eines bleiben – wir selbst! Deshalb ist es so wichtig, zu erkennen, wer wir *wirklich* sind, und sich nicht blenden zu lassen.

Der Glaube schafft Tatsachen

Wir gehen gemeinhin davon aus, dass unser Glaube das Produkt von dem sei, was uns widerfahren ist. Wir erleben eine berufliche Niederlage und glauben dann, dass es schwer sei, sich beruflich durchzusetzen. Aber kaum einer macht sich bewusst, dass die Wechselwirkung von Glaube und Lebensumstand auch in die andere Richtung funktioniert. »Ich glaube es erst, wenn ich es sehe«, sagt der skeptische Verstand. Doch das Selbst sagt: »Wenn du es glaubst, wirst du es sehen!«

> Die Wissenschaft stellt Tatsachen fest,
> der Glaube schafft Tatsachen.

Wenn Sie Ihrem Glauben treu bleiben und damit »in die Welt gehen«, muss »die Welt darauf antworten«, ob es die angestrebte Entlassung aus einer Pflicht, das Erreichen eines Topjobs oder die Befreiung aus einer Angst ist.

Jedem geschehe nach seinem Glauben,* sagte Jesus. Aber wussten Sie schon, dass Sie Ihren Glauben und somit Ihre »Glaubenssätze« frei wählen können? Wenn Sie beispielsweise beruflich oder privat viel bzw. weit reisen müssen, aber Angst vor dem Fliegen haben, weil Sie glauben, es sei gefährlich, dann können Sie Statistiken zurate ziehen und zu dem Schluss kommen, dass die Wahrscheinlichkeit eines Unfalls mit ernsthaften Folgen für Sie im Vergleich mit anderen Reisemöglichkeiten genauso groß oder relativ gering ist – und Sie werden dennoch weiterhin bei dem Gedanken an einen Flug zusammenschrecken. Logische Argumente ziehen da nur wenig.

Aber Gott sei Dank können Sie Ihre Glaubenssätze verändern. Statt sich daran festzubeißen, wie gefährlich Flüge sind oder nicht, arbeiten Sie einmal mit der Hypothese: »Das Fliegen ist relativ ungefährlich«, und stellen Sie diese dem bisherigen Glauben gegenüber.

* Vgl. Matth. 9, 28–29.

Sie stellen sich dann vor, dass Sie weiterhin glauben, das Fliegen (oder was auch immer) sei gefährlich, und erleben sich, wie Ihr Leben weiter verliefe, wenn Sie daran festhielten. Erleben Sie gedanklich Ihr persönliches »Horrorszenario«, die Einschränkungen, Belastungen oder auch Schmerzen, die damit verbunden sind.

Und dann arbeiten Sie mit der folgenden Hypothese: »Nehmen wir einmal an, ich würde glauben, das Fliegen sei relativ ungefährlich, ich wäre frei von jeder Furcht, wie würde sich das anfühlen?« Erleben Sie dieses befreite Gefühl und wie sich dieser neue Glaube auf das Heute, die Zeit in einem, in fünf, zehn Jahren und noch mehr Jahren auswirkt. Erfühlen Sie diese Freude, diese Leichtigkeit, diese Kraft und Freiheit. Und dann entscheiden Sie sich, was Sie glauben wollen – so einfach kann man seine Glaubenssätze im Prinzip verändern.

> Sie können Ihr Un(ter)bewusstes
> positiv beeinflussen,
> indem Sie probehalber einmal beides glauben –
> das, was angstbesetzt, und das, was angstfrei ist –
> und bei beidem spüren, wie es sich anfühlt
> und welche Konsequenzen es hat.
> Und dann sollten Sie bewusst wählen!

Unser Unterbewusstsein ist nämlich in erster Linie durch Emotionen beeinflussbar und erst in zweiter durch intellektuelle Gedanken. Geladene Bilder beeindrucken es ganz besonders. Dadurch, dass Sie dem, was Sie nicht wollen (der Angst), ein »Horror-« und dem, was Sie wollen (der Furchtlosigkeit), ein »Paradiesszenario« geben, ermuntern Sie das Unterbewusstsein, kreativ zu werden und in Ihrem Inneren alles bereitzustellen, damit Sie dann auch tatsächlich furchtlos sein können. Dies ist die wahre Bedeutung des Satzes »Euch geschehe nach eurem Glauben«, nämlich dass man das, was man glaubt, verändern und erreichen kann – zumindest auf der soziopsychischen Ebene.

Beispiele für Glaubenssätze, die unbedingt verändert werden sollten, sind etwa die folgenden:

- »Andere Menschen sind bedrohlich für mich.«
- »Beziehungen sind schwierig und schmerzhaft.«
- »Ich darf meine Sexualität nicht frei entfalten.«
- »Ich bin unfähig, der Welt meine Kreativität zu vermitteln.«

Bessere Glaubenssätze, die Sie stattdessen internalisieren könnten, wären etwa diese:

- »Andere Menschen sind eine Bereicherung für mich.«
- »Beziehungen sind kräftigend und aufbauend.«
- »Der stimmige Ausdruck von Sexualität dient meiner freien Persönlichkeitsentfaltung.«
- »Meine Kreativität und Genialität ist in der Welt erwünscht und wird freudig begrüßt.«

Manchmal wissen Sie möglicherweise nicht, welche Glaubenssätze Sie haben. In dem Fall versuchen Sie einmal, sich von außen zu sehen. Schauen Sie sich an, welche Glaubenssätze ein fremder Mensch haben müsste, der unter Ihren Ängsten leidet. Formulieren Sie entsprechende Annahmen und formen Sie sie in der soeben beschriebenen Weise um.

Tagtrancen erkennen und auflösen – Dehypnotherapie

Die Dehypnotherapie geht davon aus, dass wir bereits »hypnotisiert« sind – nicht im Sinne einer Showhypnose à la Rasti Rostelli, sondern eines »Schlafwandelns«, eines »Etwas-nicht-richtig-Mitbekommens«, quasi im Gegensatz zu dem, was man das »spirituelle Erwachen« nennt.

Alte Programme, die durch frühere Erlebnisse – vor und während der Geburt sowie durch die Erziehung usw. – entstanden seien, diktierten unsere heutigen Ängste, Wünsche und Träume, ohne dass wir dabei unserem wahren Selbst auf die Spur kämen. Sie beeinflussen sogar die Körperfunktionen.

Der bereits genannte Psychologe Stephen Wolinsky beschreibt in seinen Werken verschiedene »Trancen« (Metaphern: Filter, Tomaten auf den Augen, Wachs in den Ohren …), in denen wir Tag für Tag leben, ohne uns dessen bewusst zu sein. Hierbei sind »positive« genauso schädlich wie »negative Filter«, da sie zu einer Distanzierung von dem, »was ist«, führen und unweigerlich in der Enttäuschung oder Katastrophe enden müssen. Und gerade Angst sei eine Schlüsselenergie, die zu »positiven« wie zu »negativen« Tagtrancen führe. Beispiele dafür sind:

- Aus der Angst heraus, abgelehnt zu werden, redet man sich ein, man hätte den tollsten und besten Ehemann der Welt.
- Aus der Angst heraus, überfallen zu werden, sieht man in jedem, der einen scharf anblickt, einen potenziellen Verbrecher.

Allen solchen »hypnotischen« Zuständen ist gemeinsam, dass ihnen prägende Erfahrungen zugrunde liegen, die auf persönliche Weise interpretiert und bewertet werden. Wie kommt es zu diesen »Tagtrancen«?

Die Einstellungen und Reaktionen auf unsere Lebensumstände ergeben sich in erster Linie als eine unbewusste körperliche und emotionale Reaktion auf das, was wir in unserm Alltag – »in der Welt« – vorfinden. Der Verstand versucht, die Dinge zu interpretieren und mit Logik »zu richten«. Hierbei orientiert er sich an Glaubenssätzen und inneren Überzeugungen.

Da die meisten »eingefleischten« Überzeugungen außerhalb der bewussten Wahrnehmung angesiedelt sind, wirken sie wie permanent laufende innere Hypnoseprogramme (»Filter«) und sorgen dafür, dass sie ständig durch entsprechende Erfahrungen neu gespeist werden. Habe ich beispielsweise den Glaubenssatz, ich verdiene es nicht, angstfrei zu sein, bewerte ich mein Umfeld automatisch als so gefährlich, dass ich mich tatsächlich auch immer wieder in Situationen wiederfinde, die mich in meinem Glauben an die Furcht zu bestätigen scheinen: »Siehst du, habe ich wieder Recht gehabt«, sagen wir dann und vermögen uns gar nicht vorzustellen, dass es auch anders laufen könnte.

Alle Werturteile hinsichtlich der eigenen Person, anderer Menschen oder Situationen basieren auf Überzeugungen. Den stärksten Einfluss auf die Persönlichkeit haben Überzeugungen auf der Ebene der Identität (»Wer bin ich in Bezug zu Gott und der Welt?«).

Hier geht es um mein Selbstbild, meine Selbstbeurteilung gegenüber meinem Gewissen, meinen Selbstwert, aber auch um Selbstverachtung, -verurteilung, Verzweiflung und das Gefühl der eigenen Wertlosigkeit. Die Vertreter der modernen Dehypnotherapie behaupten, sämtliche einschränkenden Überzeugungen lassen sich grob in folgende drei Kategorien einteilen:

1. *Wertlosigkeit* (die Überzeugung, dass man selbst nichts wert ist und »es nicht anders verdient hat«),
2. *Hilflosigkeit* (die Überzeugung, dass man selbst nicht in der Lage sei, eine Veränderung zum Positiven zu erreichen),
3. *Hoffnungslosigkeit* (die Überzeugung, dass »alles« keinen Sinn habe).

Notieren Sie – sozusagen als »Übung« – einmal zehn Glaubenssätze über das Leben, sich selbst oder andere und ordnen Sie diese nach ebenjenen drei Kategorien.

Es ist unmöglich, alles, was in unserem Umfeld geschieht, bewusst mit allen Sinnen zu erfassen. Aber unser Unterbewusstsein nimmt alles auf, was um uns herum passiert. Aufgrund unserer vorgefassten Überzeugungen wählen wir aus den vielen Ereignissen unseres Alltags Tag für Tag die Informationen aus, mit denen wir uns beschäftigen, denen wir also Aufmerksamkeit geben. Diese

Auswahl geschieht in der Regel unbewusst. Größtenteils sorgen erlernte »Filter« dafür, welche Informationen uns bewusst zugänglich sind. Die »Tätigkeit« dieser Wahrnehmungsfilter ist es, bestimmte Informationen

- auszublenden (zu tilgen),
- zu verallgemeinern,
- durch Verknüpfung mit anderen Assoziationen zu verzerren oder
- etwas hinzuzuphantasieren.

Das, was wir wahrnehmen, ist also das, was nach oder aufgrund von Filterprozessen entsteht. Ergo wird das Erfahrene subjektiv interpretiert und bewertet: Unsere Erfahrungen sind nicht das, was tatsächlich mit uns geschieht, sondern das, was wir aus dem »machen«, was mit uns passiert, wie wir das Erfahrene bewerten.

Zur Interpretation des »Hier und Jetzt« werden somit abgespeicherte seelische »Landkarten« herangezogen. Das Unbewusste liefert mittels innerer Filme (»von damals«) und innerer Dialoge (Einflüsterungen) die Färbung und Interpretation unseres Erlebens.

So schaffen Bilder und Visionen, unabhängig davon, ob sie aus der Vergangenheit stammen oder wir uns diese »eingebildet« haben, die Tendenz, sich im *Jetzt* als real zu erweisen. Die Beschaffenheit unserer Gedanken, Interpretationen und inneren Kommentare, Abgleichungen etc. bewirkt entsprechende Gefühle. Die unbewusste Auswahl, emotionale Färbung und körperliche Reaktion (Magenschmerzen, Euphorie usw.) entsprechen einem selbsthypnotischen Prozess.

Ob wir uns gerade glücklich oder traurig fühlen, ist also stark davon geprägt, welche Bilder und inneren unbewussten Dialoge durchgespielt werden.

So zeigt sich auch, wie sich Erwartungsangst durch sich selbst erfüllt: Wenn jemand innere Bilder und Filme konstruiert, in denen er sich eine katastrophale Zukunft vorstellt, ist Angst zwangsläufig wohl eines seiner gegenwärtigen Themen. Irgendwann in seinem Leben hat dieser Mensch wahrscheinlich jene »Fähigkeit«, Katastrophenbilder zu konstruieren, aus gutem Grund gelernt. In der gegenwärtigen Situation schafft die Angst für ihn eine »physiologische Wirklichkeit«: Ein Mensch, der glaubt, nichts wert zu sein, wird das nervöse Hüsteln des Zugschaffners als Zeichen seiner persönlichen Abwertung deuten.

»Man sieht ein Seil und hält es für eine Schlange.«

Ramana Maharshi

So werden Wirklichkeiten geschaffen, die nicht hilfreich sind. Wenn wir unterstellen, dass selbstschädigende Gedanken und negative Bilder, die uns heute ungerufen überfallen, irgendwann einmal als Lösungsversuch für eine vergangene Konfliktsituation (äußere Realität) installiert worden sind, erkennen wir, dass wir diese hypnotischen Einflüsse auflösen, d. h. uns »enthypnotisieren« müssen.

Bei dem Prozess der Dehypnotisierung (heraus aus der

»Trance«) ist es wichtig, die Prägephase des Traumas noch einmal aus einer Beobachterposition heraus anzuschauen – sozusagen als »innerer Zeuge«. Die therapeutische Intervention setzt da an, wo es um die ganz individuelle innere Repräsentation des Problems geht. Da diese Informationen sinnlich konkret (Bilder, Gefühle, Stimmen …) abgespeichert sind, braucht es beim »Enttarnen« der Trance ein Arbeiten mit allen Sinnen. Was bedeutet dies im Klartext?

Nehmen wir einmal an, Sie haben Autoritätsangst, basierend auf traumatischen Ereignissen in der Kindheit. In dem Fall gehen Sie wie folgt vor:

- Fragen Sie sich: »Wo im Körper, an welcher Stelle genau, fühle ich diesen Teil, der verantwortlich ist für …?«* Fühlen Sie in Ihren Körper hinein, bis Sie diese Stelle ganz konzentriert und gebündelt spüren können.
- Lassen Sie all die Bilder aufsteigen, eins nach dem anderen, die mit diesem Gefühl verbunden sind, aber ohne sie zu bewerten oder zu interpretieren.
- Gibt es Stimmen (Gedanken), die an Ihrem Erleben beteiligt sind?
- Woher kommt diese Stimme, wie klingt sie, wessen Stimme ist es …? Sprechen Sie mit ihr so engagiert wie möglich, *werden* Sie zu ebenjener Stimme, ohne dies voranzutreiben, zu karikieren oder zu unterdrücken. Bleiben Sie dabei aber reiner Beobachter.

* In diesem Fall die Autoritätsangst.

Die entsprechenden Informationen aus dem visuell-räumlichen, dem kinästhetisch-emotionalen und dem auditiven Bereich sind die Bausteine, aus denen sich das Problemerleben zusammensetzt (Komposition). Wie bei einer musikalischen Komposition beeinflussen sich die Bestandteile gegenseitig und reagieren aufeinander. Durch ihr »Zusammenklingen« bilden sie ein komplexes System individueller Wahrnehmung. Um eine Lösung herbeizuführen, ist es sinnvoll, da anzusetzen, wo etwas auf unangenehme Weise verbunden oder verstrickt ist. Das bedeutet auch eine Würdigung dessen, wie die Person auf »kunstvolle« Weise ihre Bausteine der Wahrnehmung angeordnet hat. Von da aus ist ein Gestaltungsraum offen, der Veränderung im Sinne einer Neustrukturierung einzelner Wahrnehmungsbausteine ermöglicht.

Lange Zeit glaubte man in der Psychologie, es würde ausreichen, die Angst bzw. das Problem durch reines Wiedererleben zu löschen. Dem Psychologen Paul Watzlawick u. a. verdanken wir jedoch die Erkenntnis, dass wir ein psychisches Problem nie allein auf der Ebene lösen können, auf der es entstanden ist. (Einstein hatte dasselbe Theorem zuvor bereits für gesellschaftliche und physikalische Begrenzungen formuliert.) Entsprechend geht es nach dem Prozess der »Enthypnotisierung« darum, tiefer liegende Ressourcen für die Lösung zu aktivieren, Neukompositionen von Wahrnehmungselementen anzuregen. Dadurch können sich wieder neue unterstützende, lebensbejahende und konstruktive Überzeugungen bilden. Dies kann auf zwei Wegen geschehen:

1. Durch *Eingabe einer positiven Suggestion* anstelle des *gelöschten Traumas*: Diese kann logisch entwickelt oder auch intuitiv inspiriert sein. Einem Sexualphobiker wurden beispielsweise nach der »Löschung« seines Traumas die folgenden Affirmationen erfolgreich »gechannelt«:

- »Ich bin bereit und in der Lage, sexuelle Erfüllung zu erfahren!«
- »Ich lasse das Muster von unerwünschter, abhängiger Sexualität los und bin verfügbar für eine erfüllende Sexualität in Körper, Seele und Geist!«
- »Ich gebe es auf, Störungen oder Kontrollversuche im Umgang mit meiner Partnerin zu kreieren, und erlebe einen befreiten Ausdruck sexueller Energien auf jeder Ebene.«

2. Durch *Suggestion von beispielhaften Analogien*, welche hypnotische Zustände aufdecken und auf- bzw. einlösen: Beispielhaft zu erwähnen sind hier die Phantasiereisen und Hypnotrancen des bereits erwähnten Münchner Psychologen Dr. Günter Bayer.

So gesehen geht es in der Dehypnotherapie auch darum,

- zu erkennen, worin unsere Tagtrance (hypnotisierende Überzeugung) besteht,
- wahrzunehmen, wo wir in der Zeitspur eingefroren sind,
- die Trance aufzulösen, sodass die Energie wieder frei verfügbar wird, und

- Vorschläge zu entwickeln, den jeweiligen Lebensbereich angstfrei und damit im »Hier und Jetzt« anzunehmen.

Rationalisieren

Durch Rationalisieren komme ich zwar nicht meiner Urangst auf die Spur, kann aber im Notfall meinen Verstand schnell beruhigen, insbesondere bei irrationalen Erwartungsängsten. Beim Rationalisieren trenne ich bewusst Verstand und Gefühl. Es ist quasi eine »Erste-Hilfe-Lösung«, der aber eine Nachbearbeitung und geistige Gesundung mithilfe anderer Methoden folgen sollte.

Sie können alle Ihre Ängste und Sorgen auf einem Blatt Papier notieren. Kreuzen Sie die Ängste an, die jeden Menschen in unserer Gesellschaft betreffen können (Angst vor Arbeitslosigkeit, Armut, Tod). Machen Sie sich bewusst, dass andere Menschen auch mit dieser Angst leben können, und finden Sie heraus, wie diese das bewältigen.

Bei Erwartungsängsten machen Sie sich bewusst, wovor Sie konkret Angst haben, und fragen Sie sich: »Wie hoch ist die Wahrscheinlichkeit, dass die Dinge eintreten?« Meist ist die Angst schlimmer als die tatsächliche Gefahr.

Das Schlimmste akzeptieren, das Beste rausholen

Überlegen Sie sich angesichts einer Angst, was schlimmstenfalls passieren könnte. Akzeptieren Sie das Schlimmste, aber erwarten Sie das Beste. Und dann handeln Sie.

Hierfür ein Beispiel: Nehmen wir einmal an, Sie möchten einen Menschen ansprechen, der Ihnen gefällt, vielleicht, um mit ihm zu flirten. Die Angst vor Ablehnung hindert Sie aber daran. In dem Fall stellen Sie sich vor, was schlimmstenfalls passieren könnte – der/die andere könnte Sie für einen »blöden Anmacher« halten, vielleicht sogar die Polizei rufen, und Sie wären blamiert. Akzeptieren Sie dies. Und dann denken Sie daran, was »günstigstenfalls« passieren könnte, ein traumhafter Flirt ... Und dann sprechen Sie den/die andere(n) an.

Eine Absicht bekunden – Widerstände aufschreiben

Diese Technik ist besonders bei angstbedingten »Starthemmungen« sehr hilfreich. Nehmen wir einmal an, Sie möchten ein ganz bestimmtes Ziel erreichen und Ihre Angst hindert Sie daran. Dies kann sein:

- sich um einen Job bewerben,
- einen fremden Menschen ansprechen,
- den Termin beim Zahnarzt vereinbaren.

In dem Fall notieren Sie Ihre Absicht auf einem Blatt Papier, am besten in schwarzen Großbuchstaben. Darunter schreiben Sie all das, was Sie daran hindert, die Absicht durchzuführen. Wenn Sie möchten, können Sie dafür eine andere Farbe, z. B. Rot, verwenden. Denken Sie immer wieder an Ihre Absicht und prüfen Sie stets danach, welcher Widerstand noch gegen die Absicht hochkommt. Wenn Sie den Widerstand notieren, bewerten Sie ihn nicht, achten Sie nur darauf, dass Sie stets etwas Neues notieren, bis Sie spüren, dass der positive Gedanke sich durchgesetzt hat.

Mit dem Anfertigen dieser Liste schleifen bzw. spitzen Sie den guten Gedanken wie einen Bleistift. Nachdem kein Widerstand mehr spürbar ist, geben Sie sich selbst ein wenig Zeit, bis der Handlungsimpuls kommt.

Beispiel: »Ich bewerbe mich um einen neuen Job.« Und dann die »Hinderungsgründe«: »Das bringt ja doch nichts, niemand will mich, Müdigkeit, Sinnlosigkeit, ein Drücken im Körper, Schwere, Ohnmacht, Schmerz; da ist ja doch keine Chance; Angst vor dem Papierkram; es gibt keinen passenden Job für mich …« (Dabei sollten Sie aber immer wieder den positiven Gedanken denken, bis dieser sich durchsetzt!)

Das Verhalten verändern

Das Verhalten eines Menschen ist wie gesagt eine der drei Ausdrucksformen (Körper, Psyche-Geist, Verhalten) von Angst. Der Ansatz, Verhalten und verhaltensbedingte Angst »umzulernen«, wurde von dem Psychologen Joseph Wolpe* eingehend beschrieben. Er nennt eine Erfolgsquote von 80 bis 90% bei einer Zahl von 25 bis 30 Sitzungen pro Klient.

Grundlage dieser Therapie ist es, das eigene Verhalten gegenüber einem Angstauslöser zu verändern. In der heute allgemein üblichen Form listet der Klient seine

* Vgl. z. B. Joseph Wolpe: *Unsere sinnlosen Ängste. Wege zu ihrer Überwindung,* München 1988.

Ängste nach Heftigkeit auf, und man beginnt damit, die »harmloseste« Angst zu bearbeiten.

Obwohl die Erfolgsquote hoch ist, sind nicht alle Klienten bereit, diese Behandlungsmethode bis zum Ende durchzuziehen: 25 bis 30 Sitzungen zu bewältigen, bedeutet immerhin, sich ein halbes Jahr lang wöchentlich mit Angst auslösenden Reizen zu konfrontieren. In vielen Fällen sucht sich die Angst einen neuen Weg, um sich auszudrücken. Was die Angst von einem wollte, wird hier ebenso wenig untersucht wie das seelische Wachstum, das aufgrund der Angst und ihrer Bewältigung potenziell möglich ist. Und doch kann die Methode helfen, ein neues Verhalten an den Tag zu legen.

Pawlow-Therapie (bedingte Reflexe)

Weltbekannt ist der »Pawlow'sche Hund«. In einem groß angelegten Versuch läutete der russische Mediziner und Physiologe Iwan Petrowitsch Pawlow (1849–1936) über einen längeren Zeitraum immer eine Glocke, bevor er seinem Hund zu fressen gab. Pawlow konnte nachweisen, dass eines Tages der Hund begann Speichel abzusondern, sobald er die Glocke hörte, auch wenn er gar nichts zu fressen bekam.

Aus diesem Wissen heraus entstand nach dem Zweiten Weltkrieg der Therapiezweig der »bedingten bzw. konditionierten Reflexe«, detailliert beschrieben etwa von dem Psychologen Andrew Salter*.

Die Patienten bekommen nach dieser Methode bei-

* Vgl. Andrew Salter: *Conditioned Reflex Therapy*, Wellness Institute 2002.

spielsweise ihre Lieblingsspeise vorgesetzt, während man sie mit ihrem Angstauslöser konfrontiert, oder sie werden für die Bewältigung einer Angst (Mutprobe) in irgendeiner anderen Form belohnt.

In einigen Tantra- oder Therapiegruppen ist es üblich, einen Teilnehmer, der ein schwieriges »Coming-out« hinter sich gebracht hatte, z. B. sich zu seiner Homosexualität zu bekennen oder ein Kindheitstrauma zu offenbaren, durch Streicheleinheiten zu belohnen. So soll die Angst »umgelernt« werden. Auch diese Methode verweist auf gute Erfolge, benötigt jedoch ebenfalls zirka sechs Monate, bis sie erste Früchte trägt.

Densensibilisierung/Dissoziation/innerer Zufluchtsort

Die Desensibilisierung macht sich die bereits erwähnte Tatsache zunutze, dass Angst und Entspannung nie gleichzeitig auftreten können. Um die Homoöstase, das Gleichgewicht der physiologischen Körperfunktionen, zu erzielen – den Blutdruck zu senken, das Herz zu beruhigen –, wird der Klient in einen entspannten Zustand gebracht. Dann wird der Angstauslöser immer näher an den Klienten gerückt, aber stets so wenig, dass keine Angst aufkommt. Da es im entspannten Zustand unmöglich ist, Furcht zu verspüren, wird so die Angst »entlernt«.

Ist die Identifikation mit dem Angstauslöser sehr stark, wird die aus dem NLP* stammende Technik der Dissozi-

* NLP ist die Abkürzung für »*N*euro*l*inguistisches *P*rogrammieren«. NLP beschreibt Regeln, nach denen unsere Kommunikation funktioniert. Es

ation eingesetzt: Man stellt sich vor, dass man die Angst machende Szene in einem Kino auf der Leinwand beobachtet. Sollte dieser Reiz immer noch zu stark sein, stellt man sich vor, man sei derjenige, der den Kinozuschauer beobachtet – und nähert sich dem Angstbild immer so langsam, dass die Angstauslösung vermieden wird.

In einer Variante stellt man sich eine angenehme Situation vor. Der Klient kreiert dafür ein Wunschbild, z. B. einen warmen Sandstrand am Meer. In diesem Zustand imaginiert er, dass er dort an eine Angst machende Situation denkt, und löst sie auf.

Die schrittweise Annäherung

Die »Salamitechnik« (Scheibchen für Scheibchen ...) der kleinen Schritte, die Methode der »schrittweisen Annäherung«, ist die praktische Variante der Desensibilisierungstechnik. Bin ich bereit, mir anzuschauen, was ich befürchte, und mich diesem schrittweise anzunähern, löst es sich auf. Viele Therapeuten empfehlen, eine ganze Angstliste gleichzeitig abzuarbeiten, andere konzentrieren sich zuerst einmal auf die Bearbeitung einer einzigen Angst:

1. Schritt *(»andere Person«)*: Denken Sie sich zwölf bis vierzehn Szenen aus, die ein Modell (eine andere Person) in einer gefürchteten Angst zeigen. Jede Szene sollte realistisch sein, leicht vorstellbar und relativ ein-

ist ein Modell, das Anfang der 80er Jahre aus der Beobachtung erfolgreicher Kommunikationsprofis entwickelt wurde.

fach. Das Modell sollte vom gleichen Alter und Geschlecht wie Sie sein. In jeder Szene Ihrer Liste lassen Sie das Modell eine bestimmte Angst ausstehen und meistern. Das Modell sollte seine Gefühle in Worte fassen. Jede Szene muss positiv enden. Schreiben Sie die Szenen vor Beginn der Übung nieder und notieren Sie hinterher, was Sie in der Imagination erlebt haben.

2. Schritt *(»sich selbst vorstellen«)*: Stellen Sie sich die Szenen vor, wie Sie diese in der Liste niedergeschrieben haben, mit sich selbst als Hauptfigur. Halten Sie jedes Bild mindestens 15 Sekunden vor Ihrem geistigen Auge fest. Es sollte klar umrissen vor Ihnen stehen, ehe Sie zum nächsten übergehen. Die Übung sollte nicht zu lange dauern (gewöhnlich 5 bis 10 Minuten). Spielen Sie jede Szene eine Woche lang einmal täglich durch. Dann überprüfen Sie die Szenen und nehmen Veränderungen vor, wenn es nötig ist. Wiederholen Sie diese täglich für weitere zwei Wochen.
3. Schritt *(»touch and go«)*: Begeben Sie sich in die gefürchtete Situation – gehen Sie in den Aufzug, die U-Bahn, das überfüllte Zimmer, den Flughafen oder in die Nähe eines Feuers –, und zwar nur so weit, dass die Angst erträglich ist. Versuchen Sie, sich ganz bewusst so zu verhalten wie das »Modell« in der Phantasieszene. Erteilen Sie sich die gleichen Selbstinstruktionen und befolgen Sie sie. »An die Situation gehen« bedeutet: Um ein zu hohes Angstniveau abzubauen, ist ein stufenweises Annähern an bisher vermiedene Situationen erfolgreich: »Halte alle Vorsichtsmaßnahmen ein, gehe nicht weiter, als du es aushältst, aber gehe ran!« Beispiel Aufzugsangst:

- Gehen Sie in die Nähe eines Aufzugs.
- Drücken Sie auf den Knopf, lassen Sie den Aufzug kommen, gehen Sie aber nicht hinein.
- Gehen Sie in den Aufzug hinein, aber direkt wieder hinaus, ehe er losfährt.
- Gehen Sie hinein, lassen Sie die Türen sich schließen, drücken Sie dann auf »Tür öffnen« und gehen Sie hinaus.
- Fahren Sie in den ersten Stock, gehen Sie zu Fuß wieder hinunter.

4. Schritt *(»stay«)*: Bleiben Sie stets in der Übung, sowohl in der Phantasie wie im täglichen Leben. Mit steigender Selbstbeherrschung ergibt sich gewöhnlich eine ständige Verminderung der Angst, die gleichzeitig Ihre Angstreaktion abschwächt.

Angst hat eine seltsame Eigenschaft:
Läuft man vor ihr weg, wird sie immer größer
und bedrohlicher;
je mehr man auf sie zukommt, umso kleiner wird sie.
Laufe ich heute vor ihr weg, ist sie morgen größer,
besiege ich sie heute, ist sie morgen kleiner!

Wenn Sie möchten, können Sie die Pawlow-Therapie mit der »Salamitechnik« verbinden, indem Sie sich jedes Mal, wenn Sie eine Angst besiegen, eine kleine, vorher festgelegte Belohnung geben.

Wellenreiten im Strom des Lebens

Nachfolgend erhalten Sie einen »existenziellen Ansatz« für die Bewältigung von Angst auf der Ebene des Verhaltens:

- Erkennen Sie: Angst ist ein ganz normales Gefühl.
- Gehen Sie bewusst (!) in die Angst hinein.
- Entlarven Sie Angst machende Gedanken und Phantasien und unterlassen Sie diese durch Selbst-bewusstsein (Bewusstseinstraining).
- Beobachten Sie, was hier und jetzt wirklich geschieht (reiner [unbeteiligter] Zeuge sein).
- Halten Sie die (Selbst-)Wahrnehmung in der Angstsituation aufrecht: bewusst riechen, schmecken, schauen, hören, fühlen. So bleibt man im tatsächlichen Erleben präsent! Man sollte sich nicht ausblenden.
- Bleiben Sie in der Angst machenden Situation und beobachten Sie die Angst, wie sie von selbst kleiner wird (den Wellenverlauf der Angst wahrnehmen, die ganze Welle durchlaufen lassen).
- Sie sollten keine Angstsituation vermeiden (stattdessen auftauchende Angst spüren und das Ganze als Angsttraining nutzen).

Wenn Sie das »Zeugesein«, ohne zu werten, üben möchten, kann es hilfreich sein, die Meditation der reinen Atembeobachtung (»Vipassana-Meditation«) zu erlernen.

Die Negativität der Angst konstruktiv nutzen

Im Folgenden werden einige Techniken vorgestellt, mit denen Sie die »Negativität«, die der Angst zugrunde liegt, konstruktiv nutzen können. Die Techniken sind jedoch nicht uneingeschränkt für jedermann geeignet. Es gibt ganz offensichtlich Menschen, die auf Negativität positiv reagieren – und solche, die Lob und »Streicheleinheiten« brauchen, weil sie ansonsten gegenteilig reagieren würden.

Hierzu ein Beispiel: Nehmen wir einmal an, ein Vater sagt zu seinem Kind: »Das schaffst du nie!«, um es anzuspornen, damit es ihm beweist, dass es »das« doch schafft. Vielleicht ist der Vater selbst jemand, der durch Negativität motiviert wird. Wenn ihm die Ehefrau beispielsweise sagt: »Das schaffst du nie«, wird er gerade dadurch angestachelt, ihr das Gegenteil zu beweisen. Was für den einen Anreiz ist, kann für den anderen eine Entmutigung sein. So kann es durchaus geschehen, dass ein provozierender Vater mit seiner Negativität den sensiblen Sohn gerade *nicht* motiviert, sondern »zerbricht«. Mit der Negativität zu arbeiten, ist, wie mit dem Feuer zu spielen – man muss es beherrschen und wissen, wie die Betreffenden bzw. man selbst reagiert – dann kann es verwandeln!

Angst durch Provokation auflösen

Der Ansatz, Angst durch Provokation aufzulösen, wurde aus der klassischen Psychotherapie entwickelt; er muss aber nicht lediglich Therapeuten vorbehalten bleiben.

»Provozieren« (lat. *provocare*) bedeutet wörtlich »hervor-, heraus-, aufrufen«. Da wir alle so unsere »Mäuerchen« haben, hinter denen wir uns verstecken, kann es gelegentlich hilfreich sein, uns »hervorrufen« zu lassen oder auch andere »hinter der Mauer hervorzuholen«. Für beides brauchen wir Mut.

Wenn ich jemanden bei gegebenem Anlass gekonnt und gezielt provoziere und dabei in meiner Mitte bleibe, kann ich ihm unter Umständen helfen, aus seiner Negativität herauszukommen. Wenn ich provozieren will, muss ich jedoch emotional unliebsame Reaktionen in Kauf nehmen und dabei gleichzeitig emotional losgelöst bleiben. Provokation ermöglicht mir, »negative« Menschen gekonnt abzuwehren, ohne vor ihnen zu fliehen. In dem Sinne ist der provokative Ansatz ein Selbst-Training zum »Erwachen«.

Bei der provokativen Therapie greife ich die Negativität des anderen auf und arbeite bewusst *mit* ihr statt *gegen* sie. Hierzu ein Beispiel aus der Beraterpraxis des Psychologen Milton H. Erickson:

Eine 31-jährige Frau rief Erickson an und bat um Hilfe, fügte aber hinzu, sie sei sich sicher, dass er sie nicht empfangen würde. Als sie dann doch in seinem Büro ankam, sagte sie als Erstes: »Ich hab's ja gleich gewusst, dass es keinen Sinn hat, ich gehe am besten wieder.«

Erickson drängte die Klientin, sich erst einmal zu setzen, und er glaubte nach einer Weile intensiven Nachdenkens, dass ihre Negativität emotional stärker geladen war als ihre Positivität und dass er ihrem Muster deshalb nur durch »Brutalität« beikommen könne. Er nahm kurz ihre Vorgeschichte auf und stellte dann die beiden entscheidenden Fragen: »Wie groß sind Sie?« Und: »Wie viel wiegen Sie?«

Mit dem Ausdruck größten Unbehagens antwortete sie: »Ich bin einen Meter fünfzig groß und wiege etwa zweieinhalb Zentner, ich bin potthässlich!«

Erickson entgegnete provokativ: »›Potthässlich‹ ist gar kein Ausdruck – es ist widerlich, Sie überhaupt anschauen zu müssen. Mit schlichten Worten: Sie sind eine Katastrophe!«

Die Klientin daraufhin: »Na ja, so schlimm ist es ja nun auch wieder nicht!«

»Provokativ« zu arbeiten, bedeutet, das Muster, aus dem heraus der andere agiert, zu durchschauen und »den Punkt zu treffen«. Der provokative Ansatz setzt »Objektkonstanz« voraus (s. a. das Kapitel »Angst und Objektkonstanz«) und… konstruktives Mitgefühl. Der provokative Ansatz ist insbesondere dort sehr wirkungsvoll, wo der andere auf »negative Liebe« (im Sinne von Hoffmann*) programmiert ist. Er basiert auf folgenden »Spielregeln«:**

- Ich zeige durch meine Provokation, dass ich keine Angst vor den Reaktionen des anderen habe, insbesondere nicht davor, die Dinge beim Namen zu nennen. Ich bemühe mich nicht um »schonende Behandlung« und rede nicht um den heißen Brei herum. Das stärkt meine Glaubwürdigkeit.

* Vgl. Bob Hoffmann: *Entfaltung der Liebe*, Basel 1992.

** Diese »Spielregeln« sind in leicht abgewandelter Form der Website des Münchner Psychologen und Buchautors Hans-Ulrich Schachtner (www.schachtnerseminare. de) entnommen.

- *Humor* als Bestandteil der provokativen Interaktion stellt eine indirekte Suggestion für Zuversicht dar. Eine scherzhafte Attitüde ist nämlich nur dann angebracht, wenn ich sicher sein kann, dass alles einen guten Ausgang nehmen wird. Damit suggeriere ich Zuversicht, ohne bewussten Widerstand zu wecken. (Um da keine Missverständnisse aufkommen zu lassen, sollte ich sicherheitshalber immer erst nach dem anderen lachen und auch etwas weniger laut als dieser.)
- Durch *Übertreibung des Negativen* (»Advocatus Diaboli«) bringe ich den anderen dazu, dass er seine Negativität abschwächt, realistischer denkt und Positives herausfindet.
- Ich gewinne an *Glaubwürdigkeit*, indem ich zeige, dass ich nicht von den Normen sozialen Wohlverhaltens (»gesellschaftliche Zwangsjacke«) kontrolliert werde, und bewahre mich dadurch vor der Gefahr, in die »liebe Ecke« gestellt zu werden (aus der ich später kaum mehr herauskomme).
- Besonders stark wirkt provokative Therapie durch das Phänomen der *paradoxen Authentizität*: Ich zeige durch nonverbale Gesten Achtung und Wohlwollen für den anderen, widerspreche dem aber scheinbar verbal, sodass er mehr und mehr lernt, den Verstand und seine komplexen Strukturen zu durchschreiten und aus der »Wahrheit hinter dem Schein« heraus zu agieren.

Nicht jeder Mensch ist gleichermaßen für den provokativen Ansatz geeignet. Emotional offene (»offenherzige«)

Menschen sind zu sensibel, um sie aktiv anzuwenden. Paradoxerweise ist Provokation gerade für gehemmte Menschen ein ganz besonders wertvoller Schlüssel gegen die Angst: Wer provoziert, muss sich selbst nicht zeigen. Er kann sich selbst hinter seiner Hemmung wie hinter einer Hecke verstecken und zuwarten, bis der Geist sich im anderen zeigt. Wer den Mut hat, sich der Provokation auszusetzen, erfährt sich als wahrhaftiger und authentischer, als wenn er seine Antwort auf die Angst in gesellschaftlichen Konventionen sucht. Er ist oftmals von seinen eigenen Reaktionen überrascht.

Was in der Provokation gesucht wird, ist der Geist, der Spirit, die ausgewogene innere Haltung, die hinter unseren Schattenfechtereien verborgen ist. Gekonnt praktiziert, führt der provokative Ansatz zu einer »Schwebung«, d. h., es wird eine Stimmung erzeugt, in welcher der Verstand »aussetzt«, im günstigsten Falle ist es ein »Sich-nahe-Sein«, eine nicht greifbare »Mystik« im Raum, welche die Gegensätze (und damit auch die Angst) auflöst.

Im *I-Ging* zeigt sich der provokative Ansatz in Hexagramm 39 (»Das Hemmnis«), aber auch in den Hexagrammen 55 (»Die Fülle«) und 18 (»Die Arbeit am Verdorbenen«). Gemäß dem Human Design System, von dem schon die Rede war, lässt sich aufgrund der Geburtsdaten eines Menschen berechnen, ob hier eine entsprechende »Begabung« vorliegt. Wenn es darum geht, eigene »Mäuerchen« zu überwinden, ist oftmals die Provokation der entscheidende »Tritt in den Hintern«, den wir brauchen, um wirklich loszumarschieren. In dem Zusammenhang ermuntert vielleicht auch der Titel des Buches *Das wäre doch gelacht!** von Eleonore Höfner und Hans-Ulrich Schachtner zum Fortschritt.

Gegenregulation (»Impfen«)

Diese Methode wird sehr häufig bei Menschen angewandt, die tatsächlich in gefährlichen Situationen leben: Akrobaten, Fallschirmspringer, Großwildjäger, aber auch Schauspieler. Wenn diese Menschen eine für sie gefährliche oder ungewohnte Aufgabe planen, stellen sie sich die Situation vor, bis sie Angst empfinden. Sobald das Angstgefühl eine bestimmte Schwelle erreicht hat, beginnt die innere Gegenregulation. Dann, wenn die Aufgabe erfüllt werden soll, erleben sie sich als gefasst, präzise, geistesgegenwärtig und überaus rasch in ihrer Reaktion.

Übung: »Impfen«

Denken Sie einmal an eine Situation, die Ihnen Angst macht. Identifizieren Sie sich so stark mit der Situation, bis Sie die Angst spüren. Nehmen Sie wahr, wie die Angst hochkommt, ohne dass Sie weiter darauf reagieren, und bleiben Sie gedanklich so lange in der Situation, bis die Angst von selbst abflaut. Führen Sie die Situation gedanklich einem guten Ende zu. Wiederholen Sie dies immer wieder, bis Sie spüren, dass keine »Ladung« mehr auf Ihrer Angst ist.

* Eleonore Höfner und Hans-Ulrich Schachtner: *Das wäre doch gelacht!*, Reinbek 1995.

Die in der Vorstellung erzeugte Angst gibt den Kick für die Aktivierung des Organismus. Es ist in dem Fall vorteilhaft, den Phantasien ein positives Ende zu geben. Auch auf die gefährlichste Vorstellung kann ja eine positive Lösung folgen, ehe die Phantasie endet. So kann man der Gefahr einer Misserfolgsprogrammierung (negative Zielvorstellung) entgehen.

Überfluten (Flooding)

Die Technik des Flutens wurde erstmals von Dr. Nicholas Malleson in seinem Beitrag »Panic and phobia«* detailliert beschrieben. Man geht hier davon aus, dass wir durch Übertreibung des Horrorszenarios die Psyche dazu zwingen, »Antikörper« gegen die Angst zu produzieren. In einer tatsächlich ungefährlichen Situation wird der Klient gedanklich dem schlimmstmöglichen Szenario ausgesetzt.

Malleson entwickelte die Technik des Überflutens bei der Behandlung eines Examenskandidaten mit Versagensangst. Er forderte ihn auf, sich immer wieder das schlimmstmögliche Versagensszenario vorzustellen. Er stellte fest, dass mit jedem Durchleben der imaginären Angst die Angstreaktion kleiner wurde. Sowohl das Negativbild wie auch die körperlichen Reaktionen auf die Angst (Pulsschlag etc.) wurden von Mal zu Mal schwächer. In der tatsächlichen Prüfung war der Kandidat letztendlich angstfrei und bestand das Examen mühelos.

* Nicholas Malleson: »Panic and phobia; a possible method of treatment«, in: *Lancet* 1/1959, S. 225–227.

Heute wird mithilfe von Ton, Bild, Suggestion »geflutet«, und zwar in der Regel in drei Schüben à 10 Minuten. Manchmal wird die Überflutung auch so lange durchgehalten, bis die Angstsymptome zurückgehen, was u. a. am Hautwiderstand messbar ist. Ziel des Überflutens ist es, dass der Klient eines Tages sein Angstobjekt furchtlos betrachten kann.

Viele Psychologen führen den Erfolg des Überflutens auf die »schützende Schwellanhebung« *(protective inhibition)* zurück, die im Idealfall erreicht wird. Ein Beispiel soll verdeutlichen, wie dies funktioniert: Nehmen wir einmal an, Sie leben in einem gut isolierten Haus am Waldesrand und sind nachts extrem geräuschempfindlich. In dem Fall würde der Therapeut Sie vielleicht in ein Zelt auf einem lauten Campingplatz schicken. In der ersten Nacht werden Sie vielleicht kein Auge zubekommen – doch nach einer Woche hat sich Ihr Ohr an die Hörschwelle gewöhnt, und der Lärm sowie die vielen Leute auf dem Campingplatz machen Ihnen wahrscheinlich nichts mehr aus.

Erfahrungen haben gezeigt, dass Überfluten wesentlich stärker wirkt, wenn der Therapeut nicht anwesend ist – in dem Fall hat der Klient keine Chance, zu »klammern«, sondern er ist gezwungen, innere Ressourcen zu entwickeln. Ein Nachteil des Überflutens liegt darin, dass die Therapie für viele Klienten zu schmerzhaft ist und sie sich weigern, sie fortzuführen – nur wahre »Kämpfernaturen« stehen sie durch.

Sie können sich die Technik des Überflutens auch so vorstellen: Wenn Sie vor etwas Angst haben, übertreiben Sie gedanklich den Angstauslöser. Falls Sie etwa Angst vor Spinnen haben, stellen Sie sich vor, Sie stehen vor einer 30 cm großen Vogelspinne. Haben Sie Angst davor, vom 2-m-Brett ins Schwimmbassin zu springen, stellen Sie sich vor, Sie stehen auf dem 10-m-Turm und müssen springen, weil hinter Ihnen ein Feuer brennt. Wenn Sie Angst davor haben, vom Balkon im dritten Stock aus nach unten zu sehen, stellen Sie sich vor, Sie stehen auf dem Balkon des dreißigsten Stocks, und zwar ohne Geländer. Wenn Sie Angst vor Ihrem Partner haben, stellen Sie sich vor, Sie seien mit einem zehnmal gemeineren und grausameren verheiratet – folgen Sie der Spur der Angst (womit natürlich nicht gemeint ist, dass Sie die Beziehung um jeden Preis aufrechterhalten sollten …).

Man übertreibt in der Phantasie den Angstauslöser immer wieder und erlaubt es, von der Angst überflutet zu werden – in der Absicht, dass einem der tatsächliche Angstauslöser irgendwann relativ harmlos erscheint.

Der Dickens-Prozess – das Horrorszenario vorwegnehmen

Aus der Arbeit des NLP, der »Erfolgspsychologie« und insbesondere durch den amerikanischen psychologischen »Coach« und Bestsellerautor Anthony Robbins wurde der so genannte Dickens-Prozess* der therapeutischen und der geschäftlichen Welt zugänglich gemacht. Dies ist ein Motivationswerkzeug, das u. a. dazu dienen

* Nach der kaltherzigen und rücksichtslosen Dickens-Figur des Scrooge (*A Christmas Carol*), dessen Leben sich dramatisch veränderte, nachdem ihm in einer Vision sein jämmerliches Dasein bewusst geworden war.

soll, Glaubenssätze und innere Fehlhaltungen zu korrigieren.

Forschungen haben gezeigt, dass viele Menschen, die von einer Angst oder einem negativen Verhaltensmuster beherrscht werden, erst dann zu einer Veränderung bereit sind, wenn sie an ihrem schmerzhaftesten inneren und äußeren Tiefpunkt angekommen sind. In der Suchttherapie besagt eine Regel, dass man keinem Süchtigen helfen solle, bevor er nicht seinen Tiefpunkt (»Punkt der Läuterung«) erreicht habe. Ansonsten würde man das Leiden nur herauszögern. Der Betroffene würde nur zwischen Besserung und Rückfall hin und her pendeln (Jo-Jo-Effekt). Müttern von Heroinsüchtigen wird z. B. dringend abgeraten, ihren Kindern Geld zur Beschaffung des Rauschgifts zu geben, selbst wenn es ihnen noch so wehtut, ihr Kind leiden zu sehen. Erst wenn der Süchtige, der Ängstliche, der Fehlgeleitete seinen Schmerz so stark spürt, dass es nicht mehr stärker geht, ist nach dieser Methode die Basis für eine Umkehr gegeben.

Das Verlernen von Angst- und Suchtmustern funktioniert im Dickens-Prozess auf dieser sehr schwierigen Stufe nach dem Prinzip der Trennung von Schmerz und Vergnügen. Solange das Vergnügen an der Angstvermeidung bzw. Droge größer ist als der Schmerz, wird weiter nach dem Motto der Bequemlichkeit gelebt. Sobald der Schmerz aber unerträglich wird und das eventuelle Vergnügen an einer Veränderung des falschen Musters sich dramatisch erhöht, erwächst aus diesem Schmerz-Vergnügens-Verhältnis der Punkt zur Umkehr.

Der Dickens-Prozess nimmt jetzt den Schmerz des falschen Verhaltens vorweg. In einem Horrorszenario wird (am besten unter der Anleitung eines kundigen Therapeuten) der Psyche eingeprägt, wie das Leben weiter verläuft, wenn man noch länger an dem falschen Verhalten klebt. Das Negativerlebnis, das eines Tages sicher eintreten würde, wird in der Imagination in die Gegenwart vorverlegt, der Schmerz deutlich gespürt und dadurch der Wunsch nach einer Umkehr vorverlagert ins *Heute*, eine Zeit, in der man noch alle Kraft und Möglichkeiten hat, etwas zu ändern.

In der Praxis funktioniert das so: Angenommen, Sie hätten Angst vor Ihrem cholerischen Vermieter – denken Sie darüber nach, wie Ihr Leben »schlimmstenfalls« weiter verlaufen würde, wenn Sie diese Angst nicht bearbeiteten. Um wie viel schlimmer ist Ihr Leben binnen eines Jahres geworden, wenn Sie sich weiter von dieser Angst leiten lassen? Vielleicht ist dann Ihr Selbstwertgefühl zusammengebrochen. Oder Sie können tagsüber nicht mehr arbeiten, weil sie ständig an Ihren Vermieter denken müssen. Man denkt an das schlimmstmögliche Szenario und spürt den Schmerz, den dieses Szenario in einem auslöst, ganz bewusst. Dann stellt man sich vor, man sei zehn Jahre älter und hätte diese Angst nicht überwunden. Welche Glaubenssätze würde man dann haben über sich – und über das Leben? Wie würde man sich fühlen? Letztendlich stellt man sich vor, man liege auf dem Sterbebett mit dieser Angst. Wie würde man rückblickend über sich und sein Leben denken? Vielleicht wird man sich als totaler Versager fühlen in einem Leben, das nicht lebenswert war. Man fühlt diesen Schmerz so stark, bis ein »Nein!« aus dem Innersten herausbricht. In dem

Augenblick – so die Befürworter dieser Methode – ist die Kraft zu einer Lebensveränderung aufgebrochen.

Leverage – den Hebel finden

Leverage* ist quasi eine Steigerungsform des Dickens-Prozesses. Wenn Sie ein ungewöhnlich schweres Gewicht in die Höhe stemmen wollen, können Sie dafür einen Hebel benutzen. Auch für Ihre Motivation braucht es einen »Hebel«. Einen »Motivationshebel« finden heißt, entweder den Schmerz bei der Zielverfehlung oder die Freude bei der Zielerreichung zu erhöhen – am besten beides. Der Gewöhnung an das Falsche soll man nach dieser Methode einen Schmerz entgegensetzen, um das Falsche zu unterlassen. Dem »Gewöhnen an das Richtige« soll man eine Freude hinzusetzen, um »das Richtige« zu fördern.

Das klassische Mentaltraining arbeitet ausschließlich über den »Hebel der Freude« an einem positiven Ziel. Für Menschen, die im Negativen verhaftet sind, soll dieses Werkzeug nicht funktionieren, weil sie von ihrem »Level« unterhalb der Positivzone lägen und ihnen daher der »Selbstanreiz« fehle.

Doch woran erkennen Sie nun die Menschen, die »unterhalb der Positivzone« liegen? Sie erkennen sie in der Regel daran, dass sie nicht wissen, was sie wollen – aber sehr genau wissen, was sie *nicht* wollen! Wer auf die Frage »Was wollen Sie im Leben erreichen?« damit antwortet, was er *nicht* will (»Keine Arbeitslosigkeit«, »Kei-

* Engl. = »Hebelwirkung, -kraft«.

ne Krankheit«, »Keine Schmerzen« o. dgl.), der lässt sich möglicherweise am besten mit dem »Schmerzhebel« à la Dickens-Methode motivieren.

Was bedeutet das jetzt für den Umgang mit der Angst? Nehmen wir einmal an, Sie würden Ihre wichtigsten Ängste nicht durchschreiten, sondern davor zurückschrecken – welche Konsequenz würde Ihnen persönlich wehtun? Bei dieser Frage geht es nicht in erster Linie um körperlichen, sondern um finanziellen, seelischen, geistigen Schmerz, z. B. die Gedanken:

- »Meine Mutter/mein Vater würde sich meiner schämen und auf dem Sterbebett unglücklich sein.«
- »Ich selbst würde im Alter sehr unglücklich auf mein Leben zurückblicken und das Gefühl haben, meine Chancen verpasst zu haben.«
- »Meine Kinder würden sich von mir lossagen und mich verspotten.«
- »Ich müsste im Falle der Krankheit mit einer Massenabfertigung im Krankenhaus rechnen.«

»Schmerz und Vergnügen« sind nur *eine* Möglichkeit der Motivation. Wir dürfen bei aller Berechtigung, die diese Methode hat, nicht die Motivationskraft der Liebe, der Seele und die höheren Inspirationsquellen unterschätzen. Wie gesagt: »Pleasure and Pain« ist ebenso wie die »provokative Therapie« nicht für jedermann geeignet – manchmal jedoch kann diese Methode Wunder bewirken.

Die Angst aus dem Körper bekommen

Die Ernährungsumstellung

Durch eine angemessene Ernährung stärken wir unser Nervensystem und tragen dazu bei, dass wir uns nicht so leicht aus der Ruhe bringen lassen: eine ausgewogene, gesunde Kost, die ausreichend Kalzium, Magnesium, Zink, Vitamin B und andere Nährstoffe enthält. Hoch dosiertes Vitamin B ist für unsere Nerven besonders wertvoll: Dadurch wird die Schwelle der nervlichen Belastbarkeit erhöht. Am besten nehmen Sie Vitamine und Mineralstoffe in organisch gebundener Form zu sich. Auch Weizenkeime und Nüsse (ungeröstet aus kontrolliert biologischem Anbau) enthalten hochwertiges B-Vitamin.

Die Reaktion auf Kaffee und Zucker ist individuell unterschiedlich. Es gibt Menschen, die werden durch Koffein nervös und gereizt, andere fühlen sich dadurch ermuntert. Die verschiedenartige Wirkung des Kaffees hängt möglicherweise mit der unterschiedlichen Nebennierensteuerung des Einzelnen zusammen. Wenn Sie diesbezüglich Probleme mit Kaffee haben, aber nicht auf dieses Getränk verzichten möchten, versuchen Sie es doch einmal mit Espresso, der weniger der schädlichen

Inhaltsstoffe haben soll und von dem man automatisch weniger trinkt.

Probieren Sie auch mal grünen Tee statt Kaffee, beispielsweise einen hochwertigen »Sencha« aus kontrolliert biologischem Anbau. Hierbei ist darauf zu achten, dass das Wasser nur auf maximal 70 bis 80 Grad erhitzt werden soll; und lassen Sie den Tee nur zirka 1 bis 2 Minuten ziehen, sonst schmeckt er bitter. »Geistesarbeiter« schwören auf die harmonisierende und klärende Wirkung des grünen Tees, buddhistische Mönche genießen ihn regelmäßig vor Beginn ihrer Morgenmeditation. Vielleicht bekommen Sie Lust, sich jeden Morgen eine Thermoskanne dieses Getränks zuzubereiten und im Laufe des Tages schluckweise zu genießen. Für den Sommer empfiehlt es sich, den grünen Tee in einer Karaffe im Kühlschrank aufzubewahren. So haben Sie stets eine kühle Erfrischung parat. Auf Colagetränke und taurinhaltige Aufputschmittel etc. sollten Sie verzichten, da sie das Energiesystem des Menschen leicht durcheinander bringen.

Mit dem Zucker ist das ebenfalls so eine Sache: Gelegentlich brauchen wir ihn, insbesondere für unsere »Denkfabrik«. Raffinierter Zucker ist allerdings ein Mineralienräuber – er zieht lebenswichtige Mineralien aus unseren Organen und Knochen und verbraucht sie. Wenn Sie schon Zucker zu sich nehmen, dann in geringen Dosen und möglichst in hochwertiger Form wie z. B. in Rübenkraut, Birnendicksaft, gutem Honig, Fruchtriegeln und vor allem in frischen Früchten (Bananen), Datteln, Feigen etc. Bitte beachten Sie, dass der Zuckerspiegel, wenn er künstlich aufgeputscht wird, umso schneller wieder abfällt und so ein Verlangen nach mehr erzeugen kann. Gehen Sie deshalb mit Ihrem Zuckerkonsum bewusst um. Dies betrifft auch den Umgang mit Limonaden und Kuchen, die zum größten Teil aus Zucker bestehen.

Eine Überzuckerung des Körpers führt zu seiner Übersäuerung und kann ebenso wie ein zu hoher Koffeinspiegel Aggressionen und Angstzustände begünstigen. Statt süßer Limonaden trinken sie lieber reines Quellwasser. Wenn Sie möchten, können Sie diesem einige Tropfen Mohn-Zimt-Öl hinzugeben. Im Sommer könnten Sie das Quellwasser, ebenso wie den grünen Tee, in den Kühlschrank stellen und das kühle Nass eventuell mit einigen Tropfen Sirup genießen. Um Ihren Elektrolythaushalt zu fördern, empfiehlt es sich, täglich ein Glas Solewasser zu trinken. Dafür geben Sie einen Esslöffel Sole aus unraffiniertem Himalayasalz in ein großes Glas leicht angewärmtes Quellwasser.

Wasser ist ein Träger von Information. Sie sollten deshalb darauf achten, dass Sie möglichst hochwertiges Wasser zu sich nehmen. Leitungswasser ist chemisch unbedenklich, aber wir wissen nicht, mit welchen Energien es auf dem Weg in Ihren Haushalt in Kontakt gekommen ist. Zudem ist das Wasser durch den Druck in engen Röhren energetisch verändert.

Beim Leitungswasser gibt es Unterschiede, denn es kann sich um chemisch aufbereitetes Abwasser handeln oder um Quellwasser, das über die Leitungen zu Ihnen kommt. Erkundigen Sie sich bei Ihren örtlichen Institutionen, um welche Art es sich handelt. Gekauftes Quellwasser ist oftmals durch seine Verpackung (Plastikflaschen) energetisch belastet. Empfehlenswert ist es, sich frisches Quellwasser bei einer Heilquelle in Ihrer Nähe zu holen oder Quellwasser in Glasflaschen zu kaufen. Je höherwertiger Ihr Wasser ist, umso höher ist auch die Chance, durch ausreichenden Wasserkonsum (bis zu 3 Liter am Tag) auch Stress und Angst aus Ihrem Körper auszuschwemmen.

Über die verschiedenen Wasseraufbereitungssysteme informiert u. a. der Münchner Heilpraktiker Reinhold Will in seinen Werken*. Mit dem Wasserlied (»Water Song«) von Tomoyasu Inoue (CD »Water Spirit« von Sayama u. a.) können Sie Wasser positiv beschallen, segnen und so energetisch aufwerten.

Zur Stärkung des Nervensystems haben sich u. a. auch noch als zweckmäßig erwiesen: Tees aus Zitronenmelisse, Baldrian, Hopfen, Passionsblume, spezielle Nerventees, beruhigende Bäder und Aromaöle (Vanille) zusammen mit heißer Milch mit Honig, vor dem Einschlafen getrunken.

Immer wieder einmal sollten Sie einen Basentag einlegen, an dem Sie sich überwiegend basisch ernähren. Hinweise dafür, welche Nahrungsmittel sauer und welche basisch verstoffwechselt werden, gibt u. a. mein Taschenbuch *Sind Sie sauer?***.

Vermeiden Sie den Konsum von Fleisch, insbesondere aus Massentierhaltung. Viele Tiere empfinden auf dem Weg zum Schlachthof starke Angst vor ihrem Tod und schütten Angsthormone in ihren Körper aus – und diese

* Vgl. Reinhold Will: *Geheimnis Wasser*, München 1993; ders.: *Gesund durch Wasser*, Stuttgart 2004.

** Vgl. www.tepperwein-collection. de.

Angsthormone essen Sie mit, wenn Sie Fleisch verzehren. Untersuchungen zeigen, dass Vegetarier grundsätzlich angstfreier leben. Wenn Sie schon Fleisch essen, dann von Tieren aus artgerechter Haltung, die idealerweise frei von Angst geschlachtet wurden. Am besten jedoch verzichten Sie ganz auf Fleisch. Essen Sie stattdessen mehr frisches Gemüse, Früchte, Nüsse und, wenn es für Sie stimmt, ggf. auch Fisch.

Mikrowellennahrung ist einer Frequenz ausgesetzt, die mit unseren Körperenergien unverträglich ist und zu Nervosität und auf Dauer zu Angstzuständen führen kann. Machen Sie deshalb nach Möglichkeit einen großen Bogen um die Mikrowelle. Fragen Sie in Restaurants nach, ob das Essen durch Mikrowelle aufgewärmt ist. Die gesündeste Variante zum Wiederaufwärmen ist der Umluftherd. Gebratenes und Gegrilltes sollten Sie eher meiden, da durch das Braten Nahrung denaturiert wird. Nicht umsonst sagen viele: »Ein Grillfest geben heißt Freunde vergiften!« Eine positive Ausnahme mögen im Wok zubereitete Gerichte und/oder eine gute, fettarme asiatische Küche sein.

»Der Mensch ist, was er isst.«

Ludwig Feuerbach

Über das Kochen von Nahrung sind die Experten unterschiedlicher Meinung. Es gibt »Rohköstler«, die gut damit fahren, auf jegliches Kochen weitestgehend zu verzichten. Sie bezeugen, dass die Nahrung in ihrer ursprünglichen Form am vitalsten ist. Und es gibt Verfechter von Gegartem, die ebenfalls ihre Argumente haben. So lehnen z. B. die Anhänger der Ernährung nach der heiligen Hildegard von Bingen den Verzehr von Rohkost ab.

In unsere Lebensberatungspraxis kam eines Tages ein Ehepaar und brachte das Thema »Rohkost« vor. Er, begeisterter Rohköstler, beklagte sich, dass seine Frau sich nicht von seiner Auffassung überzeugen ließ. Sie erklärte, dass sie ständig friere, sobald sie sich an seine Ernährungsgewohnheiten anzupassen versuche.

In der u. a. von Ruediger Dahlke beschriebenen Typenlehre finden wir die Erklärung für diese Differenz: Es gibt »Wärmetypen«, das sind Menschen, die leicht schwitzen. So Disponierte fahren eher gut mit Rohkost. Und es gibt Kältetypen, das sind Menschen, die leicht frieren. Sie benötigen eine warme Mahlzeit am Tag, am besten morgens. Leben zwei unterschiedliche Ernährungstypen in einem Haus, ist es nur legitim, dass der eine morgens eine heiße Suppe oder einen Hirsebrei (Hirse heizt ein), der andere aber kühlende Früchte isst.

Die unterschiedliche Disposition für Fisch, bestimmte Gemüsesorten, Früchte etc. ist möglicherweise genetisch bedingt. Da viele Menschen sich unnatürlich ernähren, braucht es einige Zeit, bis sie einen Geschmack für ihre eigene »Stimmigkeit« entwickeln, bis sie also gelernt haben, zu beobachten, wie sich ihr Körper nach dem Genuss bestimmter Nahrungsmittel verhält. Indem wir uns immer »stimmiger« ernähren, werden wir nicht nur zunehmend vitaler, sondern nervenstärker und damit angstfreier.

> Eine der einfachsten Segnungsformeln
> für unser Essen
> stammt aus der christlichen Tradition:
> »Komm, Herr Jesus, sei unser Gast
> und segne, was du uns bescheret hast – amen!«

Eine russische Mystikerin namens Anastasia empfiehlt, dass man sich sein Obst und Gemüse im eigenen Garten züchtet und die Samen vor der Saat gut einspeichelt – so würden die heranwachsenden Nahrungsmittel bereits vor dem Keimen auf Sie eingestimmt und ihr energetischer Nutzen für Sie vervielfacht.

Wenn Sie sich angewöhnen, vor dem Essen zu beten oder Ihre Mahlzeit vor dem Verzehr zu segnen, wird sie energetisch für Ihre Verdauung aufbereitet und eingestimmt – sie wird effizienter verwertet und bekommt Ihnen besser. Statt zu beten oder Segnungen zu vollziehen, können Sie auch gedanklich »in das Essen hineinlächeln«. Durch Ihre Liebe zur Nahrung verliert sie auch die eventuellen »Angstschwingungen« von den Menschen, die vorher mit ihr in Berührung gekommen sind. Dort, wo Sie in den »Lebens-Mitteln« das Wesen Gottes sehen, wird sich das Göttliche in der Nahrung auch mit dem Göttlichen in Ihnen verbinden.

Mittel gegen die Angst

In der modernen Medizin wurden verschiedene Psychopharmaka gegen die Angst entwickelt und immer weiter verfeinert. Sämtliche chemischen Mittel bergen die Gefahr der psychischen Beeinflussung bzw. Abhängigkeit und sind deshalb – und vor allem auch wegen der zum Teil gravierenden Nebenwirkungen – in der Regel nur als vorübergehende Hilfe zu empfehlen. Darunter fallen folgende Mittel:

- Von *trizyklischen Antidepressiva* wird die Angst sediert. Sie machen müde und sind deshalb, wenn überhaupt, nur abends zur Einnahme geeignet.
- *Benzodiazepine* bergen die Gefahr der Abhängigkeit und sind deshalb mit Vorsicht zu empfehlen.
- *Betablocker* eignen sich möglicherweise als Einmalgabe bei Lampenfieber oder Prüfungsangst. Untersuchungen an erwachsenen Männern haben gezeigt, dass die Dauereinnahme von Betablockern in Einzelfällen die Potenz beeinträchtigen kann.

Neben den chemischen Hilfen gegen die Angst gibt es auch Naturheilmittel und – Gott sei Dank wiederentdeckt – die Homöopathie.

Die Homöopathie wurde von dem Arzt Samuel Hahnemann (1755–1843) entwickelt und gründet sich auf Prinzipien, die schon in vorchristlicher Zeit, z.B. von Hippokrates (460–377 v.Chr.), angewandt wurden. Der Homöopathie liegt der Leitgedanke zugrunde, dass Ähnliches mit Ähnlichem und nicht mit Gegensätzlichem zu heilen sei. Genau das, woran man leidet, in potenzierter (verdünnter) Form gegeben, soll zur Gesundung führen. Statt bei Durchfall ein Verstopfungsmittel (= Gegenmittel) zu verabreichen, wählt die Homöopathie eine Substanz, die bei einem gesunden Menschen die gleichen Symptome herbeiführt, wie sie beim Kranken vorliegen. Dies könnte beim Durchfall beispielsweise Silbernitrat (Höllenstein, Argentum nitricium) sein, insbesondere wenn der Durchfall mit Angstzuständen, dem Impuls, aus dem Fenster zu springen, und Versagensängsten gekoppelt ist.*

»Similia similibus curentur. –
Ähnliches werde durch Ähnliches geheilt.«

Samuel Hahnemann

Hahnemann benutzte bei seiner Homöopathie oft Substanzen, die so hochgiftig waren, dass er sie vor der Verabreichung in einem Wasser-Alkohol-Gemisch verdünnen musste. Er experimentierte so lange mit seinen Verdünnungen, bis kein einziges Molekül der Ursubstanz mehr in der Mischung war. Er stellte mit Überraschung fest: Je stärker er verdünnte, umso größer war die Wirkung der Medizin. Die Idee, den *Geist* des Mittels durch Verdünnen und Verschütteln (»Potenzieren«) zu erhöhen

* Vgl. William Boericke: *Homöopathische Mittel und ihre Wirkungen. Materia medica*, Leer 2004.

bzw. freizusetzen, war entdeckt worden. Hahnemann argumentierte, dass es eine subtile Lebenskraft im Körper gäbe, die Lebenskraft, die auf die winzigen Provokationen durch das Mittel reagiere und den Körper befähige, sich selbst zu heilen.

Homöopathie zeigt sich als eine Möglichkeit, die (angst)blockierte Lebenskraft wieder freizulegen, den Weg zur psychischen und physischen Gesundung (und Angstbewältigung) des Menschen aufzuzeigen. Wie Peter Friedrich in seinem Werk* einleuchtend darstellt, darf weder die Beseitigung noch die Unterdrückung einer Angst oder Krankheit im Vordergrund stehen; sondern der Wunsch, die Lebenskraft so zu stärken, dass der Betreffende wieder ins Gleichgewicht, in die Harmonie, in die »seelische Stimmigkeit« gelangen kann, bestimmt den Weg der Heilung. Die (Angst-)Symptomatik wird also nicht unterbunden, sondern eingelöst. Die Lebenskraft, die vitale Energie, kehrt zurück, sodass es im Idealfall nicht mehr nötig ist, die Angst oder Disharmonie zu erleben.

Ein homöopathisches Mittel zielt also nicht darauf ab, die Angst »wegzuzaubern«, sondern es hilft, dass die Lebenskraft wieder ungestört fließen kann. Durch die Aktivierung der Selbstheilungskräfte können auch Phobien angegangen werden, die von der Schulmedizin als unheilbar eingestuft werden.

Eine einfühlsame Anamnese (= Aufnahme der Kranken[vor]geschichte) lässt den Homöopathen das Wesen

* Vgl. Edeltraud und Peter Friedrich: *Gedanken zur Homöopathie*, Höhenkirchen-Siegburg 1991.

des Patienten erkennen und den momentanen Zustand erfassen, der stets Ansatzpunkt der individuellen Behandlung sein muss.

Es gibt zahlreiche homöopathische Mittel für die Einlösung von Angst. Man könnte ein ganzes Buch schreiben, um darüber zu berichten. Wir wollen nachfolgend anhand einiger weniger Angsttypen untersuchen, wie sich Ängste im Körper einspeichern und wieder homöopathisch erlöst bzw. eingelöst werden können.

Verlassenheitsangst

Nehmen wir einmal an, ein Säugling verspürt Hunger und die Mutter reagiert längere Zeit nicht auf sein Schreien. Im Körper speichern sich Informationen: die Angst, verlassen zu sein und zu verhungern, Unwohlsein, körperliche Missempfindungen. Als Reaktion auf die Verlassensangst können sich auch Bauchschmerzen, Krämpfe etc. zeigen. Wird nun dasselbe Kind Jahre später, z. B. am ersten Tag im Kindergarten, eine längere Trennung von der Mutter zu bewältigen haben, kann das »gelernte Programm« mit all seinen Begleiterscheinungen (Verlassensangst, Verdauungsstörungen, Unwohlsein, Durchfall) erneut abgespult werden. Die Mutter kommt wieder, das Kind weiß es auch – und kann sich dennoch seiner eingespeicherten Ängste nicht erwehren.

Hier setzt nun die Homöopathie an. Mit Pulsatilla (Wiesenküchenschelle), einem Heilmittel, das bei gesunden Menschen Verlassensängste erzeugt, wird das kranke Kind von der Fehlinformation befreit. Das falsche Muster wird gelöst, das Kind kann sich entspannen und darauf vertrauen, dass die Mutter zur verabredeten Zeit wiederkommt. Es wird nun neugierig die neue Welt erkunden und beginnen zu spielen.

Dieses Heilmittel ist gleichzeitig eine Arznei für viele körperliche Symptome, denen ursächlich eine Angststörung vorausgeht. Die Gabe von Pulsatilla sollte individuell angepasst werden, da jeder Mensch in seiner Individualität unterschiedlich reagiert.

Erwartungsangst

Nehmen wir einmal an, ein Mann hatte als Schüler einen cholerischen Lehrer, der ihn tyrannisierte. Im späteren Berufsleben trifft dieser Mann möglicherweise auf einen ähnlich disponierten Chef – seine Angst, Fehler zu machen, ist erneut aktiviert. Bereits morgens vor der Arbeit ist ihm unwohl, seine Hände schwitzen, wenn er nur an den beginnenden Arbeitstag denkt. Er ist blockiert, macht nur Fehler und weiß nicht mehr weiter.

Nimmt er beim Auftreten der ersten Angstgefühle das Arzneimittel Lycopodium (Bärlapp) ein (das, einmalig in einer hohen Dosis genommen, Angst erzeugt), wird er seine Angst loslassen können und hat eine wesentlich größere Chance, entspannt und aus einer Leichtigkeit heraus sein Bestes zu geben.

Angst vor Impotenz

Bei Männern kann Angst zu Impotenz führen, insbesondere falls sie in einer Liebesbeziehung schon einmal erfahren mussten, dass der Penis nicht einsatzfähig war.

Heutzutage, in einer Zeit der »schnellen Lösungen«, versucht so manch ein Mann, seiner Angst vor Impotenz durch Viagra oder vergleichbare Gegenmittel abzuhelfen, um möglichst schnell wieder zu »funktionieren«.

Da Impotenz in vielen Fällen psychische Ursachen hat, betrügt der »Viagra-Mann« sich selbst um die seelische Erfüllung seines Liebeslebens. Ist er sich seiner Angst bewusst und sucht die Auflösung derselben beim Homöopathen, wird sich diese wieder in eine für den Betreffenden stimmige Potenz wandeln. Allerdings bietet die Homöopathie auch hier keine »08/15-Lösungen«. Der Zufluss der Lebenskraft in den sexuellen Bereich kann aus verschiedenen Gründen blockiert sein, sodass der Ansatz dafür ein individueller sein muss:

- Impotenz aufgrund von *Erwartungsangst* (»Hoffentlich steht ›er‹ heute wieder«) und unvollständige Erektion beim Koitus spricht für das Mittel Lycopodium (Bärlapp). Manchmal kann es hilfreich sein, der Partnerin ebenfalls Lycopodium zu verabreichen, um auch ihr die Erwartungsangst zu nehmen (»Hoffentlich macht ›er‹ heute nicht wieder schlapp!«).
- Impotenz aufgrund eines *Blamagegefühls bei plötzlicher Erschlaffung des Penis* und *Panik bei dem Gedanken an Impotenz* wäre Argentum nitricum (Höllenstein) zuzuordnen.
- Impotenz aufgrund von *Übererregung und Anspannung,* aber auch mangelnde sexuelle Ausdauer (»schnell verbrannt«) entspricht eher dem Mittel Phosphor.
- Impotenz aufgrund von *Demütigung und Schuldgefühlen,* z. B. gegenüber der Partnerin, nach Masturbation,

sexuellen »Sünden«, aber auch aufgrund von Seelenschmerz und unerfüllter Liebe, entspricht dem Rittersporn (Staphisagria).

Durch das stimmige Mittel bekommt der Phobiker die Chance, alte Ängste, Leiden und Schmerzen zu verarbeiten und sexuell zu heilen. Im Falle der Angst vor Impotenz gewinnt er beispielsweise eine gelassene Einstellung dazu, dass sein Penis nicht immer in Stimmung sein und »einsatzfähig« vor seiner Partnerin stehen muss, und lernt, sein Glied als Gradmesser der tatsächlichen Erregung zu nutzen, als »Fühlorgan« statt als »Funktionsorgan«.*

Weitere homöopathische Mittel gegen die Angst

Nachfolgend noch einige weitere bewährte Mittel gegen die Angst und ihre Symptomentsprechung:**

- *Aconitum* (Blauer Eisenhut): Dieses Mittel hilft bei der Angst, die durch einen Schock ausgelöst wurde. Der Körper ist in einem Zustand, in dem er nicht mehr er-

* Grundlageninformationen zu dem Thema »Sexuelle Energie und Homöopathie« liefern u. a. Peter Raba in seinem Buch *Eros und sexuelle Energie durch Homöopathie unter besonderer Berücksichtigung der »sieben Todsünden«* (Murnau 1998) und Maria Schäfgen in ihrem Buch *Kommen Sie doch, wann Sie wollen…* (Berlin 2003).

** Die Beispiele stammen aus der Behandlungspraxis der Heilpraktikerin und Homöopathin Irene Siegl-Issakhani aus Greifenberg. Sie sind natürlich nur exemplarisch gedacht. Vor der Einnahme eines Mittels empfiehlt sich auf jeden Fall eine ausreichende Anamnese bei einem erfahrenen homöopathischen Therapeuten.

leichtert ausatmen kann. Der Schock erzeugt einen Einatmungsstillstand, das Wiederausatmen ist blockiert. Der Betreffende flüchtet in seelische Erstarrung, da die Angst überwältigend ist.

- *Arsenicum* (Weißes Arsenic): Dieses Mittel ist indiziert bei Todesangst, verbunden mit Unruhe. Es bringt in den letzten Augenblicken des Lebens Ruhe und Erleichterung, wenn es in Hochpotenz gegeben wird. Weitere Symptome: Angst vor dem Verfall des Körpers, Materielles ist sehr wichtig, der Verlust davon bedrohlich.
- *Bryonia* (Rotbeerige Zaunrübe oder Teufelsrübe): Der Bryonia-Typus hat Angst vor der Armut, spricht dauernd von seinen Geschäften und ist äußerst reizbar. Er möchte in Ruhe gelassen werden, wenn es ihm schlecht geht. Außerdem hat er Angst vor einer Veränderung der gewohnten Lebensumstände.
- *Calendula* (Ringelblume): Der für Calendula empfängliche Mensch »ist« eigentlich »in der Lebensfreude«, hat aber Angst, in seinem ganzen Dasein nicht aufgehoben zu sein, und kann sich in eine »Angst vor allem« hineinsteigern.
- *Hyoscyamus* (Bilsenkraut): Der Betreffende provoziert, will aber von der Gesellschaft angenommen werden. Er leidet unter einer nervösen »Agitiertheit«, ist streitsüchtig und neigt zu obszönen Ausdrücken.
- *Phosphorus* (Gelber Phosphor): Man ist offen für alle Eindrücke und oft damit überfordert, hat nächtliche Ängste und bedrohliche Phantasien.
- *Stramonium* (Stechapfel): In der Nacht plagt den Betreffenden Verfolgungsangst. Er muss zur Besserung seiner Symptome Licht und Gesellschaft haben. Er

hört womöglich Stimmen, spricht mit »Geistern«, hat Angst vor überwältigenden Mächten, gegen die man bestehen muss.

- *Vanilla* (Echte Vanille): Der Vanilla-Typus hat Angst, nicht zu wissen, was real ist. Er ist gefangen in einer unwirklichen Welt, ausgelöst durch exzessive Lebensführung, und glaubt, nicht in die Wirklichkeit zurückkommen zu können.

Übung: Welches Mittel passt zu wem?

Als Übung können Sie die hier genannten Mittel einmal durchgehen und für jedes eine Person/Situation aus Ihrem Leben finden, die für dieses Mittel infrage kommen könnte.

Körperwahrnehmung, Entspannung, Atem

Ängstliche Menschen sind in der Regel angespannt. Ein grundängstlicher Mensch ist ständig auf der Hut, spannt stets alle Muskeln an, um notfalls fliehen zu können. Mit der Angst umzugehen, heißt deshalb auch, sich entspannen zu lernen. Und dies ist eines der Wunder, die uns unser Körper beschert: dass wir nicht nur die Muskelkraft, sondern auch die Entspannung trainieren können.

Wir wissen mittlerweile, dass Angst und Entspannung niemals zugleich auftreten können. Untersuchungen über die Relaxation der Muskulatur haben gezeigt, dass

Angst stets mit Muskelanspannung einhergeht. Deshalb dient Entspannungstraining auch zum Angstabbau. Es ist insbesondere bei chronischer Angst sinnvoll, also dann, wenn keine reale Gefahr besteht. Auch bei den Angstphänomenen, die sich in erster Linie körperlich zeigen (und erst in zweiter Linie in Verhalten oder geistig bzw. psychisch), ist es sinnvoll.

Es gibt viele effiziente Entspannungsmethoden, die allesamt auf dem Wissen basieren, dass wir die Vorgänge in unserem Körper mittels unserer Aufmerksamkeit lenken und leiten können – so auch weg von der Körperangst und hin zur Entspannung. Bekannte Entspannungsmethoden sind die folgenden:

- *Autogenes Training:* Dem Körper werden im Rahmen einer Autosuggestion bestimmte Entspannungsbefehle gegeben, die dieser nach einigem Üben auch befolgt. Durch autogenes Training wird ein Zustand erzeugt, der auch »hypnoid« genannt wird und der die Entspannung herbeiführt. Kurse in autogenem Training werden von vielen Einrichtungen angeboten und vielfach von der Krankenkasse gefördert.
- *Organlächeln* nach Mantak Chia: Organe, die »angelächelt werden«, haben keine Angst. Indem Sie lernen, in Ihren Körper hineinzufühlen und in ganz bestimmte (angstbezogene) Körperregionen »hineinzulächeln«, befreien Sie rudimentäre Angst aus Ihrem Körperenergiesystem. Eine Anleitung für das Organlächeln erhalten Sie u. a. in dem Buch *Tao Yoga des Heilens**.

* Vgl. Mantak Chia: *Tao Yoga des Heilens*, a. a. O.

- *Progressive Muskelentspannung* nach Jacobson:* Diese ist insbesondere für Menschen geeignet, die dazu neigen, sich zu verkrampfen. Bei der progressiven Muskelentspannung spannen Sie nach einem bestimmten Rhythmus erst einmal ganz bewusst Ihre Muskeln an, so stark es irgendwie geht, und lassen sie dann plötzlich los. Die ermüdeten Muskeln entspannen sich daraufhin quasi von selbst, was auch eine relaxierende Wirkung auf den gesamten Körper ausübt.
- *Initiatische Therapie* nach Karlfried Graf Dürckheim: Die initiatische Therapie verbindet die Körperentspannung mit Wahrnehmungsübungen. Man schaut, wo die Angst im Körper sitzt, und entspannt sich genau in diese Region hinein.
- *Langsames Atmen:* Angst ist stets von einem schnellen oder stockenden Atem begleitet. Um Entspannung in unser Körperenergiesystem zu bringen, empfiehlt es sich, gezielt langsam zu atmen. Durch das Langsamatmen und das betonte Ausatmen wird der Körper einer Atementspannung zugeführt. Zwei Methoden sollen hier angesprochen werden, die »4/11-Atmung« und die »Entschlackungsatmung«:

1. Bei der *4/11-Atmung* atmen Sie 4 Sekunden lang ein (zählen: »21, 22…«), dann 11 Sekunden lang aus.
2. Eine Variante des Langsamatmens ist das *Entschlackungsatmen*. Atmen Sie langsam und bewusst aus und spüren Sie, wie mit dem Ausatmen alles, was

* Nach dem amerikanischen Arzt und Physiologen Edmund Jacobson (1885–1976).

nicht zu Ihnen gehört, mit »weggeatmet« wird. Hierfür ist es nicht notwendig, dem Atem irgendetwas gedanklich hinzuzufügen, nehmen Sie einfach die Qualität des Ausatmens wahr, bis Sie spüren, dass nichts mehr da ist, was »wegzuatmen« wäre – »weder den Atem vorantreiben noch den Atem unterdrücken«!

- *Gourishankar-Meditation:* Hier erzielen Sie Entspannung dadurch, dass Sie ausatmen, solange es irgend geht, und dann so lange wie möglich einatmen – und dies einige Minuten lang durchführen. Der Gourishankar-Atem eignet sich hervorragend als Einschlafhilfe. Es gibt Menschen, die behaupten, durch diese Methode könne man sogar »high« werden. Wer zu seinen Übungen eine musikalische Begleitung wünscht, kann dafür z. B. die CD »Osho Gourishankar Meditation« einsetzen, erhältlich u. a. beim Osho-Verlag in Köln.
- *Rebirthing:** Die Atmung vieler Menschen ist auf ein Minimum reduziert, gerade genug, um zu überleben. Wir blockieren unseren natürlichen Atem oft unbewusst, um zu vermeiden, dass wir mit unserer eingekapselten Angst in Berührung kommen. So leben wir

* Englisch *rebirth* = »Wiedergeburt«. Bei dieser spirituellen Form der Psychotherapie mit bestimmten Atemtechniken (z. B. Hyperventilation) sollen körperliche und spirituelle Erfahrungen durch das Wiedererleben prä- und perinataler Störungen gemacht werden mit dem Ziel, durch das Geburtstrauma erlittene Schmerzen zu verarbeiten. Informationen über Rebirthing erhalten Sie u. a. in *Das Rebirthingbuch. Die Kunst des Atmens…* von Leonard Orr und Konrad Halbig (Burgrain 1996), Anleitung zur Heimanwendung (Fachbuch und Trainingskassette: *Atem Ekstase* [Essen o. J.]) von Burkhard Schröder.

»auf Sparflamme« – aus Angst vor unseren Ängsten, Emotionen, Schatten usw. Dadurch sind wir jedoch auch von unserer Freude getrennt. Rebirthing führt uns über einen Atemkreislauf wieder zurück zu unserer eigenen Kraftquelle. Über die Tiefenatmung wird der Körper in einen natürlichen Prozess der Energetisierung und des Loslassens geführt. Rebirthing wirkt auf verschiedenen Ebenen:

1. der körperlichen, weil ein großer Prozentsatz unserer körperlichen Entgiftung über die Atmung geschieht,
2. der emotionalen, indem wir Ängste und Traumata auflösen und nicht mehr in den »Schattenbereich« verdrängen,
3. der geistigen, indem wir negative (Angst-)Programme aufdecken und durch stimmigere ersetzen,
4. der sexuellen, indem sexuelle Ängste gelöst, die Empfindungs- und Orgasmusfähigkeit gesteigert wird.

Floating

Eine relativ neue Methode zum Abbau von Stress und Angst ist das Floaten in einem Floatingtank. Das ist ein mit Salzwasser gefüllter Behälter von der Größe eines liegenden Kleiderschranks, in dem man den Zustand der Schwerelosigkeit erfahren kann. In einem solchen Tank schwebt man in einer natürlichen Sole, die die Außentemperatur der Haut (35,5 °C) hat. Innerhalb des Tanks ist es absolut dunkel und still.

Das menschliche Gehirn verwendet tagsüber mehr als 80% seiner Kapazität dazu, Außenreize zu verarbeiten und sie gedanklich zu reflektieren. Innerhalb des Tanks fallen diese Gehirntätigkeiten weg, und es entsteht neuer Raum für Kreativität und zur Selbsterfahrung. Der Körper entspannt sich vollkommen. Wohl an keinem anderen Ort ist es möglich, eine solch tiefe Entspannung für alle Muskelgruppen zu erreichen.

Der Floatingtank wurde bereits im Jahr 1954 von dem renommierten amerikanischen Arzt und Gehirnforscher John C. Lilly im Auftrag der US-Regierung (National Institute for Mental Health) entwickelt und über Jahrzehnte im kleinen Kreis erprobt, bis sich um die Jahrtausendwende beginnend in Kalifornien eine »Floatingwelle« abzeichnete.

In den Vereinigten Staaten wird der Tank zur Unterstützung therapeutischer Verfahren im Bereich der Arbeit mit Angstzuständen genutzt. Die Grundlage für »Floaten gegen die Angst« stammt von den Forschern M. B. Pudvah und R. Rzewnicki. Ihr Langzeitversuch mit dem Tank wurde im Jahre 1990 im *Medical College of Ohio Press* unter dem Titel »Six Months in the Tank: The Long-Term Effects of Flotation Isolation on State Anxiety, Hostility, and Depression« veröffentlicht. Die positiven Ergebnisse der Behandlung von Angstzuständen durch Floaten wurden von P. O'Toole und M. Barabasz im Jahre 1997 auf der 6. internationalen REST-Konferenz in San Francisco unter dem Titel »Effects of Rational Emotive Therapy and REST on Social Anxiety« vorgestellt: Durch die Reizreduktion werden Ursachen von Ängsten bewusster gemacht, und durch den Entspannungszustand kann das Erlebte besser integriert werden. Das im Tank gewonnene Gefühl für die eigene Zentriertheit im Selbst kann dann später auf den Alltag übertragen werden. Darüber hinaus erweist sich das Floaten als eine der schnellsten und angenehmsten Methoden des Stressabbaus.*

Weg von der Angststarre – sich dehnen, tanzen, beweglicher werden

Angst führt zu einer unnatürlichen Starre und Steifheit, beim Menschen selbst wie in den Gelenken (Angststarre). Indem die natürliche Beweglichkeit wieder hergestellt wird, wird die Angststarre wieder gelöst. Hilfen dazu können sein:

- freies *Tanzen* (»die Angst abtanzen«),
- die von der deutschen Physiotherapeutin Gerda Alexander entwickelte *Eutonie*, eine Methode, den Körper behutsam wahrzunehmen und eine Balance der Spannungen des Körpers zu erreichen.**
- *Hatha-Yoga:* beispielsweise die »Kriegerposition« oder auch das »Sonnengebet«. Yogakurse gibt es mittlerweile in jeder Stadt, z. B. in der Volkshochschule. Durch die Dehn- und Kräftigungsübungen im Hatha-Yoga wird die »Angststeife« aus dem Körper gebracht. Knochen, Bänder und Gelenke werden wieder flexibel, das eigene Körpergefühl gestärkt. Jede Position im Yoga entspricht einer »inneren Haltung«, in die wir durch das Ausüben der Positur gelangen können. So werden

* Weitere Informationen über das Floaten erhalten Sie z. B. über die URL www.float-muc.de.

** Vgl. z. B. www.eutonie.de.

wir beispielsweise über die Stellung (Asana) des »Kriegers« mit dem seelischen Ort Kontakt aufnehmen, an dem unser furchtloser »innerer Krieger« zu Hause ist, und von dort aus agieren.

- *Tai Chi:* weiche, fließende Chi-Bewegungen gegen die Angst. Während die meisten Schulen sich darauf konzentrieren, ihren Schülern möglichst viele verschiedene Bewegungen beizubringen, erscheint es zur Angstbewältigung hilfreicher, die Grundbewegung (»das Ziehen des Chi aus dem Boden«) so lange zu üben, bis der Energiefluss durch den Körper und die Meridiane wirklich gefühlt wird. Dadurch wird die Lymphe angeregt, »Schlackenstoffe« und Ängste werden aus dem Körper geleitet. In Parks in Hongkong und in ganz China üben Millionen von Chinesen bei Sonnenaufgang Tai Chi und finden dadurch innere Harmonie.
- *Pilates:* Diese Trendsportart zur Erreichung von Fitness und Harmonie ist auch zur Bewältigung der Angst empfehlenswert! Sie stammt aus den USA und besteht neben Streckübungen auf (relativ teurem) Gerät vor allem aus Übungen, die man ohne weitere Hilfsmittel nur auf einer Gymnastikmatte durchführen kann. »Erfunden« wurde sie bereits im New York der 20er Jahre des letzten Jahrhunderts von dem gebürtigen Rheinländer Joseph Hubertus Pilates.
- *Kundalini-Meditation:* eine aktive Meditation, bei der im Tanz die Angst und so manches andere Belastende abgeschüttelt wird. Detailinformationen erhältlich über den Osho-Verlag in Köln.

Körperlich und emotional ausagieren

Es gibt ruhige und dynamische »Angsttypen«. Bei dynamischen Angsttypen ist körperliches Ausagieren oftmals der einzig brauchbare Weg, um blockierte Angst aus dem Körper zu bekommen und die schädigenden Wirkungen von Angsthormonen auf Organe und Drüsen zu vermeiden. Nachfolgend hierfür einige Vorschläge:

- *Fitnesstraining* bzw. *Sport*: Wer Fitnessübungen macht oder seinen Körper sportlich betätigt, bringt seine Energien ins Fließen – Angstdepots werden leichter abgebaut.
- *Jogging* bzw. *Walking* gegen die Angst: Wählen Sie einen weichen Waldboden (wegen der Gelenke) und joggen Sie mindestens 30 Minuten am Stück bei leichtem Tempo, sodass Sie gerade nicht außer Puste kommen (aerobes Training). Ab 30 Minuten aerobem Training beginnt Ihr Körper, Gift-, Stress- und Angstdepots auszuscheiden. Danach muss man viel (möglichst Quell-)Wasser trinken! Wer seine Gelenke schonen möchte, kann statt des Joggens auch »Nordic Walking« (mit oder ohne Laufstöcke) betreiben – schwungvolles, pendelndes Gehen!
- *Body Combat* bzw. *Taekwondo*: Sobald ich spüre, wie stark ich eigentlich bin, löst sich die Angst aus dem Körper. Body Combat (auch »Body Attack« genannt) wird mittlerweile in nahezu jedem Fitnessstudio angeboten und ist ein aus dem Kampfsport abgeleitetes freude- und spaßvolles Fitnesstraining. Wenn Sie bei den »Uppercuts«, »Jabs« und »Hooks« den Mut haben,

wie der Rest der Trainingsgruppe kämpferische Urlaute von sich zu geben, spüren Sie Ihre kraftvolle Energie und verlieren Verzagtheit und Kleinmut. Wer es härter mag, kann statt Body Combat auch asiatischen Kampfsport betreiben: Jiu Jitsu, Taekwondo, Karate etc. Dieser macht weniger Spaß als Body Combat, stärkt aber das Selbstbewusstsein, insbesondere wenn man vor körperlicher Gewaltanwendung Angst hat.

- *Dynamische Meditation:* Dort, wo wir aufgrund von Ängsten den Bauch (Urgefühle) vom Herzen (Liebe) getrennt haben, kann die »dynamische Meditation« helfen, die verloren gegangene Integration wiederherzustellen. Detailinformationen liefert der Osho-Verlag in Köln.

»Glücklich und angstfrei zu sein,
kann man trainieren,
wie ein Sportler seinen Körper trainiert!«

Klaus Jürgen Becker

- *Aum-Meditation:* Menschen, die sich scheuen, ihre Emotionen zu zeigen, erhalten in der Aum-Meditation den Raum, um ihre Emotionen (Wut, Tränen, Lachen etc.) spielerisch auszuagieren, ggf. auch zu übertreiben, um so mit den eigenen Urgefühlen und deren Kraft in Kontakt zu kommen. Am Ende der Aum-Meditation wird es geübt, wertfreier, stiller »Zeuge« zu sein. Eine detaillierte Beschreibung »der Aum« finden Sie u. a. in unserem Buch *Von der Sprachlosigkeit in Beziehungen**. Insbesondere bei Paaren, die stillschweigende Aggressionen gegeneinander hegen, die sie aus Konfliktangst in sich hineinfressen, kann es hilfreich sein, die erste Phase der »Aum« (gleichzeitiges Anschreien »Ich hasse dich!«) im hauseigenen Keller auszuagieren – um sich anschließend zu sagen, wie toll man sich findet …!

Focusing – die Angst im Körper lokalisieren

Der amerikanische Psychotherapeut Eugene T. Gendlin** stellte in Untersuchungen fest, dass Menschen, die gut mit Krisen umgehen können, offenbar über eine andere Art der Selbstwahrnehmung verfügen: Sie beziehen körperliche Empfindungen ein. Von dieser Beobachtung ausgehend, entwickelte Gendlin »Focusing« – eine Methode, um ebendiese Selbstwahrnehmung zu lehren. Bezogen auf die Angst, können wir die Methode anwenden, indem wir uns die folgenden Fragen stellen und sie aus dem Gefühl (nicht aus dem Kopf) beantworten (lassen):

- »Wo fühle ich die Angst im Körper?«
- »Welche Farbe hat sie?«

* Vgl. Aeschbacher/Tepperwein: *Von der Sprachlosigkeit in Beziehungen,* a. a. O.

** Vgl. Eugene T. Gendlin: *Focusing. Selbsthilfe bei der Lösung persönlicher Probleme,* Reinbek 1998.

- »Was ist das Schlimmste an dem Gefühl?«
- »Was ist nötig, damit ich mich anders fühle?«
- »Was muss ich dafür tun?«
- »Was für ein Gefühl wäre es, wenn alles in Ordnung wäre?«
- »Was hindert mich daran, dass alles in Ordnung ist?«

Wenn Sie möchten, üben Sie Focusing im inneren Dialog mit der Angst (s. o.) oder zusammen mit einem Freund.*

Die Angst ins Licht atmen

Wenn Sie ein Symbol gegen Ihre Angst brauchen, dann sollten Sie eines nehmen, bei dem Sie *mit* der Angst arbeiten können, nicht eines, das Sie *gegen* die Angst abschirmt. Hier hat sich beispielsweise der »Stern« aus dem »Arbeitsbuch«** von Phyllis Krystal als zweckmäßig erwiesen:

- Erinnern Sie sich einer Situation, in der Sie Angst hatten.
- Beobachten Sie, wo und wie Sie diese Angst im Körper fühlen.
- Woran, an welches Symbol, erinnert Sie diese Angst (es kann eine klebrige Masse sein, ein Stachel, ein Gummiball, ein Knoten o. Ä.)?
- Spüren Sie über sich einen Stern aus Lichtstrahlen.

* Weitere Informationen über Focusing erhalten Sie z. B. über das psychologische Beratungszentrum in Iserlohn (www.pbz. de) oder das Focusing-Netzwerk (www.focusing-netzwerk. de).

** Vgl. auch Krystal: *Die inneren Fesseln sprengen*, a. a. O.

- Ziehen Sie diesen Stern herunter bis etwa 15 cm vor Ihrem Körper.
- Atmen Sie das Angstsymbol in den Stern hinein.
- Atmen Sie das Licht des Sterns dorthin, wo das Angstsymbol war.
- Schieben Sie den Stern wieder über Ihren Kopf.

Mut ein-, Angst ausatmen

In unserem Atem liegt Schöpfungskraft.* Mithilfe unseres Atems können wir kreieren und »diskreieren«. Eine der einfachsten Methoden, die Schöpferkraft des Atems zu erfahren, ist der so genannte Qualitätsatem. Hierbei atmen Sie das Gute, das Sie haben wollen, gedanklich in Ihren Körper ein (z. B. Mut) und das Negative, das Sie nicht wünschen (etwa die Angst), aus – beispielsweise zwanzig Atemzüge lang.

Eine Verfeinerung dieser Methode liegt in der »Nährmeditation«, die Andreas Krüger, Leiter der Samuel-Hahnemann-Schule in Berlin, in seinem Buch *Reisen in die Länder der Seele*** beschrieben hat. Hierbei wird der Qualitätsatem mit Visualisierungen gekoppelt.

Der Qualitätsatem und die Nährmeditation sind geeignet für den, der eine schnelle und leichte erste Hilfe gegen die Angst sucht: Mut einatmen, die Angst aus dem Körper ausatmen. Solange wir das Selbst noch nicht entdeckt haben, ist diese Methode optimal. Doch die end-

* Sanskrit *praná* = »Atem«; der Atem nach altindischer Vorstellung als Lebenskraft.

** Andreas Krüger: *Reisen in die Länder der Seele*, Berlin 2000.

gültige Lösung finden wir erst, wenn wir so reif sind, dass wir diesen Prozess auch umdrehen können (siehe den nächsten Abschnitt).

Angst transformieren durch Tonglen

Tonglen*, das »Geben und Nehmen mithilfe des Atems«, das »Senden und Empfangen«, stammt aus der tibetischen Lojong-Tradition; und die Schüler werden erst nach einer längeren Probezeit darin eingeweiht. Tonglen ist nicht für Anfänger geeignet. Voraussetzung für das Tonglen ist es, den »inneren Zufluchtsort« zu kennen, der in sich neutral und jenseits (genauer gesagt »innerseits«) von allem Leid und allem Negativen ist, den Ort, den Osho den »inneren Buddha« und das Christentum den »Gottesfunken« nennt. Bevor man Tonglen betreibt, sollte man erkannt und erfühlt haben, wer man wirklich ist, und »als Selbst« mit Tonglen arbeiten – und noch mehr: Man sollte »einen Geschmack von Essenz« haben und wissen, was »verwandelndes Mitgefühl« ist. Als »Ego« kann man Tonglen nicht erfolgreich anwenden.

Tonglen ist wesentlich mehr als eine Technik, es ist eine

* Tonglen ist im Westen durch die Meditationsmeisterin Pema Chödron bekannt geworden. Sie war Schülerin von Chögyam Trungpa Rinpoche, der sie 1986 zur Leiterin von Gampo Abbey ernannte, einem tibetisch-buddhistischen Zentrum in Kanada. Pema Chödron hat ihre Praxis in dem Buch *Tonglen. Der tibetische Weg, mit sich selbst und anderen Freundschaft zu schließen* (Freiburg 2001) umfassend beschrieben und auch eine Meditations-CD über Tonglen besprochen: »Good Medicine: How to Turn Pain Into Compassion with Tonglen Meditation« (Sounds True, 2001).

Geisteshaltung, die Haltung eines Erwachenden, der nicht mehr süchtig nach »guten Energien« ist, sondern furchtfrei dem Schatten entgegentritt und so auch den Schatz aus dem Schatten gewinnt. So gesehen hat man mit diesem Reifegrad eigentlich schon ein beträchtliches Stück auf dem Weg zur Bewältigung der Angst zurückgelegt. Viele Märchen berichten von dieser Qualität des furchtlosen Suchers.

Der Gedanke, der hinter dem Tonglen steckt, ist der, dass das Unerfreuliche, das so genannte Negative, erst einmal *angenommen* werden muss, bevor wir es umwandeln können. Alles Negative hat seinen Bestand nur durch unseren *Widerstand* gegen ebendieses »Schlechte«. Das liegt daran, dass der Schatten keine eigene Substanz hat, sondern sich diese vom Licht borgt.

Beim Tonglen geht man davon aus, dass wir durch unser Mitgefühl in der Lage sind, jede, aber wirklich auch jede Energie zu transformieren. Uns immanent ist der große Transformator für alles, was uns ängstigt, belastet, oder auch für das, woran wir hängen. Tonglen bietet uns ein gewaltiges Transformations»vehikel« an. Das Mitgefühl und die Freundschaftlichkeit, die man durch Tonglen für sich und andere entwickelt, wirken auf uns zurück und stärken das Selbst-Bewusstsein transformatorischer Kraft.

In der Anwendung des Tonglen, die wir uns hier anschauen wollen, atmen Sie das Negative (die Angst, das Unerfreuliche) ein, wandeln es in sich um und atmen das Gegenteilige, Positive aus. Indem Sie das Negative einatmen, es annehmen, akzeptieren, in sich umwandeln, haben Sie die Voraussetzung geschaffen, um zu spüren, wie Ihr Selbst, das ja jenseits der Dualität »angenehm–unangenehm« ist, die Dinge für Sie verwandelt. Gelingt es uns in einer schwierigen Situation, die Aufmerksamkeit auf das Selbst gerichtet zu halten und es bewusst umzuwandeln, kann uns die Angst nicht berühren, weil wir »keine Angst vor der Angst« haben.

In der Lojong-Tradition wird u. a. mit »schwer-warm-dunkel« eingeatmet und »leicht-kühl-hell« ausgeatmet. Die Tibeter glauben, dass mittels Tonglen, hinter dem das göttliche Mitgefühl steht, die Welt gereinigt werden kann. Wenn nur 1 % der Menschheit Tonglen betriebe, könne die Welt von Angst, Gewalt und Sucht befreit werden.

Tonglen ist also eine Technik für »Fortgeschrittene« auf dem Pfad für Mutige, die bereits an einem Gipfel ihrer Erleuchtung angekommen sind und den Weg wieder hinunter in die Welt der Menschen gehen, um sie mit ihrem göttlichen Mitgefühl zu nähren oder Reste des Schattens nachzubearbeiten. In der Kurzfassung bedeutet die Anwendung von Tonglen: Wann immer Sie Angst haben, atmen Sie genau diese Angst, die Sie ängstigt, ein und atmen Sie Mut aus.

Energetische Therapie

Mudras gegen die Angst

Wie auch der Therapeut Kim da Silva in seinen Werken einleuchtend darstellt, sind Krankheit, Leiden, Angst eine Art Kommunikation unseres Körpers mit unserem höheren Selbst. Durch »Imbalancen« haben wir die Chance, etwas zu »begreifen«. Hierbei ist es wichtig, zu verstehen, dass unsere Organe und ihre Funktionen, die Meridiane und die Elemente unseres Körpers in Beziehung zu unseren Ängsten stehen. Indem wir die Meridiane und Körperenergien wieder in Ordnung bringen, unseren Körper wieder in unsere Hände nehmen, wächst unser »Selbst-Bewusstsein«, unsere Angst verliert sich.

Den Begriff der »Mudras« (Fingerhaltungen) kennen wir beispielsweise von den Statuen Buddhas, aber kaum jemand weiß, dass diese Mudras heilenden und harmonisierenden Einfluss auf unser Körper-Energie-System haben und sogar unsere Angst heilen können. Angstfreiheit, das ist Harmonie, das ist freier Energiefluss, das ist Ausgewogenheit, das ist »Verbleiben im Mudra«.

Während Sie das Mudra ausführen, spüren Sie in Ihren Körper und in Ihren Energiefluss hinein. Je besser es Ihnen gelingt, sich in Ihren Körper hineinzuspüren, umso leichter erspüren Sie die positive Veränderung, während Sie die Übung anwenden. Zwei Mudras gegen die Angst sollen nachfolgend vorgestellt werden, sie sind dem Buch *Meinen Körper in meine Hände nehmen** entlehnt:

1. *Ich fülle mich selbst aus:* Legen Sie das oberste Daumenglied zeigefingerseitig an das oberste Ringfingergelenk kleinfingerseitig. Halten Sie die Finger in dieser Position 8 Minuten lang, im akuten Fall 22 Minuten. Es ist wichtig, die Übung exakt auszuführen und bis zum Ende durchzuhalten. Dabei erleben Sie, wie Ihr Immunsystem gestärkt wird, Ängste werden gelöst, Süchte reduziert.

* Vgl. Kim da Silva: *Meinen Körper in meine Hände nehmen*, München 2000.

2. *Klarheit in den Emotionen:* Legen Sie die Daumenspitze an das zweite Ringfingerglied mittelfingerseitig und das zweite Mittelfingerglied über das oberste Daumenglied außen. Nehmen Sie diese Haltung 10 Minuten lang ein. Das Mudra fördert unsere Beziehungsfähigkeit, die Herzintegration, und es stabilisiert uns bei Phobien.

Gedanken- und Energiefeldtherapie (TFT/EFT)

Unser Körper besitzt ein Netz unsichtbarer Energieströme, die wesentliche Informationen an das Gesamtsystem transportieren. Man kann über 600 »Knotenpunkte« (Akupunktur- und Akupressurpunkte) im Gesamtkörper lokalisieren. Die Meridiane sind beidseitige Leitungen innerhalb des Körpers zwischen einzelnen Organen und dem Gehirn. Ängste und Phobien speichern sich im Körper ab. Roger Callahan, Entwickler der Gedankenfeldtherapie (Thought Field Therapy [TFT]), entdeckte, dass es möglich ist, Ängste durch das Richten der Aufmerksamkeit bei gleichzeitiger Berührung gezielter Meridianpunkte aus dem Körper zu löschen.

Er geht davon aus, dass psychische Informationen innerhalb von Gedankenfeldern energetisch codiert sind. Callahan definiert ein Gedankenfeld als »spezifische Gedanken«, die in einer Problemsituation aktiv sind, z. B. traumatisch besetzte Erinnerungen, Gedanken an den Aufenthalt in der Nähe phobisch besetzter Objekte oder Lebensumstände. In groß angelegten Versuchsreihen forderte er Angstpatienten auf, ihre Aufmerksamkeit auf eine beunruhigende traumatische Erinnerung oder einen anderen angstbesetzten Umstand zu richten, während er gleichzeitig bestimmte Meridianpunkte berührte, und erzielte so eine deutliche Entstressung des betreffenden Gedankenfeldes.

Anfang der 90er Jahre begann Garry Craig sich mit der Technik Callahans zu beschäftigen und entwickelte daraus die EFT (Emotional Freedom Technic [die auch »Energiefeldtherapie« genannt wird]), welche nach seiner Erfahrung binnen weniger Minuten 80% aller Angstpatienten half, ihre Phobien aufzulösen.

TFT und EFT wurden später auch im Fernsehen bei Angstkandidaten erfolgreich angewendet: Beispielsweise war eine ältere Frau, die seit Jahrzehnten unter einer scheinbar unheilbaren Spinnenphobie litt, nach nur einer Behandlung von etwa 5 Minuten Dauer in der Lage, vor laufender Kamera eine Spinne angstfrei über ihre Hand laufen zu lassen.

Um nach dieser Methode Ängste und andere störende Muster loszulassen, denken Sie zuerst an eine Angst, einen Stressor oder ein störendes Muster. Konzentrieren Sie sich auf Ihre Angst, Ihren Stress, Ihr Leid, Ihr Problem. Geben Sie der Belastung einen Wert von 1 bis 10, wobei Sie die »Subjektive Stressskala«* verwenden.

* Dem bereits erwähnten Dr. Joseph Wolpe (vgl. z. B. *Unsere sinnlosen Ängste*, a. a. O.) nachempfunden.

Subjektive Stressskala

10 = Die Angst (bzw. der Stress/die Störung) ist eigentlich nicht auszuhalten; das Unbehagen ist so intensiv, dass es sich kaum noch steigern ließe: Man kann es nicht ertragen; es bereitet einem panische Angst.
9 = Die Angst ist kaum auszuhalten; das Unbehagen ist dicht an der Grenze zur Unerträglichkeit.
8 = Die Angst ist sehr stark und beeinträchtigt das Leben deutlich.
7 = Die Angst ist sehr hoch, die Gefühle sind angespannt.
6 = Die Angst ist sehr unangenehm, man fühlt sich sehr unwohl damit.
5 = Die Angst ist unangenehm, aber man kann es aushalten.
4 = Die Angst ist spürbar, einschränkend, aber man kann damit umgehen.
3 = Die Angst ist lästig, aber man hat sie unter Kontrolle.
2 = Die Angst bereitet einem leichtes Unbehagen.
1 = Man hat ein recht ausgeglichenes Gefühl bei dem Thema.
0 = Man fühlt sich total entspannt, wenn man daran denkt.

Dann bilden Sie eine Versöhnungsformel. Die Versöhnungsformel beruht auf einer Information an unser Vor- und Unbewusstes, die immer aus zwei Teilen besteht:

1. Der erste beschreibt die Angst, das Trauma, das Leiden, die Blockade – dadurch wird die Adresse für die Intervention genannt.
2. Der zweite Teil gibt dem Unterbewusstsein die positive Information: »… akzeptiere ich mich, wie ich bin.«

Die Versöhnungsformel ist immer gleich gehalten und bettet das Problem ein in einen Satz wie etwa diesen: »Obwohl ich … (Name) diese Angst … habe, akzeptiere ich mich voll und ganz!« Die Erwähnung des Namens ist hierbei optional, Sie können auch einfach »Ich« sagen.

Achten Sie darauf, dass die Formel stets das Problem genau adressiert. Es sollte eine Formulierung gewählt werden, die den Angstauslöser so exakt trifft wie eine Akupunkturnadel. Aus der Formel »Obwohl ich panische Angst vor der Höhe habe, akzeptiere ich mich voll und ganz« wird bei näherem Hinterfragen beispielsweise »Obwohl ich panische Angst davor habe, eines Tages aus einem hohen Fenster zu springen, akzeptiere ich mich voll und ganz!«. Ich muss mich also stets fragen: »Was ist es exakt, was ich befürchte bzw. mein Problem beschreibt?«

Sprechen Sie diesen Satz dreimal laut aus, während Sie mit der Hand großflächig Ihre rechte obere »Ecke« des Herzens umkreisen, so als wollten Sie dort ein Massageöl einreiben. Dies hat eine besondere Bewandtnis. EFT benutzt nämlich einen Punkt, der in der chinesischen Akupunktur »Teich des Himmels« genannt wird, um ihn als »Eingangspforte« für Botschaften an unser vorbewusstes »Arsenal« zu beschreiben. Dieser Punkt liegt schräg unterhalb der Stelle, an der bei Krawattenträgern der Knoten sitzt. Gehen Sie von dort aus ca. 10 cm nach unten und dann nach links, also in Richtung Herz. Sie erkennen diesen Punkt dadurch, dass er sich etwas »wund« anfühlt, wie nach einem Muskelkater. Durch das Umkreisen der rechten oberen Herzgegend wird automatisch dieser Punkt berührt.

Nach der Versöhnungsformel klopfen Sie die nachfolgend beschriebenen Punkte an Ihrem Körper ab, wobei Sie an das Problem denken. Es kann sein, dass während des Klopfens alte Bilder, Emotionen etc. frei werden – das ist völlig in Ordnung. Klopfen Sie fest, aber nicht so heftig, dass es wehtut. Etwas in Ihrem Inneren »weiß«, wie oft Sie klopfen müssen – wenn Sie Ihren Fingern vertrauen, hören diese sozusagen von selbst wieder auf.

Anschließend denken Sie wieder an die Angst und geben ihr nochmal einen subjektiven »Stresswert« von 1 bis 10. Beginnen Sie dann erneut mit dem Herzumkreisen und der Versöhnungsformel, die Sie abwandeln, indem Sie sprechen: »Obwohl noch ein *Rest* von diesem Problem da ist, akzeptiere ich mich voll und ganz!« Machen Sie so viele Durchläufe, bis das Problem auf einem Wert von 0 angelangt ist.

Während des Übens kann es sein, dass sich das Problem und damit die Formel verändert. Beispielsweise mag es geschehen, dass die Versöhnungsformel im ersten Durchgang lautet: »Obwohl ich diese Höhenangst habe, akzeptiere ich mich voll und ganz«, und im zweiten Durchgang: »Obwohl ich mich vor dem Stehen auf hohen Gebäuden fürchte, akzeptiere ich mich voll und ganz.« Versuchen Sie also jedes Mal, die Angst so exakt wie möglich zu beschreiben.

Nachfolgend die Übung im Detail:

- Erinnern Sie sich an das, was bei Ihnen Stress, Panik, schlimme Erinnerungen etc. wachruft, und geben Sie diesem Gefühl nach Ihrer Einschätzung einen Wert auf einer Skala von 0 bis 10 (0 = sehr gering, 10 = höchste Stufe).
- Kreisen Sie mit den Fingerspitzen sanft auf dem Punkt, der als »Herzpunkt« links neben dem Ende des Brustbeins liegt, und sprechen Sie wiederholt die Versöhnungs- bzw. Aussöhnungsformel, die Sie auf Ihr Problem zuschneiden: »Obwohl ich... (hier nennen Sie Ihr Problem oder das belastende Gefühl, z.B. ›mich so niedergeschlagen fühle/wieder eine Migräne bekommen habe/hysterisch geworden bin/den Kühlschrank leer gegessen habe...‹), akzeptiere ich mich voll und ganz!« Diese Formel ist wichtig, weil der Körper erst Kopf und Gefühl auf eine Versöhnung einstimmen muss, bevor er für das Klopfen der stresslösenden Punkte empfänglich ist. Deshalb ist es auch wichtig, das Problem genau zu benennen, damit Sie nicht an der Sache »vorbeiklopfen«. Lassen Sie sich, wenn nötig, von einem Therapeuten helfen.
- Während Sie sich auf Ihr spezielles Problem gefühlsmäßig einstimmen (Sie können es auch leise vor sich hinsagen, Hauptsache ist, dass es Ihnen präsent ist), klopfen Sie jeweils achtmal mit Ihren Fingerspitzen der Reihe nach die folgenden sieben *Stresslöserpunkte* ab:

1. Anfang der Augenbraue (auf der Seite zur Nase),
2. Knochen am äußeren Augenwinkel,
3. unter dem Auge (Knochen),

4. Mulde zwischen Nase und Oberlippe,
5. Einbuchtung zwischen Unterlippe und Kinn,
6. ca. 1 cm unter dem Schlüsselbein (innen),
7. auf Höhe der Brustwarze unter dem Arm,
8. zusätzlich: den »Karatepunkt« an der Handkante unterhalb des Kleinfingergelenks (den so genannten Dünndarmpunkt)

- Bestimmen Sie erneut die Intensität Ihrer Störung auf einer Skala von 0 bis 10. Wenn der geschätzte Wert über 1 liegt, wiederholen Sie bitte die »Klopfrunde«, während Sie Ihr »Restproblem« mental ins Bewusstsein fassen: »Obwohl noch ein Rest von… (hier nennen Sie wieder den Namen Ihres Problems, Gefühls etc.) übrig ist, akzeptiere ich mich voll und ganz.«*

* Das wohl umfangreichste Weiterbildungsmaterial über diese Arbeit liefert Fred P. Gallo (*Energetische Psychologie*, Kirchzarten 2002), auch die Arbeiten von Roger J. Callahan (*Leben ohne Phobie*, Kirchzarten 2002) und Rudolf A. Kaufmann (*Ängste, Phobien und andere unnötige Lasten*, Kröning 2002) enthalten wertvolle Ergänzungen zu dem o. a. Material. Einen Newsletter sowie DVDs/CD-ROMs mit Originalsitzungen erhalten Sie unter www.emofree.com oder bei www.eftdownunder.com. Dort bekommen Sie auch eine Liste von all den Beschwerden, die sich mittels EFT »wegklopfen« lassen, u. a. schwerste Phobien, Höhen-, Sprechangst, Klaustrophobie, Prüfungsangst bis hin zu Folgen von sexuellem Missbrauch. Wo es um die Heilung schwer wiegender Themen geht, sollte die Hilfe eines Experten in Anspruch genommen werden. Die EFT-Übungsbeschreibungen sind lediglich exemplarisch und zur Anregung gedacht – es empfiehlt sich auf jeden Fall, vor Anwendung von EFT ein Seminar oder eine Einzelsitzung zu buchen – Informationen für Deutschland erhalten Sie unter www.efteuropa.com.

Visionen bekräftigen durch EFT

Bekanntermaßen unterscheiden sich Menschen in jene, die das Negative abwehren (»Negativlinge«), und solche, die das Positive suchen (»Positivlinge«). Erstere beschäftigen sich mit dem, was sie *nicht wollen*, die Letzteren mit dem, was sie *wollen*. (Dies ist keine Wertung. Manchmal braucht man ja seine Zeit, bis man weiß, was man möchte ...)

Für die »Mini-Positivlinge«, damit sind hier Menschen gemeint, die eine Vision haben, welche aber noch ohne Kraft ist, soll EFT eine wirksame Hilfe bieten und dazu beitragen, Visionen Kraft zu geben. Bewerten Sie dafür Ihre Schwierigkeit, Visionen kraftvoll wahr- und aufzunehmen, wieder auf einer Skala von 0 bis 10 (10 = »Ich kann mir meine Vision überhaupt nicht vorstellen«, 0 = »Ich bin eins mit meiner Vision, lebe in ihr«).

Hier ein Beispiel: »Können Sie sich vorstellen, wie Ihr Leben aussehen würde, wenn Sie Ihre Höhenangst beseitigt hätten?« – »Schlecht!« – »Wie schlecht auf einer Skala von 0 bis 10?« – »9.« – Dann behandeln Sie die Vision mittels EFT mit der Formel: »Obwohl da noch Schwierigkeiten sind, mir das richtige Verhalten ... vorzustellen, akzeptiere ich mich voll und ganz!« Stellen Sie sich beim Klopfen die Schwierigkeit vor. Verfahren Sie so oft, bis die Schwierigkeit gegen 0 gegangen ist. Hierbei sollte die Bewertung wirklich objektiv erfolgen, nicht durch falsch verstandenes »Positivdenken« (Schönfärben) verfälscht werden.

Die Kombination von Vision und EFT können Sie auf zweierlei Weise verwenden:

1. Sie visualisieren, wie Sie Ihr Problem, Ihre Sucht, Ihre Angst… beseitigt haben, und stärken diese Vision: »Wie gut kann ich mir vorstellen, dieses Problem überwunden zu haben?«
2. Sie stellen sich Ihre Lebensvision vor, die Erfüllung eines Lebenstraums, und nutzen EFT zur Vorbereitung Ihres Mentaltrainings.

Das o. a. Verfahren lässt sich auch bei kleineren Übeln wie z. B. Lustlosigkeit, einer harmlosen Depression oder Motivationsschwäche anwenden. Immer ist die Selbstannahme und die nachfolgende energetische Intervention der erste Schritt zur Wandlung. Die Befürworter dieser Methode versichern: So programmieren Sie sich selbst in Ihr inneres »Finalbild« eines erfüllten Lebens hinein.

Wie Sie psychologische Umkehrungen löschen

Die »psychologische Umkehrung« ist so etwas wie eine verstellte Weiche in unserem energetischen System, die dafür sorgt, dass jeder gut gemeinte Rat, jede Hilfe sich nicht positiv, sondern im Extremfall sogar negativ auswirkt: Der Zug kommt sozusagen auf einer anderen Station an. Sollte solch eine Umkehrung (»innere Sabotage«) vorliegen, ist es sinnlos, in irgendeiner Form zu intervenieren, da der Betreffende sich, gewollt oder nicht, im Widerstand, in der »das Gegenteil bewirkenden Umkehrung« befindet. Das Unterbewusste behält auf lange Sicht die Oberhand über die verstandesmäßigen Formulierungen und Wünsche – und gewinnt auf Dauer.

Mittels der Kinesiologie (»Armtest«) konnte man beweisen, dass manche Menschen (aus »Sicht« des Unterbewusstseins) gar nicht angstfrei und gesund werden *wollen* – obwohl sie dies steif und fest behaupten:

- Eine extrem übergewichtige Frau kam in die Lebensberaterpraxis und behauptete, sie habe schon so viele Diäten ausprobiert, aber keine helfe ihr. Der Arm testete auf die Frage »Willst du an Gewicht abnehmen?« schwach, aber auf die Frage »Willst du dein Übergewicht halten oder sogar noch weiter zunehmen?« stark...
- Ein Sozialhilfeempfänger trug vor, Mentaltraining funktioniere bei ihm nicht, sosehr er sich auch reich dachte. Der Arm testete auf die Frage »Willst du reich werden?« schwach und auf die Frage »Willst du so arm bleiben?« stark...
- Ein Maurermeister, der unter extremer Höhenangst litt, sollte an einem Brückenbau mitarbeiten. Sosehr er sich wünschte, von seiner Höhenangst befreit zu werden, um den Auftrag annehmen zu können, so wenig gelang es ihm. Der Arm reagierte auf die Frage »Willst du deine Höhenangst verlieren?« schwach und auf die Frage »Willst du deine Höhenangst beibehalten?« stark...

Klar, dass keine Therapie es leicht hat, wenn der Betreffende das Therapieergebnis, die Angstfreiheit, unbewusst gar nicht wirklich will.

In der psychologischen Umkehrung steht man sich, aus welchen Gründen auch immer, selbst im Weg. Unsere widersprüchlichen Gedanken und Haltungen verhaken sich im Energiesystem des Körpers, wenn er diese widersprechenden Botschaften auf einen Nenner bringen soll.

Paulus beschrieb einmal den Zustand der heute so genannten psychologischen Umkehrung, den er am eigenen Leibe ertragen musste, mit den Worten:

> »Denn ich tue nicht, was ich will; sondern was ich hasse, das tue ich. Wenn ich aber das tue, was ich nicht will, so gebe ich zu, dass das Gesetz gut sei. So tue nun nicht ich es, sondern die Sünde, die in mir wohnt. Denn ich weiß, dass in mir, das ist in meinem Fleische, wohnt nichts Gutes. Wollen habe ich wohl, aber vollbringen das Gute finde ich nicht. Denn das Gute, das ich will, das tue ich nicht; sondern das Böse, das ich nicht will, das tue ich.«*

Ebendies kann man als Zustand der psychologischen Umkehrung bezeichnen: Der Körper hat Energie »für das Falsche«. Aus der Erfahrung von »Umkehrungen« heraus entstanden im Laufe der Jahrtausende körperfeindliche Religionen, strenge Gesetze und Geisteslehren, die den Körper und seine Regungen abtöten wollten, ihn geißelten und unter die »Zucht des Geistes« stellen sollten. Dadurch ist die Botschaft des Körpers (und der Angst) jedoch weder verstanden noch realistisch umgesetzt worden! Denn wir sind hier auf der Erde, um unseren Körper *als »Freund«* zu akzeptieren. Er ist nämlich das große Integrationsinstrument des Kosmos, das Werkzeug der »großen Göttin«.

* Römer 7, 15–18.

Ohne die Leiblichkeit (und das mit der Leiblichkeit einhergehende Verständnis des Eros) ist eine Integration von Weib und Mann, Bogen und Gerade, Quadrat und Kreis, Ich und Du, eine lebendige Synthese von Rassen und Nationen nicht möglich. Wir müssen uns mit unserem Körper – und den aus unserer Leiblichkeit resultierenden Programmierungen – anfreunden, weil wir sie nur auf diesem Wege übersteigen können. »Der Geist ist willig, das Fleisch ist schwach«, heißt es so schön. Doch wenn wir an Heilung unserer Angst interessiert sind, kommen wir dem Geheimnis der Negativität auf die Spur und gelangen zu der Erkenntnis, dass jede psychologische Umkehrung ihre körperliche Entsprechung hat. Die Weigerung gegen eine positive Verbesserung ist also nicht Böswilligkeit, sondern eine Körperblockade, die wir auflösen können.

Wie zeigen sich unsere Umkehrungen? Wann immer uns die Motivation für eine positive Lebensveränderung bzw. Angstbefreiung fehlt, können wir davon ausgehen, dass sich etwas in uns dagegen wehrt. Auch dort, wo wir auf der einen Seite uns bemühen wollen, unseren Zustand zu verbessern, uns auf der anderen Seite aber die Energie dafür fehlt oder sie abgebremst wird, liegt das Indiz für eine Umkehrung vor. Wir sagen uns dann vielleicht:

- »Eigentlich ist meine Ehe ›am Ende‹, aber ich weiß nicht, ob ich in meinem Alter eine(n) neue(n) Partner(in) bekommen werde.«
- »Eigentlich möchte ich sexy sein, aber dann müsste ich wieder mit meinem Mann schlafen.«

- »Eigentlich möchte ich frei von Angst vor der Gesellschaft sein, aber dann müsste ich wieder arbeiten, statt Arbeitslosenhilfe zu beziehen.«

Auf der körperlichen Ebene wird in den Fällen angenommen, dass die Energie zwischen den Meridianen umgekehrt fließt, wodurch es zu einem »umgekehrten« (also »perversen« [im Sinne von »verdrehten«]) und damit das Selbst zerstörerischen Zustand kommt. Bevor wir mit der Intervention der Angstbefreiung beginnen, muss aus ebenjenem Grund untersucht werden, ob eine psychologische Umkehrung vorliegt (ob der Betreffende in dem Lebensbereich »umgekehrt« ist).

Sie erkennen eine psychologische Umkehrung, indem Sie an beide Varianten (Angst–Angstlosigkeit, Erfolg–Misserfolg, Suchtfreiheit–Suchtbeibehaltung) denken und wahrnehmen, welche von ihnen mehr Energie hat, z. B.:

- »Ich will meine Angst überwinden!« – »Ich will meine Angst beibehalten!«
- »Ich will diesen Erfolg!« – »Ich will da versagen!«
- »Ich will in dem Bereich suchtfrei sein!« – »Ich will meine Sucht beibehalten!«

Welche der zwei Optionen mehr Energie hat, erkennen Sie beispielsweise, wenn Sie einen kinesiologischen »Armtest« (Muskeltest) durchführen (lassen). Sie können sich ebenso beide Varianten vorstellen und spüren, was mehr Energie trägt. Auch das Gefühl oder Hinspüren kann einen Hinweis geben: Wenn sich bei dem Gedanken »Ich will reich sein« ein depressives Gefühl oder eine bedrückende Vision einstellt, während Sie sich bei dem Gedanken »Ich will meine Armut behalten« stimmig fühlen, liegt eine Umkehrung vor. Um eine Umkehrung zu testen, ist es wichtig, *ehrlich* zu fühlen, was Sie empfinden.

Um eine psychologische Umkehrung zu neutralisieren (also zu »löschen«), untersuchen Sie zuerst, worin diese psychologische Umkehrung besteht, und finden Sie dabei die geeignete Formel zur Auflösung. Umkreisen Sie den »heilenden Punkt« (siehe das Kapitel über EFT), während Sie die unten aufgeführten Formeln sprechen. Verwenden Sie bei den Formeln statt des Wortes »Problem« nach Möglichkeit das exakte Thema, z. B. »die Höhenangst«. Wenn Sie sich unsicher fühlen, welche der Umkehrungen zutreffen, behandeln Sie am besten alle:

- *Aufschieben:* »Auch wenn ich die Bewältigung dieses Problems bis heute aufgeschoben habe, akzeptiere ich mich voll und ganz!«
- *Behalten:* »Auch wenn ich dieses Problem behalten will, liebe und akzeptiere ich mich voll und ganz!«
- *Bereit:* »Auch wenn ich noch nicht bereit bin, dieses Problem zu beseitigen, akzeptiere ich mich voll und ganz!«
- *Besonderheit:* »Auch wenn ich eine besondere Blockierung habe, um über das Problem wegzukommen, liebe und akzeptiere ich mich voll und ganz!«
- *Erlaubnis:* »Auch wenn es für mich unmöglich ist, dass dieses Problem weggeht, liebe und akzeptiere ich mich voll und ganz!«
- *Generell:* »Auch wenn ich dieses Problem habe, liebe und akzeptiere ich mich voll und ganz!«

- *Notwendig:* »Auch wenn ich nicht alles tue, was notwendig ist, dass dieses Problem weggeht, liebe und akzeptiere ich mich voll und ganz!«
- *Sicher:* »Auch wenn ich nicht sicher bin, ob dieses Problem weggeht, liebe und akzeptiere ich mich voll und ganz!«
- *Verdienst:* »Auch wenn ich es nicht verdiene, dass dieses Problem weggeht, liebe und akzeptiere ich mich voll und ganz!«
- *Zukunft:* »Auch wenn ich dieses Problem behalten sollte, liebe und akzeptiere ich mich voll und ganz!«

Danach behandeln Sie Ihre Angst mit der Methode des EFT, klopfen Sie zudem aber auch die Handkante unterhalb des Knöchels des kleinen Fingers (Karatepunkt). Ja, es klingt paradox, aber gerade durch ihr Akzeptieren kann sich die Umkehrung löschen…!

Der Schrei
nach der Unendlichkeit

Angstfrei durch Segnen

Segnen bedeutet, die höchste Kraft, die göttliche Energie zum Wohle eines Menschen, einer Sache oder eines Umstandes einzusetzen und diese fließen zu lassen. Es gibt zwei Gesetze des Segnens, die Sie selbstverständlich auch bezüglich der Angst anwenden können:

1. Alles, was ich ehrlichen Herzens segne, ist dadurch wirklich gesegnet.
2. Alles, was ich segne, muss nach einem geistigen Gesetz mir zum Segen werden.

Ein Beispiel »aus dem wirklichen Leben« soll die Kraft des Segnens verdeutlichen: Eine ältere Frau kam eines Sonntags von einem Gottesdienst nach Hause; sie stand vor ihrer Haustür und suchte nach dem Schlüsselbund. Da kam ein Dieb hergelaufen und entriss ihr die Handtasche. Doch statt zu fluchen, rief die Frau dem Davonlaufenden unerwarteterweise hinterher: »Gott segne dich, mein Junge!« Dieser stutzte vor Verblüffung, kehrte um und gab ihr die Handtasche zurück.

Die ältere Frau schaute den jungen Mann tief an: »Was ist denn los?«, fragte sie.

Und er antwortete: »Ich habe kein Geld, um mir etwas zu essen zu kaufen!«

Daraufhin nahm die alte Frau ihren Geldbeutel, gab dem reuigen Dieb einen Geldschein und sagte zu ihm: »Hier hast du etwas Geld, damit du satt wirst – geh mit Gottes Segen …!«

Eines Tages, es waren bereits etliche Jahre vergangen, hielt ein großes Auto vor der Tür der alten Frau. Ein gut gekleideter Mann stieg aus, läutete bei der Frau und übergab ihr einen gewaltigen Blumenstrauß. Es klingt wie im Märchen, und man kann es sich schon denken – es war tatsächlich dieser Mann, welcher der Frau damals die Handtasche stehlen wollte.

Er sagte zu ihr: »Der Augenblick mit Ihnen hat damals mein Leben verändert. Ich bin heute glücklich und erfolgreich. Wenn Sie einmal Not leiden sollten, rufen Sie mich an, ich werde Ihnen helfen.«

Segen verwandelt alles ins Positive! Wenn Sie Angst vor einem Menschen haben, segnen Sie ihn. Haben Sie Angst vor der Höhe, segnen Sie diese Höhe. Wenn Sie Angst davor haben, mit einem Flugzeug zu fliegen, segnen Sie das Flugzeug. Wenn Sie möchten, können Sie Ihren Segen verstärken, indem Sie sich in Ihre Energiezentren hineinfühlen, während Sie den Segen sprechen. Dafür vergegenwärtigen Sie sich das zu Segnende, z. B. die Angst, den Menschen. Atmen Sie ganz bewusst in Ihr Herz, Ihren Kopf, Ihren Bauch, die für die drei Lebensbereiche Seele, Körper, Geist stehen. Dann sprechen Sie die nachfolgenden Segensformeln:

- Durch das Herz Gottes sei die ganze Erde gesegnet, sei insbesondere ... gesegnet (Hand aufs Herz).
- Durch das Herz Gottes sei die ganze Erde gesegnet, sei insbesondere ... gesegnet (Hand auf die Stirn).
- Durch das Herz Gottes sei die ganze Erde gesegnet, sei insbesondere ... gesegnet (Hand aufs Hara*).
- Durch das Herz Gottes sei die ganze Erde gesegnet, sei insbesondere ... gesegnet (den Segen aus Stirn und Herz heraussenden).
- Durch das Herz Gottes sei die ganze Erde gesegnet, sei insbesondere ... gesegnet (den Segen aus Hara und Herz heraussenden).
- Durch das Herz Gottes sei die ganze Erde gesegnet, sei insbesondere ... gesegnet (den Segen aus Hara und Stirn heraussenden).**

Philosophie der Lebensfreude

Wie der dänische Schriftsteller, Philosoph und Theologe Sören Kierkegaard (1813–1855) schon im Jahr 1844 umfassend feststellte***, muss die Angst im Gesamtzusammenhang mit der menschlichen Existenz gesehen werden. Angst hat demnach die Aufgabe, das Endliche und das Unendliche zusammenzubringen. Existieren heißt, immer werdend und dennoch auf das Ewige, Unendliche bezogen zu sein. Die Angst löst den Menschen aus der

* Die »Mitte des Menschen«, ca. 5 cm unter dem Bauchnabel.

** Eine weniger konventionelle Form des Segnens, das »Wellwishing«, wird u. a. regelmäßig beim Zentrum Gawa Ling in Dachau (www.gawaling.de) ausgeübt (tibetanisch *Gawa Ling* = »Ort der Freude«).

*** Vgl. Sören Kierkegaard: *Der Begriff Angst*, Ditzingen 1992.

Täuschung der Endlichkeit und ist daher auch eine Möglichkeit zur Freiheit. Der Sündenfall ist dabei eine verantwortliche Form der Selbstwerdung, der Individuation. In der Angst hat das Individuum die Freiheit entdeckt, sich für Gott zu entscheiden. Dies ist der »Glaubenssprung«. Die Angst lehrt uns, dass wir uns nicht an die Endlichkeit verlieren dürfen, sondern auch der Welt der Unendlichkeit angehören.

Wie schon angedeutet wurde, hatten der griechischen Mythologie zufolge Ares (Mars) und Aphrodite (Venus) die Kinder Phobos (Furcht) und Deimos (Schrecken) und eine liebliche Tochter, Harmonia. Körperlich entsprechen die Zähne dem Ares, die Mundhöhle der Aphrodite und die Zunge, die zwischen beiden liegt und mittels deren sich unsere Stimme (Stimmigkeit) ausdrückt, Harmonia. Wir erkennen: Wo Harmonie ist, ist keine Angst. Wenn ich erkenne, dass ich in Harmonie mit der göttlichen Ordnung stehe – was sollte ich fürchten?

»Das Wirkliche ist ebenso zauberhaft,
wie das Zauberhafte wirklich ist.«

Ernst Jünger

Wann immer Sie einmal Angst haben sollten, fragen Sie sich ruhig: *»Wer ist es denn da überhaupt, der Angst hat?«* Gehen Sie ganz tief hinein in diese Frage. Die Antwort darauf soll hier nicht gegeben werden – sie würde ihre Schönheit zerstören. Denn diese Frage ist wie ein Zen-

Koan zu nehmen. Deshalb hier nur so viel: Angst ist ein Ego-Problem und ermuntert uns, das »Ich« zu überwinden, in Harmonie mit »allem, was ist«, zu leben. Wo kein Ego, da keine Angst. Statt uns den Sonderschein des kleinen »Ichs« umzuhängen, eröffnet uns die »Angst als Weg« die Tür zu einer weiteren Dimension, der »Weisheit des ungesicherten Lebens« im Sinne eines Alan Watts*, zu einer Sicherheit in der Unsicherheit, zu einer Gewissheit in der Ungewissheit. Indem wir uns erlauben, in dieser Unsicherheit zu leben, entlarven wir die Welt als »verzaubertes Königreich« und entdecken in ihr den Schlüssel zur Freude.

Das Märchen von Jorinde und Joringel als Sinnbild der Überwindung von Angst

Das Märchen aus der Sammlung der Brüder Grimm erzählt von dem Paar Jorinde und Joringel, das dem Schloss einer »Erzzauberin« zu nahe kommt. Jorinde wird in eine Nachtigall verzaubert, Joringel vorübergehend versteinert. Joringel trauert um Jorinde, hütet Schafe und umringt immer wieder in sicherem Abstand das Schloss. Eines Nachts träumt er von einer blutroten Blume mit einer weißen Perle in deren Mitte. Die Blume bricht er ab und geht damit zum Schloss der Zauberin. Alles, was er mit ihr berührt, wird im Traum dadurch erlöst. Wieder aufgewacht, sucht er nach der Blume, die er dann nach neun Tagen findet. In der Mitte der Blume ist ein Tautropfen, so groß wie eine Perle. Mit dieser Blume

* Vgl. Alan Watts: *Weisheit des ungesicherten Lebens*, München 2003.

geht er zu dem Schloss und wird, obwohl er dem Schloss nahe kommt, nicht versteinert. Die Pforten öffnen sich, und er erlöst seine geliebte Jorinde.

Die Erzzauberin im Märchen symbolisiert die Angst. Wie versteinert sind *wir* angesichts der Angst (haben »Angststarre«). Und ähnelt das Zauberschloss nicht manchmal unserem Bild von der Welt, in der wir uns gefangen glauben? Unser wahres Selbst ist Jorinde. Es lebt zwar weiter, kann sich aber nur noch in unserer Stimme (»Singvogel«) ausdrücken. Sein Dasein ist gebannt in der Angst. Indem Joringel (unser Bewusstsein) die Schafe hütet, entwickelt er fürsorgliche Energien. Nachdem diese stark genug geworden sind, umkreist er die »Problemzone der Angst« immer wieder. Er nimmt Kontakt mit dem Unterbewusstsein auf (Traum).

Die Blume zeigt das Problem aus einer völlig neuen Sicht: In ihrer Mitte ist eine Perle verborgen, so wie in der Mitte des Schlosses Jorinde verborgen ist. Die Perle ist seit alters das Symbol der Problemüberwindung: Wenn ein Sandkorn (»Problem«) einer Muschel ins Getriebe kommt, macht sie das Beste daraus – eine Perle. Die Perle in der Mitte der Blume weist auch auf die Notwendigkeit des Zentrierens hin. Joringel selbst muss die Perle in sich finden. Rot, das ist die Leidenschaft, das Ja zur Körperlichkeit und zu den marsianischen Energien, während die Blume der Venus entspricht. Die Perle in der Mitte der Blume weist auf die positive (»göttliche«) Leidenschaft hin, die nicht ausufert, sondern sich zentriert und Türen öffnet. Da es sich bei der tatsächlichen Perle um einen Tautropfen handelt, bringt sie uns in Verbindung mit dem höheren (Mit)gefühl (»Tränen«), aber auch mit der eigenen Unberührtheit und Unschuld (»Tau«).

Das Märchen lehrt uns, die Angst zu umkreisen, bis wir sie erkannt haben. Es lehrt uns auch, unser Selbst zu umkreisen, bis wir die Perle in uns entdeckt haben. Und es lehrt uns, wie wir in Kontakt mit der Perle in uns die Angstblockaden öffnen und das Selbst verfügbar machen, mit uns selbst verschmelzen können.

Friedrich Schiller hat diesen Prozess – des Erspürens der Perle unseres Selbst, des inneren Gottesfunkens, hin zur Erlösung der Welt – auf wunderbare Weise wie folgt beschrieben:

»Freude, schöner Götterfunken,
Tochter aus Elysium,
Wir betreten feuertrunken
Himmlische, dein Heiligtum.
Deine Zauber binden wieder,
Was die Mode streng geteilt;
Alle Menschen werden Brüder,
Wo dein sanfter Flügel weilt.
Seid umschlungen, Millionen!
Diesen Kuss der ganzen Welt!
Brüder, überm Sternenzelt
Muss ein lieber Vater wohnen.
Wem der große Wurf gelungen,
Eines Freundes Freund zu sein;
Wer ein holdes Weib errungen,
Mische seinen Jubel ein!
Ja, wer auch nur eine Seele
Sein nennt auf dem Erdenrund!

Und wer's nie gekonnt, der stehle
Weinend sich aus diesem Bund!
Was den großen Ring bewohnet,
Huldige der Sympathie!
Zu den Sternen leitet sie,
Wo der Unbekannte thronet.
Freude trinken alle Wesen
An den Brüsten der Natur,
Alle Guten, alle Bösen
Folgen ihrer Rosenspur.«

Genau dieser Rosenspur zu folgen, ist der Weg der Lebensfreude, der Sie zu dem Schatz am Ende des Regenbogens führt, den Sie suchen!

Glossar: Ängste und ihre Bezeichnungen (Auswahl)

Acarophobie – Furcht vor Insektenstichen
Acerophobie – Angst vor Säuerlichkeit
Acousticophobie – Angst vor Geräuschen oder Lärm
Aerophobie – Angst vor Zugluft und davor, Luft zu schlucken
Agoraphobie (Platzangst) – Angst vor bestimmten Situationen (weiten Plätzen, Menschenansammlungen, Reisen), unter »Platzangst« versteht man aber auch die Klaustrophobie
Agyrophobie – Angst vor dem Überqueren einer Straße
Aidsphobie – Angst vor Aids
Ailurophobie – Angst vor Katzen
Akrophobie – Höhenangst
Albuminophobie – Angst vor Eiweiß im Urin
Algophobie – Angst vor Schmerzen
Altophobie – Angst vor hochgelegenen Orten
Amathophobie – Angst vor Staub
Amorophobie – Angst davor, sich zu verlieben
Anämophobie – Angst vor Blutarmut
Ancraophobie – Angst vor dem Wind
Androphobie – Angst vor Männern
Anginophobie – Angst vor Enge
Anglophobie – Abneigung gegen alles Englische/Angst vor Engländern
Anthophobie – Angst vor Blumen
Anthropophobie – Menschenscheue
Antlophobie – Angst vor Überschwemmungen
Apeirophobie – Angst vor der Unendlichkeit

Api(o)phobie – Angst vor Bienen
Aquaphobie – Angst vor Wasser
Arachnaephobie – Angst vor Spinnen
Asthenophobie – Angst vor Schwäche
Astraphobie – Angst vor Blitzen
Atelophobie – Angst vor Unvollkommenheit
Atephobie – Angst vor Ruin/Zusammenbruch
Aulophobie – Angst vor Flöten
Aurophobie – Angst vor Gold
Autophobie – Angst vor dem Alleinsein
Aviophobie – Flugangst
Bakteriophobie – Angst vor Bakterien
Ballistophobie – Angst vor Kugeln/Geschossen
Barophobie – Angst vor der Schwerkraft
Bathophobie – Furcht beim Blick in die Tiefe/aus der Tiefe (Schwindelgefühl)
Batophobie – Angst vor dem Vorbeigehen an hohen Gebäuden
Beatophobie – die Angst vor dem Glück(lichsein)
Belonephobie – Angst vor Nadeln
Blennophobie – Angst vor Schleim
Bromhidrosiphobie – Angst vor Körpergeruch
Brontophobie – Angst vor dem Donner
Cacoerphobie – Angst vor schlechtem Atem
Cancerophobie – Angst vor Krebserkrankungen
Cardiophobie – Herzphobie, Angst, an einer Herzerkrankung zu leiden
Cheimatophobie – Angst vor der Kälte
Chionophobie – Angst vor Schnee
Cholerophobie – Angst vor Cholera, auch vor Wut
Chrometophobie – Angst vor Geld (bei Aussteigern sehr häufig)
Chromophobie – Angst vor Farben
Chronophobie – Angst vor dem Verstreichen der Zeit
Computerphobie – Angst vor Computern
Cymophobie – Angst vor Wellen
Cynophobie – Angst vor Hunden
Dämonophobie – Angst vor Dämonen
Dermatopathophobie, Dermatosiophobie – Angst vor Hautkrankheiten

Diabetophobie – Angst vor Diabetes
Dikephobie – Angst vor der Justiz
Diplopiphobie – Angst vor dem Doppeltsehen oder Schielen
Doraphobie – Angst vor Pelzen
Dromosiderophobie – Angst vor Eisenbahnen
Dysmorphophobie – Angst vor körperlicher Entstellung
Ecclesiophobie – Angst vor Kirchen
Eisoptrophobie – Angst vor Spiegeln
Elektrophobie – Angst vor Elektrizität
Eleutherophobie – Angst vor Freiheit
Emetophobie – Angst vor Erbrechen
Enetophobie – Angst vor Stecknadeln
Entomophobie – Angst vor Insekten
Eosophobie – Angst vor der Morgendämmerung
Equinophobie – Angst vor Pferden
Eremophobie – Angst vor dem Alleinsein
Ergophobie – Angst vor der Arbeit
Erotophobie – Angst vor Sexualität
Erythrophobie – Angst vor dem Erröten, auch beim Sehen von rot gefärbten Dingen
Febriphobie – Angst vor Fieber
Gallophobie – Angst vor Franzosen
Gephyrophobie – Angst vor dem Überqueren einer Brücke
Geumatophobie – Angst vor Geschmack
Glucodermaphobie – Angst vor der »Haut«, die sich auf dem Kakao bildet, wenn er zu lange steht
Gymnogasterphobie – Angst vor nackten Bäuchen
Gymnophobie – Angst vor der Nacktheit
Gynäkophobie – Angst vor weiblichen Geschlechtsteilen
Gynäphobie – Angst vor Frauen
Hadephobie – Angst vor der Hölle
Halitophobie – Angst, Mundgeruch zu haben
Hamartophobie – Angst, nicht korrekt gehandelt zu haben
Hämatophobie – Angst vor Blut, Hämatomen (blaue Flecken) und Entstellung
Haptophobie – Angst vor Berührung bzw. davor, sich

durch Berührungen anzustecken
Harpaxophobie – Angst vor Räubern und Dieben
Hedonophobie – Angst vor Vergnügungen und Wohlbefinden
Heliophobie – Angst vor der Sonne
Hematophobie – Angst vor Heiligen bzw. heiligen Dingen
Herpetophobie – Angst vor Reptilien
Heterophobie – Angst vor dem anderen Geschlecht
Hierophobie – Angst vor Geistlichen
Hippophobie – Angst vor Pferden
Hodophobie – Angst vor Reisen
Homichlophobie – Angst vor Nebel
Homilophobie – Angst, vor Menschen zu reden, auch Angst vor Säulen
Homophobie – Angst vor der gleichgeschlechtlichen Liebe
Hormephobie – Angst vor Schocks
Hydrophobie – Angst vor Wasser bzw. Feuchtigkeit
Hydrophobophobie – Angst vor Tollwut
Hypegiaphobie – Angst vor Verantwortung
Hypnophobie – Angst vor dem Schlaf
Hypnotopophobie – Angst vorm Bettenmachen
Iatrophobie – Angst vor Ärzten
Ichthyophobie – Angst vor Fischen
Ideophobie – Angst vor Ideen
Islamophobie – Angst gegenüber Muslimen oder Muslemischem
Japanophobie – Angst vor Japanern oder allem Japanischen
Kakorrhaphiaphobie – Angst vor Misserfolg
Kardiophobie – Angst vor Herzleiden
Karzinophobie – krankhafte Angst, an Krebs zu erkranken
Katagelophobie – Angst vor Spott
Kenophobie – Angst vor Gefühlsleere
Kinetophobie – Angst vor Bewegung
Klaustrophobie (*Raumangst*) – Angst vor dem Aufenthalt in engen, kleinen Räumen bzw. davor, gefangen zu sein
Kleptophobie – Angst vor Diebstahl, bestohlen zu werden/selbst zu stehlen

Klinophobie – Angst vor dem Schlafengehen
Koitophobie – Angst vor dem Geschlechtsverkehr
Kometophobie – Angst vor Kometen
Kopophobie – Angst vor Erschöpfung
Koprophobie – Angst vor Kot
Koprostasophobie – Angst vor Verstopfung
Kremnophobie – Angst vor Abgründen
Kristallophobie – Angst vor Kristallen/Gläsern
Kryophobie – Angst vor Eis und Frost
Kynophobie – Angst vor Hunden
Lalophobie – Sprechangst der Stotterer
Limnophobie – Angst vor Seen
Linonophobie – Angst vor Bindfaden
Logophobie – Angst vor Wörtern
Lyssophobie – Angst vor Geisteskrankheit
Maniaphobie – Angst vor Größenwahn
Mastigophobie – Angst vor Schlägen
Medomalacuphobie – Angst vor Erektionsstörungen
Meningitophobie – Angst vor Hirnhautentzündung
Metallophobie – Angst vor Metall
Mikrophobie – Angst vor Mikroben
Monophobie – Angst vor dem einzelnen Auftreten von irgendetwas, auch Angst vor Einsamkeit
Musikophobie – Angst vor Musik
Musophobie – Angst vor Mäusen
Mysophobie – Angst vor Schmutz
Negrophobie – Angst vor Schwarzen
Nekophobie – Angst vor Katzen
Nekrophobie – Angst vor Leichen oder dem Tod
Neophobie – Angst vor Neuem
Nephophobie – Angst vor Wolken
Nosophobie – Krankheitsfurcht
Nyktophobie – Angst vor der Nacht
Ochlophobie – Angst vor Menschenmengen
Ochophobie – Angst vor Fahrzeugen
Odontophobie – Angst vor Zähnen
Ökophobie – Angst vor dem Zuhause
Olfaktophobie – Angst vor Gerüchen

Omnetaphobie – Angst vor Augen, Blicken oder davor, jemandem in die Augen zu schauen
Onomatophobie – Angst vor bestimmten Namen oder Wörtern
Ophidiophobie – Angst vor Schlangen
Oralophobie – Angst vor Eingriffen in den Mund, z. B. beim Zahnarzt
Ornitophobie – Angst vor Vögeln
Pädophobie – Angst vor Kindern oder auch Puppen
Pantophobie – Angst vor »allem«
Papaphobie – Angst vor dem Papst
Parasitophobie – Angst vor Schmarotzern
Pathophobie – Angst vor Krankheit
Patriophobie – Angst vor Erbanlagen
Peccatophobie – Angst davor, ein Verbrechen begangen zu haben
Pediculophobie – Angst vor Läusen
Pellagraphobie – Angst vor der Pellagra-Krankheit
Peniaphobie – Angst vor der Armut
Phagophobie – Angst vor dem (Ver-)Schlucken
Phasmophobie – Angst vor Gespenstern
Philophobie – Angst vor der Liebe
Philosophobie – Angst vor Philosophie
Phobophobie – Angst vor der Angst
Phonophobie – Angst vor Geräuschen oder dem Telefon
Photophobie – Angst vor Helligkeit, Lichtscheue, oft einhergehend mit einer schmerzhaften Überempfindlichkeit der Augen gegen Lichtstrahlen
Phronemophobie – Angst vor dem Nachdenken
Pneumatiphobie – Angst vor Geistwesen
Pnig(er)ophobie – Angst vor dem Ersticken
Pogonophobie – Angst vor Bärten
Politikophobie – Angst vor Politik
Pöniphobie – Angst vor Bestrafung
Potamophobie – Angst vor Flüssen
Potophobie – Angst vor dem Trinken
Proteinphobie – Angst vor Eiweiß
Pteronophobie – Angst davor, mit Federn gekitzelt zu werden

Pyrophobie – Angst vor dem Feuer
Rectophobie – Angst vor dem After
Rhabdophobie – Angst vor harter Bestrafung
Rhypophobie – Angst vor Verschmutzung oder dem Stuhlgang
Russophobie – Angst vor Russen
Satanophobie – Angst vor dem Teufel
Scabiophobie – Angst vor Krätze
Sciaphobie – Angst vor Schatten
Scoleciphobie – Angst vor Würmern
Selaphobie – Angst vor Blitzlichtern
Siderophobie – Angst vor den Sternen
Sinophobie – Angst vor Chinesen
Sitiophobie – Angst vor Nahrungsmitteln
Skotophobie – Angst vor allem Dunklen
Soziale Phobie – Angst vor prüfender Betrachtung durch andere Menschen
Soziophobie – Angst vor Gesellschaft
Spermatophobie – Angst vor dem Ejakulat
Stasophobie – Angst vor dem Stehen
Symmetrophobie – Angst vor Symmetrie
Syphilophobie – Angst vor der Geschlechtskrankheit Syphilis
Tachophobie – Angst vor hoher Geschwindigkeit
Taurophobie – Angst vor Stieren
Telephonophobie – Angst vor dem Telefon
Teratophobie – Angst vor Ungeheuern bzw. davor, ein entstelltes Baby zu gebären
Teutophobie – Angst vor den Deutschen bzw. allem Deutschen
Thaasphobie – Angst vor Faulheit oder davor, sich zu setzen
Thalassophobie – Angst vor dem Meer
Thanatophobie – Angst vor dem Tod
Theophobie – Angst vor Gott
Thermophobie – Angst vor Hitze
Tokophobie – Angst vor dem Gebären
Topophobie – Angst vor bestimmten Orten
Toxiphobie – Angst vor Gift
Traumatophobie – Angst vor Verletzungen bzw. davor, verletzt zu werden
Tremophobie – Angst vorm Zittern

Trichinophobie – Angst vor einer Trichinose
Trichopathophobie – Angst vor Haarwuchsstörungen
Trichophobie – Angst vor Haaren
Triska(i)dekaphobie – Angst vor der Zahl Dreizehn (Freitag, der 13.)
Trypanophobie – Angst vor Schutzimpfungen und Injektionen
Tuberculophobie – Angst vor TBC
Tyrannophobie – Angst vor Tyrannen bzw. davor, tyrannisiert zu werden
Uranophobie – Angst vor dem Himmel
Urophobie – Angst vor Urin
Venerophobie – Angst vor Geschlechtskrankheiten
Vermiphobie – Angst vor Würmern
Vitricophobie – Angst vor dem Stiefvater
Xenophobie – Angst vor Fremden oder Fremdartigem
Zelophobie – Angst vor Eifersucht
Zoophobie – Angst vor Tieren

LESERSERVICE

Kurt Tepperwein persönlich oder in einem Heimseminar erleben!

Wünschen Sie tiefer in das Thema dieses Buches einzusteigen, dann empfehlen wir Ihnen, die folgende Chance zu nutzen:

Gewünschtes bitte ankreuzen!

Seminare/Ausbildung:

☐ Motivationsseminare mit verschiedenen Themen (Tagesseminare)
☐ Ausbildung zum Dipl. Lebensberater/in

Ausbildungen mit Felix Aeschbacher (Lehrbeauftragter v. K. Tepperwein):

☐ Dipl. Mental-Trainer/in
☐ Dipl. Bewusstseins-Trainer/in
☐ Dipl. Intuitions-Trainer/in
☐ Dipl. Seminarleiter/in
☐ Meditations-Trainer/in (Zertifikat)

Heimstudienlehrgänge:

☐ Einführungslehrgang »Die 7 Schritte zur Erfolgspersönlichkeit«
☐ Dipl. Lebensberater/in
☐ Dipl. Mental-Trainer/in
☐ Dipl. Intuitions-Trainer/in
☐ Dipl. Seminar-Leiter/in
☐ Dipl. Erfolgs-Coach/in
☐ Dipl. Gesundheits- + Ernährungs-Berater/in
☐ Dipl. Partnerschafts-Mentor/in

Gesamtprogramme:

☐ Gesamtseminar- und Ausbildungsprogramm IAW
☐ Neuheiten der Bücher-, CD- und DVD-Programme von Kurt Tepperwein
☐ Gesundheitsprodukte-Programm

Dazu ein persönliches Geschenk:

☐ Die 20-seitige Broschüre »Praktisches Wissen kurz gefasst« von Kurt Tepperwein

Sie erhalten Ihre gewünschten Informationen selbstverständlich kostenlos und unverbindlich

Internationale Akademie der Wissenschaften (IAW)

St. Markusgasse 11, FL-9490 Vaduz
Tel. 00423 2331212   Fax 00423 2331214
Deutschland Tel. + Fax 0911 699247 (Beratungssekretariat)
E-Mail: go@iadw.com   Internet: www.iadw.com